融合型·新形态教材
复旦学前云平台 fudanxueqian.com

幼儿教育活动
设计与实施

主 编 高 红 从立丽

副主编 普继兰 吴 艳 董云涛

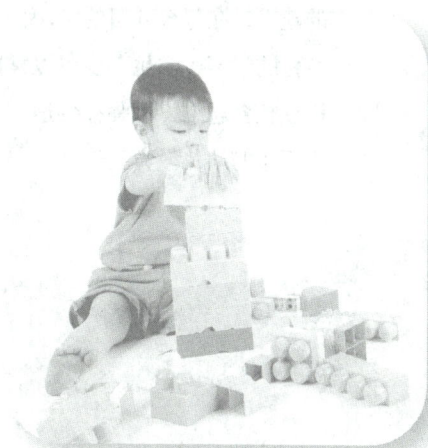

复旦大学出版社

内容提要

本书以学习领域课程理论为基础，采用了活页式教材的编写方式，通过学习任务的形式主要介绍了幼儿教育活动的内涵、特点、类型等内容；幼儿教育活动设计与组织实施的一些教育教学方法与策略。重点在于设计活动方案、开展说活动设计、组织实施活动、幼儿活动评价等技能的掌握。满足职业教育对教材的最新需求，具有一定的创新性与实践应用性。

此外，本教材还特别重视学生综合职业素养的培养及课程思政的建设，在每个项目的学习任务中进行了大量渗透与引导。通过本教材的学习，学生不仅可以掌握实践中需要的教育教学技能，还能树立整合思维，增强社会适应性，培养爱国情怀，做政治合格、思想正派的幼儿教育工作者。

复旦学前云平台
数字化教学支持说明

为提高教学服务水平，促进课程立体化建设，复旦大学出版社学前教育分社建设了"复旦学前云平台"，以为师生提供丰富的课程配套资源，可通过"电脑端"和"手机端"查看、获取。

【电脑端】

电脑端资源包括 PPT 课件、电子教案、习题答案、课程大纲、音频、视频等内容。可登录"复旦学前云平台"www.fudanxueqian.com 浏览、下载。

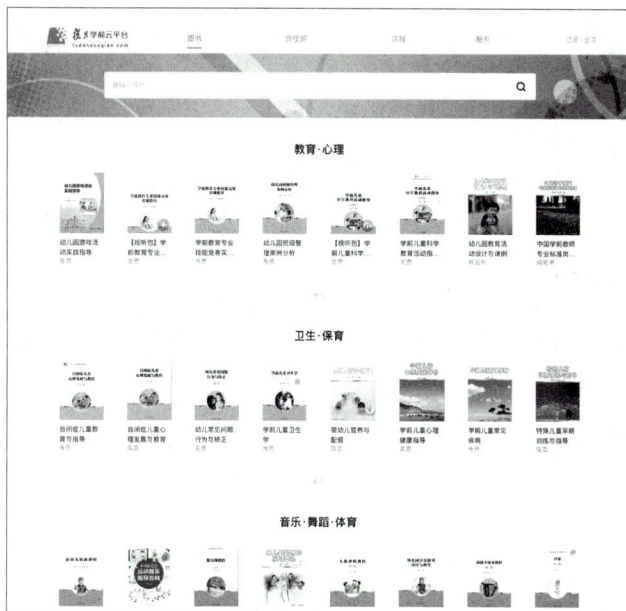

Step 1 登录网站"复旦学前云平台"www.fudanxueqian.com，点击右上角"登录 / 注册"，使用手机号注册。

Step 2 在"搜索"栏输入相关书名，找到该书，点击进入。

Step 3 点击【配套资源】中的"下载"（首次使用需输入教师信息），即可下载。音频、视频内容可通过搜索该书【视听包】在线浏览。

PPT 课件、音视频、阅读材料：用微信扫描书中二维码即可浏览。

扫码浏览 ➡

📖 【更多相关资源】

　　更多资源，如专家文章、活动设计案例、绘本阅读、环境创设、图书信息等，可关注"幼师宝"微信公众号，搜索、查阅。

　　平台技术支持热线：029-68518879。

"幼师宝"微信公众号

前　言

　　活页式教材是职业教育改革及现代职业教育体系建立的重要成果,是体现现代职业教育课程开发理念的重要载体,也是职业教育教学材料的重要变革。本书的编写主要是尝试教育学类的活页式教材开发,希望能对广大的教育工作者有所启发和帮助。

　　本书主要以就业为导向,以能力培养为本位,强调理论与实际、学习内容与岗位责任相结合,倡导自主学习,严格按照《幼儿园教师专业标准(试行)》,并结合《"十四五"学前教育发展行动计划》《职业教育提质培优行动计划(2020—2023 年)》《关于推动现代职业教育高质量发展的意见》等新文件中要求掌握的教育教学技能为核心任务,以此开发一系列的学习任务。

　　本书主要有以下特点:一是在编排的内容上,探讨了活页式教材的开发路径,把每个核心技能分解出若干学习任务加以完成,明确了学习的目的性及效果性。此外,在每个学习任务中都体现了学习者综合职业素养的培养。同时,加强了课程思政建设,将思政教育全面融入到了每个项目中。二是在体例上,每个任务下设学习情境描述、学习目标、任务单、工作页、信息页、考核页等栏目,学习情境描述主要与岗位对接,设置了若干现实工作的场景;学习目标主要明确任务所要掌握的知识、技能及非专业能力;任务单是对任务的总体描述及要求;工作页是为了实现某一任务或达到某一能力而设置的一系列分配进程,逐步引导学习者实现学习目标;信息页是学习者完成相应工作所需要的一些参考材料,或者一些需要掌握的知识点;考核页是对任务的一种评价反馈。

　　本书由高红、丛立丽担任主编,负责全书的提纲编写和统稿工作;普继兰、吴艳、董云涛担任副主编。具体分工如下:高红、丛立丽负责编写项目一、项目二、项目四、项目七、项目八、项目九、项目十、项目十一等内容,吴艳负责编写项目五,普继兰负责编写项目三、项目六。

　　本书的编写得到了复旦大学出版社及昆明幼儿师范高等专科学校等各方的大力支持,在此,表示衷心的感谢。

　　由于编者学识有限,对活页式教材及相关知识处于探索阶段,存在疏漏及不足之处在所难免,恳请同行学者批评指正。

目　录

导　言

一　课程性质描述

"幼儿教育活动设计与实施"是以心理学、教育学等学科为基础,基于幼儿教师工作过程开发出来的学习领域课程,是学前教育专业的专业核心课程。本门课程设置了"设计活动方案""开展说活动设计""组织实施活动""幼儿活动评价"这四个纵向学习领域内容。为了实现每一个学习领域内容,又设置了若干横向的学习任务,即学习情境,引导学习者全面掌握幼儿教师应该具备的专业知识及专业能力。同时,在每个学习情境中还蕴含着非专业能力及思想政治的培育。更加注重综合素质、社会适应性、思想品质等方面的培养,目的是培养出全面发展、适合社会主义发展的幼儿教师。

适用专业:学前教育、早期教育、婴幼儿托育服务与管理。

开设时间:高职二年级。

建议学时:80时。

二　工作任务描述

"幼儿教育活动设计与实施"课程主要是以学习领域课程论为理论基础,按照幼儿教师工作岗位中的工作任务设置了相应的学习任务。本门课程注重的是教学方法的掌握与运用,所以侧重学习者设计活动方案、开展说活动设计、组织实施活动、幼儿活动评价这些技能的培养。

全书按照总分总的逻辑关系设置了十一个项目:项目一是对幼儿教育活动的总体概述,通过两个学习任务,把握幼儿教育活动的方向。项目二通过五个学习任务,把握幼儿教师组织开展幼儿教育活动所应掌握的工作内容,包括活动计划的制定、活动方案的设计与撰写、说活动设计等。项目三至项目九是幼儿各领域教育活动的设计与实施,每个项目各通过五个学习任务,体验各具体领域内容的活动设计、活动组织与实施、说活动的方法技能。按照《幼儿园教育指导纲要(试行)》(以下简称《纲要》)对幼儿教育内容的划分主要分为健康、语言、社会、科学、艺术等五个领域,但由于每个领域内容的特殊性,再结合《纲要》与《3—6岁儿童学习与发展指南》(以下简称《指南》)的具体要求,所以本教材把科学领域中的数学单独作为了一个项目,在艺术领域安排了两个项目,分别是音乐活动与美术活动。此外,由于本项目中的学习任务内容较多、较复杂,所以在每个学习任务中设置了若干个子任务来分解完成,以此来训练学习者并促进其对相关专业知识与技能的掌握。项目十是幼儿整合教育活动的设计与实施,通过两个学习任务完成。该项目是在学习者掌握了分领域教学活动设计基础上进行的综合设计,全盘考虑资源整合,也是目前幼儿教育活动主要采取的形式。项目十一是幼儿教育活动的评价,通过两个学习任务完成,主要明确评价的方法及标准,进而不断提高自身教育教学的水平。

全书在每个项目中设置了思政园地栏目,与项目的思政目标相对应,并在每个学习任务的考评中体现了对学习者综合职业素养的要求,旨在促进学习者的全面发展。

三　课程学习目标

本课程的学习,目标包括知识目标、能力目标和思政目标。

知识目标:理解幼儿教育活动的内涵、特点、类型;明确各领域教育活动的特点及内涵;了解幼儿整合教育及幼儿教育活动评价相关理论;熟知幼儿在各领域内容学习中的身心发展阶段特征;掌握幼儿各领域教育活动的目标、内容、方法、途径及相应的教育策略;掌握幼儿整合教育活动设计要点及设计策略;掌握幼儿教育活动评价的内容及方法。

能力目标:包括专业能力目标和非专业能力目标。培养专业能力具体包括会设计幼儿教育活动并撰写相关设计方案;会按照设计的活动方案组织实施幼儿教育活动;能够开展幼儿教师说活动设计;能够对幼儿教育活动进行有效评价。培养非专业能力,提升社会适应性。

思政目标:培养崇高的职业理想,提高站位做社会主义合格的幼儿教师。

四　学习组织形式与方法

本门课程的学习组织形式与方法主要采用小组学习和教师引导教学的方式。每个小组人数建议在5～6人左右,在小组划分时要考虑到学习者的个体差异以及个人意愿进行组合。教师在引导教学实施过程中需要注意以下几点:

首先,教师的作用。教师的角色是策划、分析、辅导、评估和激励。教师主要是为学习者提供学习环境、学习资源,引导学习者明确任务、制定计划,由学习者自己决策、获得知识,实际操作、完成任务进而获得能力提升。

其次,学习内容与活动设计。教师主要是要建立任务完成与知识学习之间的内在联系,将完成任务的整个过程分解为一系列学习者独立学习的活动,在实施中要体现学习者的主体作用。

再次,教学方法。本课程倡导行动导向的教学,教师需要根据任务要求、问题引导等方式引导学生完成任务。

最后,任务评价。教师要解读每个任务的学习目标,要考虑到专业能力与非专业能力的要求,既有针对任务本身效果的评价,又有完成任务过程的评价,还要有注重思想品质、意识形态的评价。

五　学习项目描述

本门课程采用的是以行动领域对应学习领域,全书主要由十一个项目组成:

序号	学习项目	行动载体	学习任务简介	学时
1	幼儿教育活动概述	实施幼儿教育活动的理论基础	任务一：能用幼儿教育活动的相关特点对现实中的一些教育现象进行解读 任务二：预设一份比较科学的整合资源教学形式	4
2	幼儿教育活动设计与组织实施	实施幼儿教育活动的实践准备	任务一：绘制一份不同层次目标构成的思维导图 任务二：运用幼儿教育活动内容设计策略，设计一份活动方案的内容 任务三：用思维导图的形式总结幼儿教育活动方法与途径的要点及各自的优缺点 任务四：可以初步完成某一阶段的教育教学活动计划的撰写；总结教学活动设计方案的撰写要点，并能完成相应的活动设计方案的撰写 任务五：撰写一篇幼儿教育说活动设计文稿	6
3	幼儿健康教育活动的设计与实施	设计与实施幼儿健康领域的具体教育活动	任务一：能够运用幼儿健康领域的相关知识对现实的教育现象进行解读 任务二：会用思维导图的形式总结分解不同年龄段幼儿健康教育活动的分类目标，并能制定具体活动目标 任务三：运用相关知识，根据目标的需要合理选择具体的健康教育活动内容 任务四：用思维导图总结实施幼儿健康教育活动的具体方法及途径 任务五：能够设计具体的幼儿健康教育活动，并撰写相应的活动方案及说活动设计文稿	8
4	幼儿语言教育活动的设计与实施	设计与实施幼儿语言领域的具体教育活动	任务一：能够列举现实中的一些实例，来解释幼儿语言领域的相关知识点 任务二：运用所学知识制定具体活动三维目标 任务三：运用相关知识，根据目标的需要合理选择具体的语言教育活动内容 任务四：用思维导图总结与实施幼儿语言教育活动的具体方法及途径 任务五：能够设计具体的幼儿语言教育活动，并撰写相应的活动方案及说活动设计文稿，做好观察记录	8

序号	学习项目	行动载体	学习任务简介	学时
5	幼儿社会教育活动的设计与实施	设计与实施幼儿社会领域的具体教育活动	任务一：运用幼儿社会领域的相关知识点，制定教学计划 任务二：运用所学知识制定具体活动三维目标 任务三：运用相关知识，根据目标的需要合理选择具体的社会教育活动内容 任务四：用所学知识分析并指导现实中的教育活动 任务五：能够设计具体的幼儿社会教育活动，并撰写相应的活动方案及说活动设计文稿	8
6	幼儿科学教育活动的设计与实施	设计与实施幼儿科学领域的具体教育活动	任务一：能够列举现实中的一些实例，来解释幼儿科学领域的相关知识点 任务二：运用所学知识制定具体活动三维目标 任务三：运用相关知识，根据目标的需要合理选择具体的科学教育活动内容 任务四：能够运用所学知识分析并指导现实中的教育活动 任务五：能够设计具体的幼儿科学教育活动，并撰写相应的活动方案及说活动设计文稿	8
7	幼儿数学教育活动的设计与实施	设计与实施幼儿数学领域的具体教育活动	任务一：能够把握好幼儿数学教育的合理尺度，为现实中的幼儿数学教育提供指导 任务二：运用所学知识制定具体活动目标和选择相适应的具体数学教育活动内容，并能创编小游戏 任务三：用思维导图总结幼儿数学教育活动实施的方法和途径 任务四：能够设计具体的幼儿数学教育活动，并撰写相应的活动方案及说活动设计文稿	8
8	幼儿美术教育活动的设计与实施	设计与实施幼儿美术领域的具体教育活动	任务一：运用幼儿美术领域的相关知识点，制定教学计划 任务二：运用所学知识制定具体活动三维目标	8

续 表

序号	学习项目	行动载体	学习任务简介	学时
			任务三：运用相关知识，根据目标的需要合理选择具体的美术教育活动内容 任务四：用思维导图总结幼儿美术教育活动实施的方法及途径 任务五：能够设计具体的幼儿美术教育活动，并撰写相应的活动方案及说活动设计文稿	
9	幼儿音乐教育活动的设计与实施	设计与实施幼儿音乐领域的具体教育活动	任务一：能够列举现实中的一些实例，来解释幼儿音乐领域的相关知识点 任务二：运用所学知识制定具体活动三维目标 任务三：以年龄班为横轴，以具体教学目标为纵轴，对具体活动内容进行分解 任务四：用思维导图总结幼儿音乐教育活动实施的方法和途径 任务五：能够设计具体的幼儿音乐教育活动，并撰写相应的活动方案及说活动设计文稿	8
10	幼儿整合教育活动的设计与实施	设计与实施幼儿教育的综合活动	任务一：理解幼儿整合教育活动的内涵，并能对现实教育现象做出分析与解释 任务二：撰写一篇主题教育活动设计方案、绘制一份主题教育活动网络图	8
11	幼儿教育活动的评价	设计与实施幼儿教育活动的检验	任务一：用所学幼儿教育活动评价知识解释、分析一些现实中的教育活动 任务二：对一个幼儿集体教育活动进行评价，并撰写相应的评价报告	6

主要的知识体系如下：

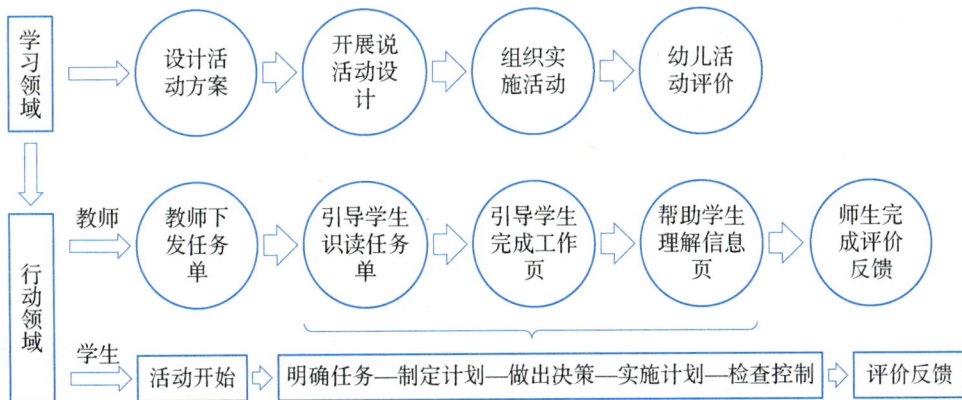

六 学业评价

学号	姓名	项目一		项目二		项目三至项目九		项目十		项目十一		总评
		分值	比例（10%）	分值	比例（10%）	分值	比例（60%）	分值	比例（10%）	分值	比例（10%）	100%

项目一　幼儿教育活动概述

学习目标

知识目标

1. 了解幼儿教育活动的含义与特点。
2. 掌握不同类型幼儿教育活动的内涵、优缺点及其适用环境。

能力目标

专业能力目标:

1. 能够用幼儿教育活动的特点解释一些现实中的教学活动现象,并能做出正确引导。
2. 能根据教育目标及内容选择合适的教育活动类型。

非专业能力目标:

培养分析问题、发现问题及解决问题的能力。

思政目标

建立正确的教师观及课程观,培养学生热爱幼儿教育事业的职业理想。

知识导图

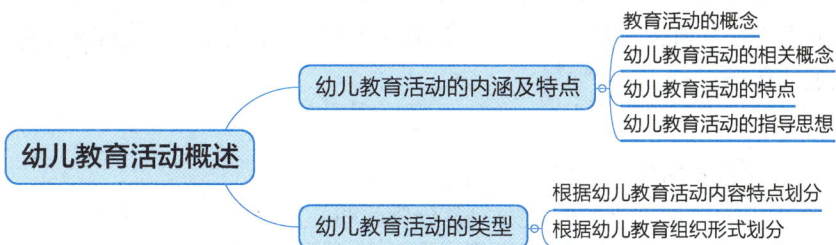

幼儿教育活动概述
- 幼儿教育活动的内涵及特点
  - 教育活动的概念
  - 幼儿教育活动的相关概念
  - 幼儿教育活动的特点
  - 幼儿教育活动的指导思想
- 幼儿教育活动的类型
  - 根据幼儿教育活动内容特点划分
  - 根据幼儿教育组织形式划分

任务一　幼儿教育活动的内涵及特点

学习情境描述

　　幼儿园"小学化"现象,早已成为公开的秘密。因为害怕孩子输在起跑线上,许多家长都过早地把孩子送上激烈竞争的赛道。为了迎合家长期待,一些幼儿园大张旗鼓地宣称设有识字、计算等小学课程,布置作业、组织竞赛、公开排名更成了这类园的家常便饭,各类超纲的培训班也争相把宣传单送到幼儿家长的手中。一个十分普遍的现象是,有家长因孩子所上幼儿园不教授小学内容,竟在学前教育的第三年把孩子从幼儿园接出来,直接送进各类培训班。[①]

　　请用幼儿教育活动相关知识分析上述社会现象。

学习目标

1. 理解幼儿教育活动的内涵、特点。
2. 能够用幼儿教育活动相关理论解释现实中出现的一些问题,并能做出正确引导。
3. 培养发现问题和分析问题的能力。

任务单

任务描述:
教育是人类社会特有的活动,长期以来教育活动被看成是"上课"的代名词,主要指教育者依据教育目标,对受教育者实施有目的、有计划、有组织的影响,使其发生预期变化的活动。请同学们认真研读信息页,理解幼儿开展教育活动的含义及特点,并完成学习情境和工作页上的任务。
任务要求: 1. 认真完成工作页上的任务,要求书写工整、论述有条理性。   2. 解释教育现象要有理论支撑体现发现及分析问题的能力。
任务考核: 1. 完成工作页上的相应内容。   2. 能用幼儿教育活动的相关特点对现实中的一些教育现象进行解读。

---

① 殷呈悦.用法律给孩子画好教育起跑线[N].北京晚报,2020-09-08,第31版.

工作页

阅读理解任务单,填写完成任务要求:

1.《幼儿园指导纲要》(以下简称《纲要》)中提出,幼儿教育活动主要是指_____活动。

2.《幼儿园工作规程》(以下简称《规程》)中出现了"教育活动"这个名词,有什么意义?

3. 怎么区别幼儿的教育活动与教学活动?

4. 怎么理解幼儿课程的安排与建设?

5. 怎么理解幼儿教育活动的特点?

6. 完成学习情境中的小任务。

意见与反馈:

信息页

一、教育活动的概念

　　教育是有意识的、以积极影响人的身心发展为直接和首要目标,且教育者与受教育者双方都积极参与的社会实践活动。教育作为社会活动,与其他活动是有本质区别的。首先,从对象看,教育活动是有意识地以人为直接对象的社会活动,它不同于其他以物或以精神产品的生产为直接对象的社会生产活动。其次,从活动目标看,教育是以积极影响人的身心发展为直接和首要目标的。最后,从参与者看,教育是一项教育者与受教育者都积极参与的双边活动。

　　教育活动有广义和狭义之分。广义的教育活动是以人为直接对象,以积极影响人的身心发展为直接和首要目标的社会实践活动。

狭义的教育活动主要指学校教育活动。学校教育由专职人员和专门机构承担,是有制度保证的,从而有目的、有系统、有组织地对学习者的身心发展产生积极影响,以便把他们培养成社会所需要的人。

二、幼儿教育活动的相关概念

要想了解幼儿教育活动的内涵,首先要明确与幼儿教育活动相关的概念,要能正确区分这些概念界定的范围。

(一)幼儿教育活动

《纲要》中提出,"幼儿教育活动是教师以多种形式有目的、有计划地引导幼儿生动、活泼、主动活动的教育过程。"幼儿教育活动也有广义和狭义之分,广义的幼儿教育活动是指幼儿教育工作者为实现幼儿教育目标,在一日活动中所安排的各种活动的总和,幼儿教师到社区进行育儿讲座、家访等都可以称为幼儿的教育活动。狭义的幼儿教育活动是指幼儿园开展的各类教育活动,不局限于单纯的教学活动等。

(二)幼儿教学活动

幼儿的教学活动是幼儿教育活动的一种也分为广义幼儿教学活动与狭义幼儿教学活动。广义的幼儿教学活动是指在一日活动中的各个环节,幼儿教师进行的有目的、有计划地引导幼儿学习从而实现某种目的的活动。狭义的幼儿教学活动是集体教学活动,通常指"课堂"活动。

(三)幼儿课程活动

幼儿课程活动范围相比于幼儿教学活动范围要小,是幼儿园为了保证幼儿获得有益的学习经验,促进幼儿身心和谐发展所开发的项目,是实现幼儿教育目的的手段。

三、幼儿教育活动的特点

幼儿教育活动不同于一般的教育活动,要明确幼儿教育活动的特点,才能更好地把握及展开幼儿的教学活动。幼儿教育活动有以下几个方面的特征:

(一)启蒙性与广泛性

幼儿阶段的教育是人一生中受教育的第一个阶段是未来学习各种知识的准备阶段,具有很强的启蒙性。同时,幼儿教育的内容是非常广泛、丰富的,注重激发幼儿对事物的认识兴趣,形成良好的学习态度和习惯,为进一步的学习打下坚实基础。

(二)游戏性

《纲要》指出:幼儿的教育要"以游戏为基本活动,寓教育于各项活动之中"。游戏是幼儿的基本活动形式,也是其基本的学习途径。

(三)生活性

幼儿的教育活动与生活活动是分不开的,它采用保教结合的形式来开展教育活动,这是由幼儿的身心发展规律决定的。

(四)综合性与整合性

在教育活动中幼儿获得的不仅仅是知识,还是情感体验或态度、知识技能的综合体。此外,幼儿身心发展的特点和学习特点决定了幼儿的教育活动应该是高度整合的。这种整合表现在同一活动领域内的整合和不同领域间的整合。

四、幼儿教育活动的指导思想

《纲要》总则中指出："幼儿教育应尊重幼儿的人格和权利,尊重幼儿身心发展的规律和学习特点,以游戏为基本活动,保教并重,关注个别差异,促进每个幼儿富有个性的发展。"这是幼儿教育活动总的指导思想。《3—6岁儿童学习与发展指南》(以下简称《指南》)中也从关注幼儿学习与发展的整体性、尊重幼儿发展的个体差异、理解幼儿的学习方式和特点、重视幼儿的学习品质这四个方面强调幼儿教育活动的指导思想。只有把握了幼儿的教育活动思想,建立正确的育儿观,才能有效指导幼儿教育活动。

(一)尊重幼儿的人格和合法权利

幼儿作为社会的基本成员应享有尊严和合法的权利。杜绝体罚和变相体罚的行为,要了解幼儿身心发展的规律和学习特点,建立以幼儿为主体的科学儿童观。

(二)面向全体和重视个别差异

教师要关注每一个幼儿的发展与进步。幼儿的发展与多种因素有关,幼儿的成长存在个别差异,幼儿教师既要关注全体幼儿,又要不忽视、不放弃任何一个幼儿。同时,教师要了解幼儿身心发展的各个过程,关注幼儿的具体特点,重视个别差异,采用相应的教育方法,有针对性地进行教育,帮助幼儿进步和发展,引导每一个幼儿健康成长。

(三)坚持保教结合的方针

保教结合是强调保育和教育的融合,要求保中有教,教中有保。保中有教,是在保育和增强幼儿身体的同时,注意发挥教育的作用;教中有保,是指将教育因素渗透到幼儿健康领域,特别重视幼儿心理健康的影响,促进幼儿形成良好的人际心理环境。

(四)以游戏为幼儿的基本活动

尊重幼儿的身心发展规律,就要尊重幼儿的天性。在幼儿园里要使游戏成为幼儿教育的基本活动,一方面,要为幼儿创设游戏的机会和条件,保障幼儿游戏和幼儿在游戏中学习的权利,使幼儿游戏的需要得到满足;另一方面,要将游戏作为各种教育活动的手段,同时也作为幼儿一日活动主要内容,使幼儿在这些活动中获得游戏性体验,并生动、活泼、主动地学习和发展。

(五)教育的活动性与活动的多样性

幼儿只有通过活动才能获得心理发展,活动能激发幼儿学习的欲望。所以必须重视活动在幼儿发展中的地位。要提倡让幼儿参加探索和发展活动、观察和参观活动、调查访问活动、交流探索活动等,要让幼儿的活动内容、活动形式、活动方法等丰富多彩,根据幼儿的需要和兴趣来选择和组织活动。

考核页

序号	评价项目	评分标准	满分	评价			综合得分
				自评	互评	师评	
1	阅读知识量	1. 对知识的掌握 2. 阅读知识的态度	20				
2	对工作页上任务的理解及完成情况	1. 书写的准确性 2. 完成的态度 3. 完成的内容	60				
3	发现问题和分析问题的能力	1. 发现问题能力 2. 分析问题能力	20				

任务二　幼儿教育活动的类型

学习情境描述

　　农历五月初五是端午节,如果想以此为内容,弘扬中国的传统文化,需要怎样安排及设计幼儿的教育活动,才能实现不同类型教育活动的优势互补?

学习目标

　　1. 明确各种类型幼儿教育活动的内涵,了解各种类型幼儿教育活动的优缺点及适用环境。
　　2. 能根据教育目标及教学内容选择合适的教育活动类型。
　　3. 培养解决问题的能力。

任务单

任务描述:
　　幼儿教育活动按照不同的维度可以划分为不同的类型,深刻体会不同类型幼儿教育活动的特点及其优缺点,才能有的放矢地组织教学活动。本小节从实践的角度,理解幼儿教育活动的类型及其要实现的价值。请同学们认真阅读理解信息页内容,完成学习情境和工作页上的任务。

任务要求:
1. 设计的教学形式要体现不同类型幼儿教育活动的优势互补,并体现解决问题的能力。
2. 绘制本小节的知识思维导图,要求逻辑清晰、内容全面,文字精练。

任务考核:
1. 能够预设一份比较科学的教学形式。
2. 绘制一份本小节知识点的思维导图。

工作页

阅读理解任务单、信息页,填写完成任务要求:

1. 幼儿教育活动从活动内容特点维度考虑,可以分为:_____、_____、_____、_____、_____。

2. 从幼儿教育活动的组织形式维度考虑,可以将幼儿教育活动分为:_____、_____、_____。

3. 怎么理解"游戏活动中的教学及教学活动中的游戏"这句话?

4. 谈谈你对不同类型的幼儿教育活动的优缺点的认识?并思考如何合理安排教育活动,才能实现不同类型教育活动的优势互补?并完成学习情境任务。

5. 绘制本小节知识点的思维导图。

意见与反馈:

信息页

　　幼儿教育活动的形式应该是多种多样的,根据实际情况,不同的教育内容可以采用不同的教育方式,不同类型的教育方式也可以相互融合,共同达成幼儿教育目标。常见的幼儿教育活动类型主要有以下两种划分方法。

一、根据幼儿教育活动内容特点划分

　　(一)领域教学活动

　　幼儿领域教学活动是将幼儿教育活动分成若干学科领域,以学科领域为单位组织和实施教育的活动。可以把有价值的知识系统化、目标清晰、内容集中、考核明确。比较适合新教师，待具有一定的实践经验之后再进行整合运用，能达成更好的效果。《指南》中明确把幼儿教育活动分为健康、语言、科学、社会、艺术五个领域，五个领域按照各自领域内容明确儿童发展参考，是领域教学活动的重要参考指标。

（二）主题教学活动

主题教学活动是指在一段时间内围绕一个中心内容（即主题）来组织教育教学的活动。主题一般来源于幼儿的生活，如围绕幼儿自身的生活事件、故事，或提炼一些生活现象、幼儿活动的过程等形成主题而设计的教育教学活动。由于主题来源于幼儿的生活，因而反映的是一个整体的、具体的、鲜活的现实世界。在每一个主题中不仅包含着多个领域的内容，而且能让幼儿对事物获得一个较为全面和生活化的印象。

（三）项目教学活动

项目教学活动主要是指教师与幼儿在生活中围绕大家感兴趣的一个话题共同讨论，在师幼合作研究中发现知识、理解意义、建构知识的一种教育活动。

（四）游戏教学活动

游戏教学活动是指幼儿在自由宽松的环境中，自发、自主地运用一定的知识和语言，借助各种物品，通过身体运动和心智活动，反映并探索周围世界的活动。其主要目的是改变幼儿被动接受知识传播的学习方式，形成主动探究知识，并重视解决实际问题的积极学习方式。其主要特点是以某个或某几个游戏的开展和体验来实现相应的教学目的。

（五）区域教学活动

区域教学活动又称为区角活动，是教师根据教育目标和幼儿发展水平，有目的地创设活动环境，投放活动材料，让幼儿按照自己的意愿和能力，以操作、摆弄为主的方式进行个别化的自主学习的活动。《纲要》中指出：要"为幼儿的探究活动创造宽松的环境""要尽量创造条件让幼儿实际参加探究活动，使他们感受到科学探索的过程和方法，体验发现的乐趣"。区域活动正好为幼儿提供探究机会，让幼儿在动手操作中加以认知，但对环境的创设及材料的投放要求比较高。

（六）生活教学活动

幼儿的生活活动主要有入园、进餐、饮水、睡眠、盥洗、如厕、离园等环节，是培养幼儿良好行为习惯的主要途径，也是培养幼儿社会性的主要途径。幼儿教育活动是保教结合的教育，教师要充分挖掘、抓住和利用生活活动的各个环节，有效地开展教学活动，会取得事半功倍的效果。

二、根据幼儿教育组织形式划分

（一）集体教学活动

集体教学活动是指幼儿在教师的直接组织和指导下，在同一时间内完成同样的学习任务的教育活动。这种组织形式比较适合师幼比例小、有明确教学目标、活动的结构化程度高的教育活动，有利于节省教育资源，但不利于照顾幼儿的个别差异，不利于因材施教。

（二）小组教学活动

小组教学活动是指将幼儿分成几个小组而展开的教学活动。小组教育活动容易调动幼儿主动积极地操作材料，有利于发挥幼儿的主动性和合作性。教师也可以更好地对幼儿进行观察、了解,做到因材施教。

（三）个别教学活动

个别教学活动一般是由一个教师对一个幼儿进行指导的活动,也可以是幼儿根据自己的兴趣和特点,自发、自由的活动,教师面向的是个别幼儿,能较好地进行个别指导,增强教师对每个幼儿的了解,做到因材施教。

考核页

序号	评价项目	评分标准	满分	评价			综合得分
				自评	互评	师评	
1	阅读知识量	1. 对知识的掌握 2. 阅读知识的态度	30				
2	对工作页上任务的理解及完成情况	1. 书写的准确性 2. 完成的态度 3. 完成的内容	60				
3	解决问题的能力	解决问题的能力	10				

思政园地

扫码阅读并思考:如何从根本上解决"虐童"问题? 如何落实"立德树人"? 如何建立正确的育儿观及课程观?

思政园地1

项目总结

本项目从幼儿教师在现实工作中经常遇到的问题入手,重点在于学习幼儿教育活动的内涵、特点,掌握幼儿教育活动的类型及各种类型的优缺点。通过具体任务引导学习者掌握相关学习要点,通过案例解析把理论知识融入解决现实问题中,进而培养学习者发现问题、分析问题、解决问题的能力,培养全局观及对知识的整合能力,帮助学习者树立正确的育儿观及教师观,为后续知识和技能的学习打下扎实的基础。

项目拓展

1. 思考在遵循幼儿身心发展规律的前提下,以后的教育活动应该怎么做?
2. 谈谈你对幼儿教育活动的总体认识。

项目二 幼儿教育活动设计与组织实施

学习目标

知识目标

1. 了解幼儿教育活动不同层次的目标体系内涵及不同层次目标的要求。
2. 掌握幼儿教育活动内容的选择范围、选编的原则及设计策略。
3. 掌握幼儿教育活动组织实施的基本途径、方法和各自的优缺点。
4. 掌握幼儿教育活动计划、方案及说课设计的相关要点。

能力目标

专业能力目标：

1. 能够设计幼儿教育活动。
2. 可以开展幼儿教育活动说活动设计。
3. 能够初步设计幼儿教育活动阶段性教育计划。

非专业能力目标：

培养全局意识及归纳总结的能力。

思政目标

践行社会主义核心价值观，培养爱岗敬业的职业习惯。

知识导图

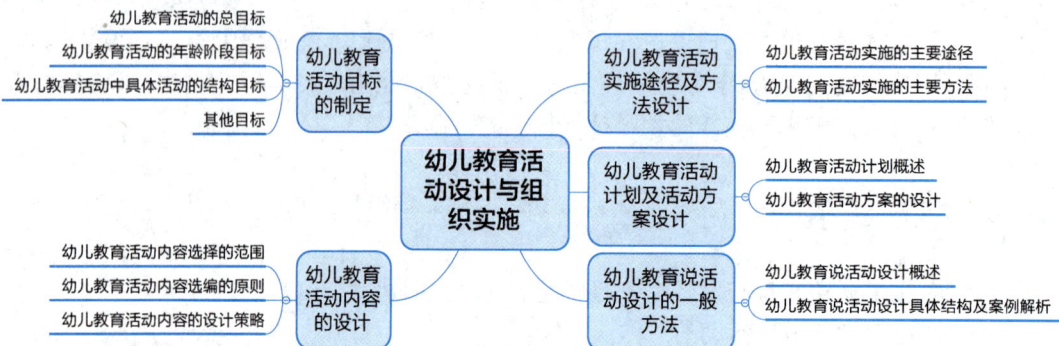

任务一　幼儿教育活动目标的制定

学习情境描述

为了对小班幼儿挑食行为进行矫正,幼儿教师在小班准备开展一次健康领域的教学活动,通过想象米饭为米宝宝,鼓励幼儿改掉挑食的坏习惯,目的在于引导幼儿通过调整饮食习惯获得稳定情绪以及健康的心情,养成勤俭节约、珍惜食物的好品质。①

请你为本案例设计三维目标,并用准确的语言表达出来。

学习目标

1. 明确幼儿教育活动的总目标、年龄阶段目标及活动的具体目标。
2. 能够根据需要用恰当的语言描述具体活动的三维目标。
3. 培养较强的逻辑思维能力。

任务单

任务描述: 　　幼儿教育活动目标的确定是组织实施幼儿教育活动的第一步,请通过查阅资料、观看视频及阅读信息页知识等相关手段,梳理相关知识点,绘制一份关于目标层次构成的思维导图,并完成学习情境和工作页上的小任务。
任务要求: 1. 绘制的思维导图要求内容准确、语言精练、层级清楚并具有逻辑性。 2. 具有能够把不同层次目标进行有效融合的思维,体现总结归纳能力。
任务考核: 1. 绘制一份不同层次目标构成的思维导图。 2. 完成学习情境中的任务。

---

① 赵娟,等著.幼儿园教育活动案例评析[M].保定:河北大学出版社,2019.(有改动)

工作页

阅读理解任务单,填写完成任务要求:

1. 《纲要》是怎么界定幼儿教育活动的总目标的?

2. 你怎么理解不同层级目标之间的融合,并总结出自己进行目标融合的主线? 分享给大家听。

3. 绘制一份关于不同层次目标构成的思维导图(另附页)。

4. 完成学习情境中的任务。

意见与反馈

信息页

一、幼儿教育活动的总目标

《纲要》将幼儿的教育活动分为五个领域,并明确了每个领域的总目标。

(一)健康领域目标

1. 身体健康,在集体生活中情绪安定、愉快。
2. 生活、卫生习惯良好,有基本的生活自理能力。
3. 知道必要的安全保健常识,学习保护自己。
4. 喜欢参加体育活动,动作协调、灵活。

(二)语言领域目标

1. 乐意与人交谈,讲话礼貌。
2. 注意倾听对方讲话,能理解日常用语。
3. 能清楚地说出自己想说的事。
4. 喜欢听故事、看图书。
5. 能听懂和会说普通话。

（三）社会领域目标

1. 能主动地参与各项活动，有自信心。

2. 乐意与人交往，学习互助、合作和分享，有同情心。

3. 理解并遵守日常生活中基本的社会行为规则。

4. 能努力做好力所能及的事，不怕困难，有初步的责任心。

5. 敬爱父母长辈和老师，团结同伴，爱集体、爱家乡、爱祖国。

（四）科学领域目标

1. 对周围的事物、现象感兴趣，有好奇心和求知欲。

2. 能运用各种感官，动手动脑，探究问题。

3. 能用适当的方式表达、交流探索的过程和结果。

4. 能从生活和游戏中感受事物的数量关系并体会数学的重要和有趣。

5. 爱护动植物，关心周围环境，亲近大自然，珍惜自然资源，有初步的环保意识。

（五）艺术领域目标

1. 能初步感受并喜爱环境、生活和艺术中的美。

2. 喜欢参加艺术活动，并能大胆地表达和表现自己的情感和体验。

3. 能用自己喜欢的方式进行艺术表现活动。

二、幼儿教育活动的年龄阶段目标

年龄阶段目标表述的是幼儿不同年龄所期望达成的目标，主要将幼儿分成 3—4 岁、4—5 岁、5—6 岁三个阶段，在幼儿园通常表现为小班、中班、大班三个年龄层次。年龄阶段目标是根据不同年龄幼儿的身心发展特点不同而制定不同的目标。《指南》详细地把《纲要》中五个领域的总目标，根据不同年龄段分解成不同的具体目标，供从教者参考实施。幼儿教育活动有着不同于其他教育活动的特殊性，在制定各具体教育活动目标时，都要考虑幼儿的年龄阶段目标，只有这样才能设计出适合幼儿的教学活动。

三、幼儿教育活动中具体活动的结构目标

在设计幼儿教育活动时具体活动目标要涵盖幼儿认知、情感、动作技能的各个方面，保证幼儿在基本知识、基本技能、基本素养方面得到全面发展。因此，幼儿具体教育活动目标有以下几个方面。

（一）知识目标

知识目标包括各学科领域知识的掌握和认知能力的发展。知识目标可以分为了解、掌握、领会、分析、综合和评价等方面。

（二）技能目标

技能目标包括认知技能目标和动作技能目标，一方面是把知识转化为实际操作或在现实生活中的运用能力。另一方面是指对动作感知、运动协调和动作技能的发展。如：模仿、操作、运用、迁移等方面。

（三）情感目标

情感目标包括兴趣、态度、习惯、价值观念和社会适应能力的发展。情感目标分为感受、倾向、意向、组织和性格化等方面。

四、其他目标

除了以上目标的界定,按照其他的目标分类标准主要有学期目标、各年龄班月计划或周计划教育目标等按时间段制定的目标;课程目标、单元目标、主题活动教育目标、游戏目标、生活目标、保育目标等按教育内容的性质制定的目标。

不管以怎样的维度对目标进行分解,教育的目的都是一样的,都是对幼儿教育的具体化,这些目标相互联系、相互制约,构成一个有机整体,促进幼儿身心全面、和谐发展。

考核页

序号	评价项目	评分标准	满分	评价			综合得分
				自评	互评	师评	
1	阅读知识量	1. 对知识的掌握 2. 阅读知识的态度	20				
2	对工作页上任务的理解及完成情况	1. 书写的准确性 2. 完成的态度 3. 完成的内容	60				
3	逻辑思维能力	逻辑思维能力	20				

任务二　幼儿教育活动内容的设计

学习情境描述

在开展中班教学活动"有规律地排列"时,为了激发幼儿参与活动的兴趣,教师布置了森林背景,创设了"森林舞会"的教学情境,以邀请小朋友为由,引导幼儿用红色和黄色的亮片有规律地粘贴制作漂亮的头饰。活动开始后,教师出示了带有亮片的彩带,旨在引导幼儿发现其中的排列规律。可是,幼儿都被闪闪发光的亮片吸引了,有一个小女孩拿起亮片就贴了起来,贴得一点规律都没有,教师问她:"你这样贴对吗?"小女孩说:"这样贴才好看呀,参加舞会就要漂亮呀。"接着,很多小朋友都按照自己的意愿贴了起来,但都是毫无规律可循,最后,只能匆忙结束了活动。①

通过阅读以上教学案例,谈谈你发现的问题有哪些,分析产生这些问题的原因有哪些,并提出自己的解决方法。

---

① 王明珠.幼儿园一日活动教育细节 69 例[M].北京:中国轻工业出版社,2019.(部分改动)

学习目标

1. 了解幼儿教育活动内容的选择范围;熟悉幼儿教育活动内容选编的原则;掌握幼儿教育活动内容的设计策略。

2. 能够运用幼儿教育活动内容的设计策略,设计活动方案的内容。

3. 培养及全局思维能力、分析问题能力。

任务单

任务描述:
要实现一定的教育目标,首要是选择合适的教学内容,本小节要求完成一个小任务:运用幼儿教育活动内容的设计策略,设计一次活动的内容,进而体现全局思维能力。
任务要求: 1. 书写工作页上的内容时要求字迹整洁、清晰、规范。 2. 分析问题时要条理清晰,语言准确;解决问题的方法要有可操作性,体现全局思维能力。
任务考核: 1. 工作页上的相应任务。 2. 运用幼儿教育活动内容设计策略,设计一份活动方案的内容。(口述)

工作页

阅读理解任务单,填写完成任务要求:
1. 幼儿教育活动内容选择范围主要有几个方面? 各自的侧重点在哪儿? 请举例说明。
2. 幼儿教育活动内容选编的原则主要有哪些? 为什么?
3. 结合实际谈谈幼儿教育活动内容设计的策略。
4. 完成学习情境中的小任务,并结合所学知识重新安排组合教学内容。
5. 运用相关知识,设计一份活动方案的内容。(口述)
意见与反馈

信息页

一、幼儿教育活动内容选择的范围

幼儿教育活动内容是实现幼儿教育活动目标的载体和对象,是实现教育目标的实质部分,是教育活动设计与具体实施的主要依据。幼儿教育活动内容是由教育活动目标决定的,而教育活动目标的达成离不开教育活动内容。

幼儿教育活动内容选择的范围可以从两个维度来考虑:

从学科领域看,幼儿教育活动的内容选择分为健康、语言、社会、科学、艺术等五大领域的教学内容。其中,科学领域又包含了数学,艺术领域主要包含了音乐和美术。

从教育的最终目的看,幼儿教育活动内容选择范围一般包括有助于幼儿获得基础知识的内容,也就是认知类的教育活动内容;有助于幼儿掌握基本活动方式的内容,也就是行为技能类教育活动内容;有助于培养幼儿情感态度的内容,也就是情感态度类教育活动内容。

（一）认知类教育活动内容

认知类教育活动内容主要是幼儿对周围世界的基本认知经验。知识具有多种价值,是智力发展、能力提高、情绪情感发展的基础和前提。所以幼儿教育活动内容首先是关于认知类的。认知类教育活动内容并不存在于某一个领域之中,而是隐含在幼儿各个领域的教育活动中,主要有陈述性知识、程序性知识、策略性知识等。

1. 陈述性知识是指幼儿通过学习能够知道一些事物的名称、定义、意义、功能、特点等具体事实,并能够用语言表述出来。陈述性知识是幼儿进一步学习获得知识的基础,是促进幼儿认知能力发展的基础,是幼儿从“不知”到“知”、从“知之甚少”到“知之甚多”的过程。

2. 程序性知识是指一系列解决问题的操作步骤,是幼儿通过学习获得的使用各种符号与周围环境相互作用的能力。这种能力可以进一步细分为辨别事物、形成概念、获得并使用规则,主要回答“怎么做”。

3. 策略性知识是指幼儿获得的调节自己的注意、记忆、思维等内部心理过程的技能。策略性知识的掌握,可以帮助幼儿调控自己学习的过程和解决问题的方式。

（二）行为技能类教育活动内容

各种活动都包含着一些基本的方式方法和技能技巧,这些都是幼儿教育活动的行为技能类教育活动内容。包括训练幼儿的操作技能、动作技能、体能及行为能力等。例如:美术中的手工制作、使用剪刀;语言领域中的口语表达能力;科学领域中的观察、思考、探究能力等,其在体育活动、音乐活动中运用得更多。

（三）情感态度类教育活动内容

情感态度是伴随着活动过程而产生的体验,类似的体验积累多了,就形成了比较稳定的倾向性。情感态度不是教出来的,而是在潜移默化中形成的。情感态度类教育活动内容主要包括激发幼儿兴趣、培养幼儿积极的态度、帮助幼儿形成习惯、塑造幼儿价值观方面的内容。

二、幼儿教育活动内容选编的原则

幼儿教育活动内容的选编要依据幼儿教育活动的目标来进行。选编的内容要满足幼

儿身心全面发展的需要,有效地发挥各领域的教育作用,促进幼儿全面的发展。因此,幼儿教育活动内容在选编时要遵循以下原则:

（一）要符合幼儿的年龄特点

幼儿思维的特点是具体形象思维占优势,抽象逻辑思维开始萌芽。这就决定了幼儿的学习内容是形象的,要看得见、摸得着,要让幼儿亲身感受与体验。在选编幼儿教育活动内容时,一定要符合幼儿的年龄特点,教给幼儿的知识要尽可能地让幼儿在生活中应用,这才是对幼儿有意义的知识。幼儿的教育活动应当与幼儿的生活实际、生活经验紧密相连,要注意由浅入深、由近及远、由简到繁,逐步扩展幼儿的学习内容。

（二）要满足幼儿的兴趣和需要

教师可以通过观察幼儿,及时捕捉幼儿的兴趣点,从幼儿感兴趣的事物中生成教育活动内容。教师可以从幼儿关注的话题中、从吸引幼儿的事件中、从幼儿的角色行为中、从幼儿感兴趣的艺术作品中,寻找适合幼儿的教育内容。有些教育内容虽然不是幼儿感兴趣的,但是又确实是需要幼儿掌握的,是对幼儿发展确有价值的活动内容,教师可以通过各种手段和方法,或者采用幼儿感兴趣的活动方式,培养幼儿对相应内容的兴趣,进而促进幼儿的发展。

（三）要有教育性和科学性

幼儿教育内容的选择,要充分考虑知识的教育功能,教师选择的内容要能促使幼儿获得知识,同时要发展幼儿良好的道德情感和健康人格,形成对事物的正确态度。教育活动的内容还要符合科学性,即教师要向幼儿传授正确的知识技能。

（四）要符合社会发展的需要

幼儿教育是面向未来的奠基教育,从幼儿终身学习和发展的角度出发,教育活动内容必须能够反映社会文化的发展进步,反映最新的科学技术成果,体现时代性。教师选编的教育活动要满足幼儿日后学习的需要,也要满足幼儿长远发展的需要。因此,幼儿教育活动的内容既要反映知识发展的内在规律,又要符合幼儿的认知水平,这就需要协调学科逻辑与幼儿心理发展逻辑之间的矛盾。所以,教育活动内容的选编要注意知识逻辑上的衔接,由浅入深、由易到难、由具体到抽象、由简单到复杂,为幼儿建立一个有序的关联性知识系统,循序渐进,为幼儿日后的学习奠定基础。

三、幼儿教育活动内容的设计策略

幼儿教育活动内容要经过教师的设计,才能把具体内容传授给幼儿,才能实现最佳的教育效果。具体对幼儿教育活动内容的设计策略可以从以下几个方面考虑:

（一）根据幼儿一日活动的环节来选编生活教育的内容

幼儿的一日活动是由各种不同类型的活动组成的,这些活动相互组合,构成了幼儿一日生活的若干个环节。幼儿教育要寓于幼儿的一日活动之中,根据幼儿不同年龄段的发展目标,将一日活动中的时间充分利用起来,关注每一个幼儿的真正需要,充分挖掘一日活动各个环节中的教育因素,抓住有利时机实施教育。比如:入园和离园环节正是培养幼儿的使用礼貌用语的好时机,饮水和盥洗环节除了可以培养幼儿良好的卫生习惯,还可以渗透节约用水、爱护环境等科学领域的内容,进餐环节可以培养幼儿良好的用餐礼仪,等等。

（二）根据传统文化、季节变化等选编主题教育活动的内容

中华传统文化是我国民族文明、风俗、精神的总称，它包含的内容十分丰富，有神话故事、传统节日、中国礼仪文化、童谣、诗歌、民族服饰、书法、泥人、皮影、地方戏曲，等等。在主题教育活动中遵循幼儿整体认知的特点，根据学习对象本身的知识结构体系，选取中华优秀传统文化，并将它与各种教育因素有机整合，让中华传统文化丰盈幼儿的精神。

以季节为主线选编教育活动的内容也是一个不错的选择。主要是以认识春、夏、秋、冬为线索，将健康、语言、社会、科学、艺术各领域和季节、节气相关的教育活动内容集中整合编排。让幼儿充分认识和感知大自然的变化，在幼儿创造性学习、主动研究、共同探索、充分体验中获得良好习惯和各种能力的协调发展，形成积极的情感意志和良好的个性。

（三）根据幼儿的生活经验选编区域教育活动的内容

区域活动是幼儿教育一种重要的自主活动形式，它是以快乐和满足为目的，以操作、摆弄为途径的自主性学习活动。但是如何创设一个适宜的区域活动，让幼儿不仅感兴趣还要有积极参与的强烈愿望，是教师们值得思考的问题。区域活动的环境布置和材料的选择一定要符合幼儿的实际生活经验，只有这样才能引起幼儿的共鸣，才能激发幼儿参与的热情，引导幼儿主动探索的欲望，以达到对现实生活的体验和感悟，消除紧张，满足好奇心。

（四）根据区域特色来选编游戏活动的内容

游戏的素材有很多，其中教师可以根据各自所在的不同区域特点来挖掘素材，创编游戏。比如：可以根据不同区域的人文特征、民族特点、民间活动等内容来挖掘创编游戏的素材。既丰富游戏的内容，又比较贴近幼儿童年的生活，还能体现不同地区的人文差异，使幼儿深刻感受到祖国的文化内涵。

考核页

序号	评价项目	评分标准	满分	评价			综合得分
				自评	互评	师评	
1	阅读知识量	1. 对知识的掌握 2. 阅读知识的态度	20				
2	对工作页上任务的理解及完成情况	1. 书写的准确性 2. 完成的态度 3. 完成的内容	60				
3	分析问题及全局思维能力	1. 分析问题能力 2. 全局思维能力	20				

任务三　幼儿教育活动实施途径及方法设计

学习情境描述

教育活动案例

健康领域：远离病毒勤洗手(小班)

活动设计意图

勤洗手、爱清洁、讲卫生是我们健康成长的保护伞,而幼儿生活习惯的养成不是一朝一夕的,要在幼儿一日生活各环节中,使幼儿在实践体验中不断巩固和提高幼儿的健康认知水平,逐步培养幼儿养成良好的卫生习惯。

活动目标

1. 认知目标：理解病毒和细菌会危害我们的身体,丰富幼儿的认知水平。

2. 技能目标：学习正确的洗手方法——七步洗手法。

3. 情感目标：培养讲卫生,爱清洁的意识。

活动准备

PPT课件、香皂若干、小毛巾若干、七步洗手法挂图一张。

活动重点与难点

1. 活动重点：理解病毒和细菌对身体有损害。

2. 活动难点：掌握正确的洗手方法——七步洗手法。

活动过程

一、开始部分

用故事导入,同时出示图片,引导幼儿观察画面,了解病毒和细菌对人类身体的侵害。

二、展开部分

1. 结合图片,帮助幼儿了解病毒和细菌对人体的侵害

教师可以说："请小朋友们仔细观察,病毒和细菌在做什么?"引起幼儿讨论,师幼共同得出小结：病毒和细菌在危害人体健康。

2. 结合上面的结论引出洗手的重要性

我们的手上有很多的病毒和细菌,当我们用双手去摸脸、揉眼睛、抠鼻子时,病毒和细菌就会跑到我们的身体里,这是很危险的事! 所以我们在打完喷嚏、咳嗽之后,揉眼睛、吃东西之前,上完厕所之后都要认认真真地洗手,把病毒、细菌都赶走。

3. 观看视频,引导幼儿掌握正确的洗手方法

通过观看视频,师幼共同完成洗手方法的学习。

4. 教师做示范,幼儿学习七步洗手法

师：老师自己编了一个有趣的洗手顺口溜,我们一起来学习一下吧。教师带着幼儿一

边说一边做。附：洗手顺口溜（手心手心搓一搓；手心手背交叉搓；手心交叉做朋友；拳头相握慢慢洗；小手比赛钻山洞；小鸡啄米扭一扭；最后手腕转一转）。

三、结束部分

小结：小朋友们今天不仅知道了病毒和细菌在我们的生活中无处不在，还学会了七步洗手法，回家后可以把今天在幼儿园学到的本领教给爸爸妈妈。老师也在盥洗室贴了一张"洗手之星"，以后每天洗手的小朋友就可以给自己贴上一个小星星，一个星期后大家一起来看看谁是我们的"洗手之星"。小朋友们不仅在幼儿园要洗手，回家以后也要保持爱洗手的好习惯喔。

活动延伸

1. 家园合作

在家中家长要督促幼儿养成饭前便后洗手的好习惯。

2. 区角活动

娃娃家——投放香皂、毛巾、水盆等物品，让幼儿练习正确的洗手方法。

思考：上述活动案例中体现了哪些幼儿教育活动实施的途径和方法？结合本小节的相关知识，请提出改进意见。

学习目标

1. 掌握幼儿教育活动实施的途径及方法；理解幼儿教育活动实施的途径及方法选择的注意要点。

2. 能对幼儿教育活动实施的途径及方法进行整合，运用幼儿教育活动实施策略开展教育活动。

3. 培养较强的归纳总结能力及信息加工和提炼的能力。

任务单

> 任务描述：
>
> 　　幼儿教育活动实施是将设计好的幼儿教育活动方案付诸教育实践的过程。本小节需要掌握两个方面的内容，一个是了解教育活动实施的具体途径，并能够针对不同特点的教育活动内容选择适宜的实施途径。另一个是掌握教育活动实施的方法，能够针对不同幼儿年龄特点及学科特点选择合适的实施方法，并完成相应的任务单。
>
> 任务要求：
> 1. 能够对信息页上的信息进行信息加工，得出要点，以融合思维完成工作页上相应的工作，并能与同伴分享。
> 2. 书写工作页上的内容时要求字迹整洁、清晰、规范。
> 3. 绘制的思维导图要节点清晰、层次分明。
>
> 任务考核：
> 1. 用思维导图的形式总结幼儿教育活动实施途径及方法的要点及其各自的优缺点。
> 2. 完成学习情境中的任务。

🎈 工作页

阅读理解任务单，填写完成任务要求：

1. 幼儿教育活动组织实施的途径有几个？各自的优缺点是什么？请举例说明。

2. 幼儿教育活动组织实施的方法有哪些？

3. 结合实际谈谈如何选择适宜的幼儿教育活动组织实施的途径及方法？

4. 完成学习情境中的小任务。

5. 用思维导图的形式归纳总结幼儿教育活动实施途径及方法的要点及各自的优缺点。
（另附页）

意见与反馈：

🎈 信息页

一、幼儿教育活动实施的主要途径

　　幼儿教育活动实施的途径多种多样，目前比较常见的有如下五种途径。

　　（一）教学活动

　　教学活动是目前实施幼儿教育活动的重要途径。教学活动通常是指以教学班为单位的课堂教学活动，一般是教师根据幼儿的心理、生理发展规律和学习特点预设教学目标，通过各种教学方法、手段、形式把教学内容呈现给幼儿，实现教学任务，完成教学目标的一种组织活动。在新的教学观念及儿童观的指导下，目前幼儿的教学活动更加注重幼儿在活动中的主动性、积极性，充分发挥幼儿的主观能动性，将教学与实践相结合，尽力彰显教学情景的生活化、内容的整合化及教学形式的多样化。

　　（二）游戏活动

　　游戏是实施幼儿教育活动的最佳途径。游戏活动可以发展幼儿的想象力、创造力、交往能力、表达能力，促进幼儿情感、个性、学习品质、行为习惯等方面的健康发展，对幼儿具有独特的价值。游戏活动体现的是幼儿内在的动机萌发,幼儿可以无拘无束地挥洒自己的兴趣,在模仿中、表演中、建构中满足其内在的积极愿望,所以游戏也是幼儿最喜欢的一种活动形式。为此,《规程》中明确指出,"游戏是对幼儿进行全面发展教育的重要形式",幼教工作者应"以游戏为基本活动""因地制宜地为幼儿创设游戏条件""充分尊重幼儿选择游戏的意愿"等等。

(三)实践活动

实践活动是实施幼儿教育活动必不可少的途径。实践活动主要有社区服务、参观与观察、社会劳动等。实践活动是幼儿认识世界、感知世界的基本途径,是幼儿用感官去了解周围生活中的自然和社会现象的一种知觉活动。它不仅丰富了幼儿教育活动的内容,而且有利于幼儿充分利用自然和社会教育资源,组织丰富多样的教育活动,加强幼儿与自然和社会的联结,激发幼儿对自然和社会的情感,是实施幼儿教育活动必不可少的途径之一。

(四)日常生活活动

日常生活活动是实施幼儿教育活动的基本途径。日常生活活动指幼儿在幼儿园一天所发生的全部经历,是培养幼儿生活习惯和日常常规的重要途径。一般日常生活活动包括入园、进餐、如厕、饮水、午睡、盥洗、离园等环节。幼儿教育活动的特点是保教结合,宗旨是将教育融于生活,幼儿的日常生活活动蕴含着大量的教育内容,同时也是幼儿生活学习的一部分,在真实的生活中学习真实的技能解决真实的问题,更容易激发幼儿的学习欲望,更直接地将幼儿所学与生活环境有效结合起来。

(五)家园共育

家园共育即家长与幼儿园共同完成幼儿的教育。《纲要》中指出:"家庭是幼儿园重要的合作伙伴。应本着尊重、平等、合作的原则,争取家长的理解、支持和主动参与,并积极支持、帮助家长提高教育能力。"幼儿园要充分利用家长资源,开展家园合作,采用家园联系本、家长委员会、教学开放日、家长微信群等形式,将幼儿教育活动与家庭教育活动有机结合起来,实现教育活动的目标及延伸与补充。

二、幼儿教育活动实施的主要方法

幼儿教育活动实施的方法有很多,既包括教师教的方法,又包括幼儿学的方法。根据各种方法的具体特点,通常把其分为三大类。

(一)言语法

它主要包括讲解法、讲述法、谈话法、讨论法、评价法等。

(二)直观法

直观法主要有示范法、演示法、榜样法、情境表演法等。

(三)实践法

实践法主要有观察法、操作法、游戏法、练习法等。

幼儿教育活动根据不同的领域、不同教育内容的特点,选用的实施方法各有所不同,这一点将在后面具体领域教学中详细讲解,这里不再展开。此外,在幼儿教育活动实施中,应注意多种方法相结合灵活运用。

考核页

序号	评价项目	评分标准	满分	评价			综合得分
				自评	互评	师评	
1	阅读知识量	1. 对知识的掌握 2. 阅读知识的态度	20				
2	对工作页上任务的理解及完成情况	1. 书写的准确性 2. 完成的态度 3. 完成的内容	60				
3	信息加工及提炼信息能力	1. 信息加工能力 2. 信息提炼能力	20				

任务四 幼儿教育活动计划及活动方案设计

学习情境描述

为了弘扬爱国精神,传承民族内涵,请以"我爱祖国"为主题,收集相关素材,总结此次教育活动设计流程及各部分的撰写要点。

要求:1. 收集的相关素材要切题,且重点突出,具有应用价值。

2. 设计的流程要完整,总结的各部分撰写要点要具有可操作性,有现实意义。

3. 以图表的形式加以呈现。

学习目标

1. 明确教育活动计划的种类、制定的要点及方法;掌握活动方案设计的表述格式、活动方案设计的方法及各个部分的撰写要点。

2. 能独立撰写幼儿教育活动计划;能熟练运用教学活动设计策略撰写活动方案。

3. 培养归纳总结能力及学会站在全局层面思考问题的能力。

任务单

任务描述:

在明确了教育活动的目标、内容、实施途径及方法后,为了保证教育活动的顺利进行,还必须做好一段时间内的教育活动计划及每一次教育活动的具体活动方案设计。主要任务有两个,一个是能够完成教育活动计划的制定,另一个是完成具体活动方案设计的撰写工作。

任务要求:
1. 撰写的教育活动计划要符合幼儿身心发展特点并实现多领域的融会贯通。
2. 撰写的教育活动设计方案要有可操作性。

任务考核:
1. 可以初步完成某一阶段的教育活动计划的撰写。
2. 总结教学活动设计方案的撰写要点并能完成相应的活动设计方案的撰写。

工作页

阅读理解任务单,填写完成任务要求:
1. 幼儿教育活动计划有哪些种类? 其各自包含的要素有哪些?

2. 幼儿教育活动计划撰写的要点有哪些?

3. 幼儿教育活动设计方案的表述方式有哪些? 请谈谈各部分的撰写要点。(完成学习情境中的小任务)

4. 结合已学知识,制定一份幼儿教育活动周计划,要求符合幼儿身心发展特点,具有可实施性。

意见与反馈:

信息页

一、幼儿教育活动计划概述
　　幼儿教育活动计划是指在一定时间内有目的、有计划、有组织地向幼儿施加教育影响的方案,是教师依据某一阶段的教育目标及与之相对应的活动主题,选择或创编具体的活动内容,确定活动目标和条件,并灵活运用多种活动形式和方法组织活动顺序和步骤的全过程。幼儿园按照时间特征一般把教育活动计划分为学期计划、月计划和周计划。

（一）学期计划

学期计划也称班级保教工作计划,是班级一个学期各项工作全面、有效开展的规划,除了包括班级日常教育教学工作外,还包括家长工作、环境创设等方面的内容。学期计划包含的要素及具体指导要点如表 1-1。

表 1-1　幼儿教育活动学期计划撰写要点

包含的内容	具体要点
现状分析	现状分析也可以是班级情况分析。教师在进行现状分析的时候主要考虑三个方面。首先是幼儿的情况,包括幼儿年龄段的身体发育状况、认知水平发展、日常常规的培养及五大领域教育的程度等方面。其次是教师的情况,主要包括教师的人员结构、教师的专长和教师的成长等方面。最后是分析现有的环境,主要包括园内的一些设施设备的准备、室内外环境的创设等。 现状分析是制定科学合理的学期计划的前提和保障,是必不可少的环节之一。在撰写这部分的时候要注意:评议要简洁、篇幅不宜过长,重点突显班级个性及幼儿的发展水平以及班级工作的完成情况。
包含的内容	具体要点
学期目标	首先,制定目标要充分反映阶段性教育功能,体现保教结合的特点,既有教育目标又有保育目标。宜采用行为目标的表达方式,注意目标的综合性。此外,在制定学期目标时,还要考虑领域的关键经验,幼儿的年龄及发展特点、幼儿园的特色等方面。可以按照领域或项目依次撰写。评议要求准确、概括性强、重点突出。其次,学期目标中要包含家长工作目标。比如:拓展家长工作形式,有针对性地帮助家长提升家庭育儿能力实现家园共育的目标等。
具体措施	具体措施是保障学期目标完成的具体步骤、方法等。具体措施需要根据制定的学期目标结合具体内容进行分析,制定每一阶段要完成的具体工作及可以采取的有效方法及手段。在这个环节里可以突显阶段性工作的重点,特别是要把握"措施"与"目标"间的不完全对应性和关联性,即一个目标可能需要多种措施去实现,一种措施也可能实现多个目标。
主要活动	主要活动即与目标和措施相对应的各种具体活动。教师可以结合对目标的理解、以往的工作经验、现有的参考教材等初步选择确定,在组织实施过程中是可以随时进行调整和添加的。一般常有的活动可以是分领域的,也可以是主题式或区域式,还可以是游戏活动等多种形式等。

（二）月计划

月计划是学期计划的下一步的分解计划,主要是在总结上月计划执行情况的基础上,提出实现学期目标计划的实际步骤。包括上月情况分析、本月各领域重点目标、主要活动措施及活动内容等要素。

上月情况分析:主要针对上月目标达成情况及幼儿发展情况进行分析。主要从教育的五大领域方面、幼儿的保育目标完成方面及家长工作、环境创设等方面发出进行客观、真实的分析,既要分析出优势,又要分析出不足。

本月各领域重点教育目标：首先，要把握关联性。依据学期目标中每领域（项）的关键价值、幼儿上月发展状况、本月的特质对学期目标进行筛选、分解确定本月教育目标。其次，要把握目标的适宜性（不宜过大或过于具体，适宜本月实现；有的可能就是学期目标，有的可能为分解目标）。最后，按领域及项目依次进行制定，体现本月重点。

具体措施及内容：首先，措施主要是按领域或是项目来制定。每个领域或项目目标需要考虑采取哪些步骤去实现，实现的有效方法及落实的手段又有哪些。其次，内容上，为了便于指导月工作的开展，增强目的性主要可以采用按领域或项目将活动内容罗列出来，比较适合以表格的形式呈现，清晰明了。如下表2-2：

表1-2　幼儿教育活动月计划样例

××幼儿园××班××月工作计划			
本月主题			
上月分析			
本月工作重点			
领域	目标	活动内容	具体措施
健康			
社会			
语言			
科学			
艺术			

（三）周计划

周计划是一周之内全部教育活动及相关工作的具体方案，是当月工作计划中某些内容的具体化，是保证月教育目标和周工作目标顺利实现的必要条件，也是日教育目标与方案设计的依据。主要包括上周情况分析、本周主要目标、本周具体措施及内容等几个方面。

上周情况分析：主要分析上周教育教学、保育、家长配合等方面的工作完成情况，总结出优秀经验及不足的地方。

本周主要目标：即结合幼儿的身心发展水平及月教育计划制定的本周需要完成的具体目标。主要从保育目标、教育目标、家园共育等几个方面来综合考虑，目标制定要相对具体，忌过于宽泛或抽象。

本周具体措施及内容：具体措施及内容是对目标的具体分解，实现目标的具体方法及步骤。要有具体时间的安排，活动内容要体现相对完整性、有针对性，要动静结合、循序渐进。常见的形式也是以表格的方式呈现。以下是某幼儿园的周计划表示例。

表 1-3　某幼儿园周计划表

班级：大二班　　教师：×××　　时间：××××年7月

保教目标	1	周工作重点	纠正幼儿坐姿及握笔姿势
	2	安全教育	阴雨天气安全知识，遇见涝的自救方法
	3	健康教育	进入春季，由于风大，天气干燥，加强在园内及家中的饮水量
	4	德育	主动问好，学习爱护班级环境物品
	5	习惯培养	加强日常常规培养，重点整理衣物及洗手
家长工作	1	家园配合	鼓励幼儿坚持入园，参加晨练，不迟到，不请假
	2	特别提示	加强单脚跳绳、反手跳绳练习和双手拍球练习。
家长配合	1		配合学校工作，准备材料
	2		督促幼儿完成作业，纠正幼儿坐姿及握笔姿势
	3		引导幼儿念毕业诗

星期	上午			下午		
	集中教学	户外体能	教师	集体或区域游戏	户外活动	教师
星期一	科学：斜坡开车	单脚跳	××	音乐：走跑跳	踩高跷	××
星期二	语言：古诗	压轮胎	××	美术：吹画梅花	队列练习	××
星期三	外教：John	左右跳	××	语言：小山雀	跳房子	××
星期四	语言：小学生	折返跑	××	创意泥：小熊	跳绳	××
星期五	语言：快乐阅读	跳远	××	社会：陌生人	反绳跳	××

二、幼儿教育活动方案的设计

幼儿教育活动有广义和狭义之分。广义的教育活动是指在幼儿园里所有的具有教育价值的活动。狭义的教育活动仅指集体教学活动。在这里仅介绍狭义的教学活动实施方案的设计，也就是俗称的活动方案的设计。

集体教学活动是整个幼儿教育活动体系中最具体、最详细的计划。幼儿集体教学活动设计是直接指导幼儿教师进行教育活动的依据，其主要的表述格式有活动名称、活动目标、活动准备、活动过程、活动延伸、活动反思等。

（一）活动名称

活动名称是本次活动所要反映的主题内容的概括。在设计活动名称时要体现出是哪个领域的活动，要贴近幼儿年龄特征和认知水平，表述要完整且具有童趣。

（二）活动目标

活动目标是本次活动要达到的具体要求，在设计时要符合《纲要》和《指南》等文件的精神，符合幼儿年龄阶段特点，切合儿童的发展水平和发展需要，具有全面性，能围绕给定的主题，难度适当，对整个活动具有导向作用；陈述简洁明了，主体统一，针对性强，具有可操作，能考虑到各领域间的相互渗透。其主要包括认知目标、技能目标及情感目标。这三个目标从不同侧面反映了本次活动要实现的具体要求。

认知目标是基于理论方面的要求,情感态度目标是基于幼儿的内化、身心方面的要求,动作技能目标侧重于行为操作层面的要求,在设计时要体现不同维度的具体要求。

（三）活动准备

活动准备是保障活动顺利进行、实现预设目标的必要条件。活动准备主要包括教师和幼儿的知识储备与经验准备、物质材料准备、活动地点的安排及其他环境布置等。活动的各项准备均要符合实现活动目标的要求,最大程度地支持和满足幼儿学习、探索、操作活动的需要,实现有效利用现代化教学手段,达到适用、适时、适当地增加活动的实效性和趣味性的目的。

（四）活动过程

活动过程是活动展开的具体步骤及内容,体现着教师的设计意图及教学理念,是整个教学设计中的核心环节。主要包括开始部分、展开部分、结束部分。

1. 开始部分

开始部分是活动的开端,一般教师主要是引导幼儿发现问题,并引发幼儿的思考,调动幼儿学习的兴趣,为下一步学习做好准备。恰当的导入策略非常重要,可以在较短时间内吸引幼儿注意力,引导幼儿主动探究、思考,保证教育活动的顺利实施。常见的导入策略有：

（1）问题导入。问题导入是幼儿教育活动运用较多的导入方式。教师用有趣、生动、形象的语言提出问题,引发幼儿思考,激发幼儿的探索欲望,进而引出活动的主题内容。

（2）游戏导入。游戏是幼儿喜爱的活动,利用游戏导入可使幼儿在愉快、自然的状态下进入学习状态。在设计游戏时可以考虑融入一定的情境,并创设相关的问题或任务,调动幼儿观察和参与的热情,在游戏中引出活动的主题内容。

（3）环境、情境导入。环境、情境导入是教师利用环境或通过创设相关情境,让幼儿发现环境的变化,在具体预设情境中发现问题,从而引发幼儿进行交流、观察、探索的欲望,自然过渡到活动的主题内容。

（4）演示导入。演示导入是教师对实验内容进行演示,幼儿掌握操作方法后,按照教师的演示操作进行实验操作。也可以是教师操作部分内容,其他类似的内容由幼儿完成,使幼儿自然地进入活动中来。演示导入一般在学习一些物理、化学、生物等科学领域的知识时运用较多。

2. 展开部分

这个部分是教学活动的具体呈现,是完成教育目标的主要部分,占时最长,是活动设计的主体。教师要引导幼儿参与到学习中,充分体现幼儿是学习主体的宗旨。教师在设计此阶段要注意以下几个问题。

（1）内容与目标的关联性。活动内容的选择要依据活动目标而定。所选内容一定是最能实现目标的,选择时需注意两者之间的关联性。

（2）采用的教学方法要恰当。采用的教学方法要与所开展活动的性质和类型相适应。此外,每种教学方法都有自身的优势,注重多种方法的融合使用。

（3）游戏设计的合理性。游戏是实现活动目标、呈现活动内容最好的方式之一。在进行游戏设计时一定要考虑到幼儿的发展水平,游戏的内容及规则一定是幼儿可以接受的。此外,游戏的设计也一定要与活动内容及活动目标相适应,游戏是为了更好地呈现内容且能更好地实现目标而设置的。

（4）多媒体教学的适用性。投影、电视、录像、互联网⁺方式都是多媒体教学的使用范围。这些现代教学手段具有生动形象、感染力强、不受时空限制等特点,弥补了幼儿直接经验的不足,教师要充分发挥利用这些多媒体作用,激发幼儿兴趣,促使幼儿积极参与。

（5）教师语言的适宜性。教师在组织活动过程中要学会使用语言的技巧。生动形象的表达有利于吸引幼儿的注意、提高幼儿的兴趣。此外,教师还可以进行言语交流与沟通,来拓展幼儿的倾听与理解能力。发挥语言的感染力,使幼儿入情,从而获得强烈的情感体验,达到活动目标。

3. 结束部分

这部分是实施部分的整理阶段,主要是归纳和总结活动的主要内容,是对活动内容的回顾、强化。此阶段持续时间要短,尽量鼓励幼儿通过整理、分享交流、动作表演等多种形式展示自己的收获或成果,教师通过关注、赞许等方式让幼儿享受成功的喜悦。

（五）活动延伸

活动的延伸是对已有活动进行补充和提高,或是对下一次活动的铺垫,或是体现家园共育的教育理念。但教师要根据幼儿的兴趣和掌握情况做适当的延展,切忌无目的地延伸。

（六）活动反思

活动反思也称活动评价,是教师在教育活动实施过程中对教育活动设计进行自我反思与评价的一种方式,是自我提高、自我成长的过程,也可以是对幼儿预设的教育效果进行反思。

考核页

序号	评价项目	评分标准	满分	评价			综合得分
				自评	互评	师评	
1	阅读知识量	1. 对知识的掌握 2. 阅读知识的态度	20				
2	对工作页上任务的理解及完成情况	1. 书写的准确性 2. 完成的态度 3. 完成的内容	60				
3	归纳总结的能力及全局思维的能力	1. 归纳总结的能力 2. 全局思维的能力	20				

任务五　幼儿教育说活动设计的一般方法

学习情境描述

　　某县幼儿园为了加强岗位练兵,造就一支高素质幼儿教师队伍,全面提升专业技能,促进本园教师专业化成长,提升幼儿园综合师资水平,促进教师积极进取、相互学习,特举办一场说活动比赛,要求全园一线幼儿教师参加。

　　作为园内的一线幼儿教师,请你写一篇说活动文稿并参与说活动讲演比赛。

学习目标

　　1. 明确幼儿教育说活动设计与幼儿教育活动设计方案的区别;理解幼儿教育说活动的意义;掌握幼儿教育说活动设计的要点。

　　2. 能独立撰写说活动文稿;能将所学理论知识运用在文稿的撰写中并尝试讲演,提高综合表达能力。

　　3. 培养良好的语言表达及书写能力。

任务单

任务描述: 　　幼儿教育说活动旨在促进幼儿教师学习教育理论知识,提高幼儿教师素质。主要任务是能进行说活动设计。
任务要求: 1. 撰写的幼儿教育说活动文稿要内容清晰、重点突出,体现教育的意图及设计理念。 2. 说活动过程要逻辑清晰、层次分明、表述流畅。
任务考核: 1. 撰写一篇幼儿教育说活动设计文稿。 2. 尝试独自演绎活动文稿或参加一场说活动比赛。

工作页

阅读理解任务单,填写完成任务要求:

1. 归纳总结幼儿教育说活动设计与幼儿教育活动方案撰写的区别。

2. 理解幼儿教育说活动设计的意义并举例说明。

3. 归纳总结幼儿教育说活动设计的撰写要点。

4. 完成学习情境中的小任务,并组织分享活动。

意见与反馈:

信息页

一、幼儿教育说活动设计概述

　　(一)幼儿教育说活动设计的内涵

　　幼儿教育说活动设计指教师在备课的基础上,在授课之前对领导、同行或评委叙述具体活动的教学设计及其依据的一种教学研究活动。

　　(二)幼儿教育说活动设计的意义

　　幼儿教育说活动设计能够有效促进教学研究活动的开展、提高教师的备课质量,有效提高活动开展的水平,提升幼儿教师的职业素养,具体内容详见表1-4。

表 1-4　幼儿教育活动说活动设计的意义

意义	简述要点	举例
促进教学研究活动的开展	说活动的开展为教师的教学研究提供了交流、切磋的平台，教师在"说"与"听"的过程中实现教学思想与理念的碰撞。	某活动运用了项目化教学的方式进行设计，教研组以此为主题展开讨论：如何有效推进项目化教学的运用。
提高教师备课的质量	说活动的对象是教师或评委，促使教师在备课上下功夫，从而积累备课经验、提高备课质量。	为了说好一次活动，教师从研究活动对象出发，有效构建活动逻辑，实现活动目标。
优化活动开展的水平	通过评说活动设计可收集教师评委们对活动设计的建议并进行改进，有利于教师实践活动的开展。	由于本次活动设计参加过说活动，在听取评委的建议后，某教师对活动设计进行了反思并改进，在实践活动时取得了良好的效果。
提升幼儿教师的职业素养	说活动促使教师自觉学习教育教学理论，并实践在活动设计中。	为了体现项目化教学的亮点，教师查阅了大量论文、期刊、书籍等，在此过程中，其教育教学素养得到有效提升。

（三）幼儿教育说活动设计与幼儿教育活动设计方案的区别

幼儿教育活动设计着眼于对活动实施过程的安排和活动目的实现，而说活动着眼于说清楚"我要做什么""我怎么去做""我为什么这样做"，实际就是向听活动的对象讲述活动内容、活动方法和活动依据等内容，详细内容如表 1-5。

表 1-5　幼儿教育活动设计与说活动设计的区别

区别	活动设计	说活动设计
实施对象	幼儿	同行教师、专家领导等
呈现重点	主要呈现活动过程	主要表达设计思想、教育理念、具体依据
本质	是活动开展前的实施计划	是一种教研活动
目的	有效开展活动，达成对幼儿的教育目标	有效提升教师专业素养

二、幼儿教育说活动设计具体结构及案例解析

我们以一篇幼儿社会教育活动设计的说活动设计为例展开解析并呈现其基本结构，见表 1-6。

表 1-6　幼儿教育说活动样例及分析

结构	说活动案例	设计要点
开场白	各位老师，大家好，我叫×××，我说活动的内容是大班社会活动"遵守规则"。接下来，我将从以下八个方面进行说活动。	以简单的开场白引出本次说活动的主题。

续　表

结构	说活动案例	设计要点
说设计意图	大班幼儿已有基本的规则意识,但还无法做到自律,对于规则的实践还会表现出自我中心。《指南》中指出5—6岁的幼儿要理解规则的意义,能与同伴协商制定游戏和活动规则。本次活动旨在通过创设不同的情景引发幼儿在解决问题中树立规则意识,在讨论中制定较为完善的规则,在体验中巩固规则意识,从而能制定简单的规则并遵守规则,确保一日活动井然有序。	1. 说清楚为什么要开展本次活动及其意义。 2. 说清楚设计活动的依据是什么。
说活动目标	活动目标是活动要达到的预期目的,对整个活动过程有导向作用。根据大班幼儿的年龄特点以及《纲要》中制定的社会领域目标"理解并遵守日常生活中基本的社会行为规则",我制定了以下三维目标: 1. 认知目标:知道在生活、游戏中都需要遵守规则,理解遵守规则的重要性。 2. 技能目标:能够积极讨论日常生活中的规则并遵守规则。 3. 情感目标:愿意参与活动,感受遵守规则的快乐。	说清楚制定目标的依据和目标的具体内容。 此外,目标的表述要准确,认知目标要体现理论层面的,技能目标要体现操作技能层面的,情感目标要体现素质、态度、情感方面的。
说活动重难点	在活动目标的指引下,结合本次活动内容的特点和幼儿现有的发展水平,将此活动的重点定位为:幼儿懂得生活中的日常规则。活动中通过教师的引导及幼儿自身的交流,幼儿能够获取日常的规则经验。 需要突破的难点为:幼儿有遵守规则的意识并认真遵守规则。活动中通过循序渐进地引导幼儿知道规则的重要性来突破难点。	1. 说清楚重难点分别是什么? 2. 简单阐述突出重点和突破难点的设计思路。
说活动准备	为了提高幼儿活动的兴趣和参与度,达到更好的教育效果,活动前我做了如下准备: 1. 物质准备:生活中有关规则的图片及视频、游戏用塑料圈若干。 2. 经验准备:幼儿了解了一些日常规则。	说清楚准备了什么来辅助活动的顺利开展。
说活动方法	为了增强活动效果,更好地实现活动目标,我选择了以下教法: 1. 情境法:创设违反规则的情境,引发幼儿的情感共鸣。 2. 直观法:展示幼儿实际活动中遵守及违反规则的图片,让幼儿直观地感知规则。 3. 提问法:在问与答的互动中,提高幼儿的口语表达能力,调动幼儿参与活动的主动性和积极性。 为了激发幼儿的学习兴趣,尊重幼儿主体地位,我采用了以下教学法: 1. 讨论法:幼儿在讨论中,互相交换关于规则的意见,相互启发。	1. 说清楚使用了什么样的教法和学法。 2. 所使用的活动方法能达成怎样的目的。

续　表

结构	说活动案例	设计要点
说活动方法	2. 操作法：幼儿共同制定规则并执行，迁移学习经验，在做中学。 3. 游戏法：幼儿在游戏中巩固规则经验，提升规则意识，在玩中学。	
说活动过程	1. 情境导入——引入主题（2分钟） 让幼儿观看小朋友接水环节插队的视频，请幼儿讨论其行为，产生情感共鸣，引入活动主题。 2. 活动展开——以感知规则、分享规则及创造规则的循序渐进的方式达成三维目标。 第一环节：看一看，来判断（5分钟）。 本环节教师出示图片，请幼儿判断不同场景中的人物是否遵守规则，不遵守规则会有什么样的危害。通过对不同场景规则的判断和说明，幼儿初步感知规则的重要性，达成认知目标。 第二环节：说一说，来分享（6分钟）。 本环节请幼儿讨论并分享自己所遇到过的遵守规则或不遵守规则的小故事。通过讨论及分享，幼儿能够认知更多的规则，突出活动重点，并提高语言表达能力，达成技能目标。 第三环节：做一做，来巩固（13分钟）。 本环节第一个小任务是：教师给幼儿分发规则判断的图卡，请幼儿判断图卡中的人物是否遵守了规则，遵守规则的打"√"，未遵守规则的打"×"。此任务中幼儿进一步获得了规则经验。	1. 说出教学全程的总体结构设计，即导入——展开——结束。讲清楚"教的是什么""怎样教" 2. 重点说明活动展开的逻辑顺序、主要环节、过渡衔接及时间安排。 3. 说清楚是如何突出重点和突破难点的。 4. 说出三维目标是如何实现的。
说活动过程	本环节第二个操作小游戏是：幼儿分组完成钻圈游戏，不限形式，幼儿可以创造性地制定规则并快乐地展开游戏，在活动中遵守规则。教师在本环节作为旁观者观察幼儿制定规则及执行的过程，在发生混乱时及时介入，提升幼儿的规则意识，突破难点，达成知识、技能和情感目标。 3. 结束部分——总结（1分钟） 教师总结，强调规则的重要性，收拾玩教具，自然结束本次活动。	
说活动延伸	在本次活动结束后，我会将本次活动延伸到家园共育，请小朋友回到家把生活中的规则以小老师的身份教给爸爸妈妈，并主动遵守规则。在此过程中，幼儿能够将习得的规则经验内化为遵守规则的意识和习惯。	说清楚活动延伸是什么，为什么要这样做
说活动反思	本次活动设计由浅入深，由表及里，从感知规则到分享规则，再到创造规则，使原有经验与新经验之间形成有机联系。让幼儿在互动和探究中自主地、创造性地习得规则。	1. 反思可以从两方面来说明，即活动的亮点和不足之处。

		续　表
结构	说活动案例	设计要点
说活动反思	本次活动的不足之处在于幼儿分组自行制定规则的环节中，若有小组同时产生规则争议，游戏场面可能会混乱，需要教师具备极强的活动协调能力，教师应不断提高应变能力。	2. 针对不足之处应提出改进措施。
结束语	以上就是我的说活动的全部内容，有不足之处，望各位老师提出宝贵意见，谢谢！	以简洁的语言、谦逊的态度结束本次说活动。

说活动形式多样，语言表达的方式也有多种，不必拘泥于上述案例的说活动形式，只要将设计理念、依据及内容等以自己的风格表述清楚即可。

考核页

序号	评价项目	评分标准	满分	评价			综合得分
				自评	互评	师评	
1	阅读知识量	1. 对知识的掌握 2. 阅读知识的态度	20				
2	对工作页上任务的理解及完成情况	1. 书写的准确性 2. 完成的态度 3. 完成的内容	60				
3	语言表达能力及把握全局的能力	1. 语言表达能力 2. 把握全局的能力	20				

思政园地

扫码阅读并思考：请结合本项目的相关知识，分析上文中的王桂莲为幼儿设计了什么相关的教育内容来达成什么样的教育目标，所选取的实施途径有什么优势，教育方法上有什么创新，达到了怎样的教育效果。身为一名未来的幼教工作者，结合当下的教育环境，谈谈怎样不忘教育初心，践行社会主义核心价值观，培养爱岗敬业的职业习惯，把幼儿教育落实在实处，谈谈个人计划。①

思政园地2

---

① 信息来源：田亚君.王桂莲：民族地区幼教"破冰者"[N].中国教育报，2018－11－18(1).

项目总结

　　本项目坚持问题导向、任务驱动的教学模式，通过设置学习情境引出每一个学习任务的学习内容，让学习者有目的、有针对性地学习，理解所学知识的现实意义，增加学习的主动性。本项目从教师开展教学活动的实际出发，要求学习者掌握教育活动目标的制定、教育活动内容的选择、教育活动实施的方法及途径等内容，并掌握教育活动方案撰写的要点及说教育活动的一般方法。从总体上对教育活动设计与组织实施有了比较系统的认识，为后续分领域的学习做好铺垫。

项目拓展

　　1. 我国人口基数大，发展水平不均衡，尤其是城市与农村的幼儿教育水平参差不齐，请结合本项目的相关知识，谈谈如何开发和设计适合地区特色的幼儿教育活动。

　　2. 幼儿期的教育应该是全面的、具体的，通过本项目的学习及阅读相关文献，谈谈对幼儿教学活动课程的设计思路。

项目三 幼儿健康教育活动的设计与实施

学习目标

知识目标

1. 了解幼儿健康教育的内涵及意义;熟知幼儿健康发展的阶段性特征。
2. 明确幼儿健康教育活动的目标及内容。
3. 掌握幼儿健康教育活动设计与实施的方法、途径及相关策略。

能力目标

专业能力目标:

1. 能够设计幼儿健康教育活动及完成相应设计方案的撰写。
2. 能够根据设计的方案对幼儿组织实施健康教育活动。
3. 能够开展教师间的说幼儿健康教育活动。

非专业能力目标:

培养理论联系实际的能力;培养良好的逻辑思维能力;培养组织协调能力;培养自主探究能力、语言表达及沟通合作能力。

思政目标

树立健康意识,提升健康素养,助力健康中国。

知识导图

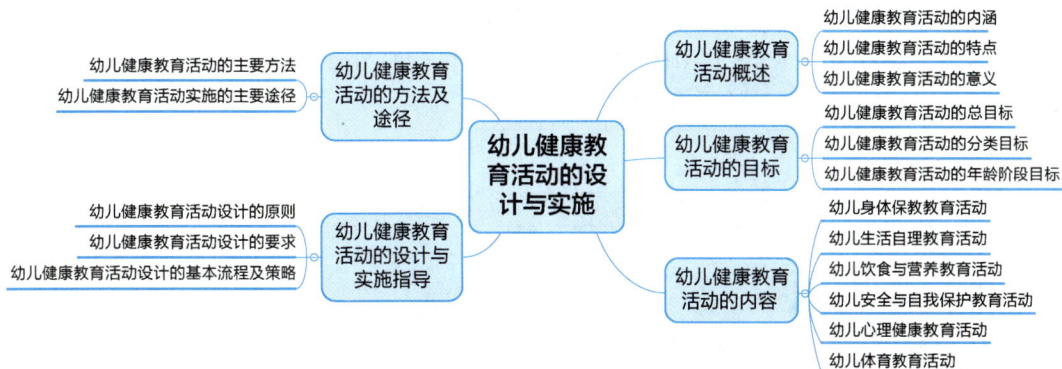

任务一 幼儿健康教育活动概述

学习情境描述

教师组织集体活动时,班上幼儿发生矛盾,一名幼儿指认另一名幼儿打人,教师详细了解情况后,发现其中有误会,原来是幼儿不懂得如何表达自己的情感,误用"拍打"的方式表示喜欢,而另一名幼儿却认为"拍打"是打人的表现,由此引发了矛盾和冲突。于是教师开始引导幼儿正确处理冲突,调整不良心态,并且通过"传递笑容"的小游戏引导幼儿调整消极心态,最后,收到了不错的效果。

请用本任务的相关知识,分析上述活动能体现出哪些幼儿健康教育活动的特点和意义?并总结概括幼儿健康教育活动内涵。

学习目标

1. 了解幼儿健康教育活动的内涵;理解幼儿健康教育活动的特点与意义。
2. 能用相关的理论解释现实中的教育现象。
3. 培养有效运用语言的能力及理论联系实际的能力。

任务单

任务描述:
健康是幼儿全面发展的前提,应该将它放在幼儿教育工作的首位。本小节主要学习任务是能够使用相关的理论知识解释现实中的一些教学现象。
任务要求: 1. 解释教学现象时要突出幼儿健康教育活动的内涵、特点及意义等理论知识。 2. 语言表达要有逻辑性,语义清晰,层次鲜明,培养良好的沟通能力。 3. 书写任务单时卷面要整洁干净。
任务考核: 1. 能够使用相关的理论知识解释现实中的一些教学现象。(见工作页)

工作页

阅读理解任务单,填写完成任务要求:

1. 什么是幼儿健康教育?

2. 幼儿健康教育活动的特点有哪些?

3. 简述幼儿健康教育的意义。

4. 教学案例:某幼儿园借助户外活动的机会,组织幼儿进行跳房子的游戏,旨在促进幼儿的身体平衡能力及单腿、双腿跳跃能力的发展。请用所学的相关知识,找出该活动的理论依据及现实依据,并谈谈个人对该活动的看法。

意见与反馈:

信息页

一、幼儿健康教育活动的内涵

幼儿健康教育活动是指根据幼儿身心发展的特点,以提高幼儿健康意识、改善幼儿健康态度、培养幼儿健康行为为核心目标而开展的有组织、有计划、有目的的一系列教育活动,它的关键是促使幼儿养成健康的行为习惯。

二、幼儿健康教育活动的特点

(一)渗透性

幼儿健康教育渗透于幼儿一日生活、各领域教育活动、环境创设和家园共育中。健康教育与幼儿的生活息息相关,是幼儿周围环境的生活常识,也是保护生命和健康需要学习的基本内容和技能。

（二）实践性

幼儿通过感知、体验、动作练习来提高幼儿动手操作的能力。在幼儿的各项生活活动中，经过有利于健康的反复实践，使幼儿在潜移默化中养成健康的行为习惯。

（三）长期性

幼儿认知特点决定了健康教育无法起到立竿见影的效果，必须常抓不懈。日常生活中的健康教育能使幼儿健康教育活动得以延伸，有利于巩固幼儿的健康行为。

（四）一体性

家庭、幼儿园、社会在幼儿健康教育中各自发挥着不同的作用，三者相互协调、相互补充，使家庭、幼儿园、社会健康教育一体化，从而产生协同效果。

三、幼儿健康教育活动的意义

《指南》中指出："幼儿阶段是儿童身体和机能发展极为迅速的时期，也是形成安全感和乐观态度的重要阶段。发育良好的身体、愉快的情绪、强健的体质、协调的动作、良好的生活习惯和基本生活能力是幼儿身心健康的重要标志，也是其他领域学习与发展的基础。"幼儿健康教育要以实现幼儿身心健康为目标，提高幼儿对健康的认识水平，帮助幼儿逐步形成有益于健康的行为和习惯，提高自我保健和自我保护的意识和能力，促进身心和谐健康发展，帮助幼儿逐渐学会以健康的方式生活。

（一）促进幼儿身心发展

幼儿的身体器官发育不完善，抵抗力和自我保护意识较弱，对环境的变化非常敏感，容易受到各种伤害。如果心理又有问题，社会适应力差，幼儿就会处于各种负面情绪之中，其生存质量就会受影响。根据幼儿身心发展规律及其特点，设计实施科学合理的健康教育，有利于幼儿身心发展。

（二）为幼儿的健康生活奠定良好的基础

幼儿健康教育是人类终身健康教育的基础阶段。幼儿期的健康教育能提高幼儿的生命质量，此时形成的健康生活态度和生活方式为提高他们一生的生活和生命质量奠定了基础，使其终身受益。

（三）是幼儿进行全面素质教育的重要组成部分

幼儿全面素质教育包括身心健康素质教育、智能素质教育、品德素质教育和审美素质教育。健康教育在促进幼儿身心发展的同时，培养其遵守社会公德、与他人友好相处等文明行为。

（四）促进整个国家、民族的强大和发展

《中共中央、国务院关于深入教育改革，全面推进素质教育的决定》指出："健康体魄是青少年为祖国和人民服务的基本前提，是中华民族旺盛生命力的体现。"幼儿是我们祖国的下一代，是我们的未来，我们的明天需要他们去建设和创造，关注幼儿的身心健康，才能促进整个国家、民族的强大和繁荣。

考核页

序号	评价项目	评分标准	满分	评价			综合得分
				自评	互评	师评	
1	阅读知识量	1. 对知识的掌握 2. 阅读知识的态度	20				
2	对工作页上任务的理解及完成情况	1. 书写的准确性 2. 完成的态度 3. 完成的内容	60				
3	语言运用及理论联系实际能力	1. 有效运用语言的能力 2. 理论联系实际的能力	20				

任务二　幼儿健康教育活动的目标

学习情境描述

　　近期,通过调查,发现很多幼儿有挑食的不良习惯,为了对幼儿不爱吃蔬菜这个现象进行教育干预,请为小班幼儿以"爱吃蔬菜——不挑食"为主题内容,设计一份具体活动目标。要求要体现年龄班特点、要体现目标的三个维度,切实可行,有操作性。

学习目标

　　1. 理解幼儿健康教育活动的总目标;明确幼儿健康教育活动的分类目标;掌握幼儿健康教育活动的具体活动目标。

　　2. 能运用所学知识制定具体活动目标;能用思维导图呈现不同年龄段的分类目标。

　　3. 培养总结归纳能力及较好的逻辑思维能力。

任务单

任务描述:
　　幼儿健康教育活动的组织实施关键在于目标的制定,目标为整个活动指明了方向,目标是否适宜直接关系到整个教育活动的有效性。本小节需要完成两个小任务:一是运用所学知识制定一份具体活动目标；二是用思维导图的形式呈现不同年龄阶段的分类目标。

任务要求：

1. 表达幼儿健康发展阶段目标时语言要精练且准确。
2. 对幼儿各年龄阶段教育目标进行具体分解、落实时要求符合幼儿身心发展特点，且符合其最近发展区，分解的目标要切实可行。
3. 制定的具体活动目标要体现三个维度，要具有可操作性。

任务考核：

1. 制定一份具体活动目标。
2. 用思维导图的形式分解幼儿不同年龄段的分类目标。

工作页

阅读理解任务单，填写完成任务要求：

1. 幼儿健康教育的总目标是什么？

2. 幼儿健康教育中分类目标确定的依据是什么？

3. 试述幼儿健康教育的年龄阶段目标划分的意义。

4. 请根据所学知识，为小班健康教育活动"爱吃蔬菜——不挑食"，制定一份详细的活动目标。

5. 用思维导图分解幼儿不同年龄段的分类目标。（另附页）

意见与反馈：

信息页

一、幼儿健康教育活动的总目标

幼儿健康教育活动的总目标是确定年龄阶段及具体活动目标的依据,对幼儿的身心健康起着规范作用。《纲要》根据《规程》精神提出四条幼儿健康领域的总目标,具体内容如下:

1. 身体健康,在集体生活中情绪安定、愉快。

2. 生活卫生习惯良好,有基本的生活自理能力。

3. 知道必要的安全保健常识,学习保护自己。

4. 喜欢参加体育活动,动作协调、灵活。

幼儿健康教育的总目标表现出以下三方面的价值取向:第一,身心和谐发展。幼儿健康包括身体健康和心理健康两个方面,幼儿身体健康以发育健全、具备基本的生活自理能力为主要特征;幼儿的心理健康以情绪愉快、适应集体生活为主要特征。只有身心和谐发展才能真正促进身心的健康。第二,保护和锻炼并重。幼儿健康教育既重视掌握必要的保健知识,提高自我保护的能力,同时强调通过体育锻炼提高身体素质。第三,注重健康行为习惯的养成。幼儿健康行为习惯的养成被视为幼儿健康教育的核心目标。幼儿健康行为建立、改变和巩固的一般规律的探讨是幼儿健康教育研究的重点。

二、幼儿健康教育活动的分类目标

幼儿健康教育活动的分类目标是将健康所涉及的内容进行归类,然后按总目标再确定各类别的目标。分类目标的确定有利于提高幼儿健康教育内容组织的系统性及完整性,有助于年龄段目标的确定,减少了具体教育活动中的盲目性和形式性。幼儿健康教育分成六个方面:身体保健、生活自理、饮食与营养、安全与自我保护、心理健康、体育锻炼。为了表达的统一性,在下面目标的表述中均以幼儿作为主体。

(一)身体保健

1. 了解人体主要器官的名称、形态、结构与功能,具有健康的体态。

2. 学习保护身体的基本方法。

3. 逐步树立关心、保护身体健康的意识和习惯。

(二)生活自理

1. 养成良好的作息、睡眠、排泄、盥洗、整理等卫生习惯。

2. 知道初步的卫生常识,养成有规律的生活习惯。

3. 有基本的生活自理能力。

(三)饮食与营养

1. 获得饮食与营养的基本知识。

2. 掌握饮食的方法和技能。

3. 形成有关饮食与营养的正确观念,养成良好的饮食习惯。

(四)安全与自我保护

1. 获得有关安全和促进健康的基本知识。

2. 具有自我保护的意识。

3. 提高自我保护能力，从而保障幼儿身体健全和心理愉悦。

（五）心理健康

1. 知道快乐有益健康，能够用正确的方式表达自己的情绪，掌握调节情绪的简单方法。

2. 积极愉快地参与集体活动，性格开朗。

3. 认识自己的性别，喜欢自己。

（六）体育锻炼

1. 喜欢参加体育活动，具有爱运动的良好习惯。

2. 遵守体育游戏规则，懂得听信号完成体育任务。

3. 逐步形成良好的运动卫生与安全意识，具有初步的自我保护意识和能力。

4. 在体育活动中养成坚强与勇敢的意志品质以及主动、乐观与合作的态度。

三、幼儿健康教育活动的年龄阶段目标

幼儿年龄阶段目标是以不同年龄阶段幼儿的身心发展特征为依据而确定的目标，这有利于增强幼儿健康教育活动的适宜性和发展性。

表 2-1　幼儿身体生长发育教育的年龄阶段目标

年龄阶段	教育目标			
	1. 认识器官	2. 户外活动	3. 姿势	4. 了解疾病
3—4 岁	了解身体的外部结构	能在较热或较冷的户外进行活动	在成人的提醒下，能自然坐直、站直	初步了解治疗疾病的简单知识，乐于接受预防接种和疾病治疗，不随意吃药
4—5 岁	进一步认识身体主要外部器官及功能	能在较热或较冷的户外环境中连续活动半小时左右	在成人提醒下，能保持正确的站、坐及行走姿势	初步懂得预防和治疗疾病的重要性，并逐步形成接受预防与治疗疾病的积极态度和行为
5—6 岁	初步认识人体主要器官的功能及相关知识	能在较热或较冷的户外环境中连续活动不少于半小时	经常保持正确的站、坐及行走姿势	知道如何预防相应常见疾病并学会科学用脑

表 2-2　幼儿生活常规教育的年龄阶段目标

年龄阶段	教育目标					
	1. 睡觉	2. 连续看电视	3. 刷牙	4. 洗手	5. 穿衣	6. 整理物品
3—4 岁	在提醒下，按时睡觉和起床，并能坚持午睡	连续看电视不超过 15 分钟	在提醒下，每天早晚刷牙	在提醒下，饭前便后能洗手	在帮助下能穿脱衣服或鞋袜	能将玩具和图书放回原处

续 表

年龄阶段	教育目标					
	1. 睡觉	2. 连续看电视	3. 刷牙	4. 洗手	5. 穿衣	6. 整理物品
4—5 岁	每天按时睡觉和起床,并能坚持午睡	连续看电视不超过 20 分钟	每天早晚刷牙且方法基本正确	饭前便后能主动洗手,方法正确	能自己穿脱衣服、鞋袜、扣纽扣	能整理自己的物品
5—6 岁	养成每天按时睡觉和起床的习惯	连续看电视不超过 30 分钟	每天早晚主动刷牙,方法正确	养成勤洗手的生活卫生习惯	会自己系鞋带	能按类别整理好自己的物品

表 2 - 3 幼儿饮食与营养教育的年龄阶段目标

年龄阶段	教育目标				
	1. 食物	2. 饮食习惯	3. 喝水	4. 餐具	5. 卫生习惯
3—4 岁	认识常见食物,喜欢吃瓜果、蔬菜等新鲜食品	不偏食、挑食;能安静愉快地独立进餐	愿意喝白开水,不贪喝饮料,少吃冷饮	能熟练地用勺吃饭	知道不干净的食物不能吃,初步养成饭前洗手、饭后漱口的习惯
4—5 岁	知道常见食物名称及作用;喜欢吃瓜果、蔬菜等新鲜食品	知道好吃的东西也不宜吃太多,肥胖儿、消瘦儿有控制饭量的意识	愿意喝白开水,饮料、少吃冷饮不贪喝	能用筷子吃饭	学会自己收拾餐具
5—6 岁	初步了解一些营养知识,知道非健康食品会影响健康,能拒绝非健康食品	吃东西时细嚼慢咽,有意识地克服偏食等不良饮食习惯	愿意主动饮用白开水,不贪喝饮料	能熟练地使用筷子	知道饭前饭后剧烈运动会影响健康

表 2 - 4 幼儿安全生活教育各年龄阶段目标

年龄阶段	教育目标			
	1. 面对陌生人	2. 安全标志	3. 躲避危险	4. 意外伤害
3—4 岁	不跟陌生人走,不吃陌生人给的东西	认识有关的安全标志,遵守交通规则,初步形成自我保护意识	在提醒下能注意安全,不做危险的事	在公共场所走失时,能向警察或有关人员说出自己的名字、家庭住址、家长的名字和电话号码
4—5 岁	在公共场所,不远离成人的视线单独活动	认识常见的安全标志,能遵守安全规则	运动时能主动躲避危险	知道简单的求助方式
5—6 岁	未经成人允许不给陌生人开门	能自觉遵守基本的安全规则和交通规则	不到危险的地方,同时能提醒别人也不到危险的地方	学习沉着地处理日常生活中可能出现的紧急情况

表 2－5　幼儿心理健康教育各年龄阶段目标

年龄阶段	教育目标			
	1. 情绪	2. 脾气	3. 集体生活	4. 合作能力
3—4 岁	情绪比较稳定,很少因一点小事哭闹不止	不高兴时能听从成人的哄劝,较快地平静下来	在他人的帮助下能较快适应集体生活	愿意与同伴合作游戏和玩玩具
4—5 岁	经常保持愉快的情绪,不高兴时能较快缓解	需求不能得到满足时能够接受、理解,不乱发脾气	喜欢幼儿园的集体生活	能与小朋友互相合作,团结友爱
5—6 岁	经常保持愉快的情绪,能努力化解消极情绪	表达情绪的方式比较适度,不乱发脾气	能较快融入新的环境	学习与人合作、分享的能力

表 2－6　幼儿体育活动各年龄阶段目标

年龄阶段	教育目标					
	1. 球类	2. 能双手抓杠悬空吊起时间	3. 能单手向前投掷沙包距离	4. 能单脚连续向前跳距离	5. 能快跑距离	6. 能连续行走距离
3—4 岁	能双手同时向上抛球	10 秒	2 米	2 米	15 米左右	1 公里左右(途中可适当停歇)
4—5 岁	能连续自抛自接球	15 秒	4 米	5 米	20 米左右	1.5 公里左右(途中可适当停歇)
5—6 岁	能连续拍球	20 秒	5 米	8 米	25 米左右	1.5 公里以上(途中可适当停歇)

考核页

序号	评价项目	评分标准	满分	评价			综合得分
				自评	互评	师评	
1	阅读知识量	1. 对知识的掌握 2. 阅读知识的态度	20				
2	对工作页上任务的理解及完成情况	1. 书写的准确性 2. 完成的态度 3. 完成的内容	60				
3	总结归纳及逻辑思维能力	1. 总结归纳的能力 2. 逻辑思维能力	20				

任务三 幼儿健康教育活动的内容

学习情境描述

在一次小班健康教育"好听的菜谱"活动中,教师利用幼儿午餐的时候,一边介绍菜谱,讲述着不同食物搭配起来找朋友的故事;一边讲述着用餐礼仪、用餐规范。帮助幼儿增强健康意识,学会自己吃饭、自己整理的能力。

请结合本任务中的知识点,说明此次活动包括幼儿健康教育的哪些内容,并做简要的分析。

学习目标

1. 理解幼儿健康教育活动内容的用意;掌握幼儿健康教育活动的具体内容。
2. 能根据既定目标选择相应的教育内容安排活动。
3. 培养整合思维的能力及组织协调能力。

任务单

任务描述:
幼儿健康教育活动内容的组织与安排是实现幼儿健康教育目标的重要保证。本小节的主要任务是能够根据既定目标选择相应的教育内容安排活动。
任务要求: 1. 完成工作页上的工作要字迹清楚、安排合理。能体现合作意识,分工明确,合作完成,且有良好的组织协调能力。   2. 根据既定目标选择教育内容时要求整合思维,从全局出发综合、全面考虑问题。
任务考核: 1. 完成工作页上的任务。   2. 根据既定目标选择相应的教育活动内容安排活动。

工作页

阅读理解任务单,填写完成任务要求:

1. 幼儿健康教育活动内容主要包括哪几个方面?

2. 用思维导图的形式呈现出幼儿健康教育活动的具体内容及相应的要求。

3. 小组活动:针对小班幼儿的特点,为了实现"培养良好的饮食习惯——不挑食"的目标,请至少选择本小节中健康教育六个内容中的三个内容,组织安排。(口述)

意见与反馈:

信息页

幼儿健康教育活动内容一般来自两个方面:一是从现有的课程中选取;二是从本班幼儿的兴趣、爱好和生活经验中选取,具体有如下。

一、幼儿身体保健教育活动

认识外部器官及脑、心脏、肺等内部器官的名称、形态特征与功能。不用脏手揉眼睛,在灰沙进眼睛时要闭眼等大人来处理。学会正确的用眼姿势,近距离连续用眼时间不超过半小时。知道不大声喊叫,不长时间说话。自己不挖耳,洗澡时有意识地采取安全措施防止水入耳,听音响时音量适宜。掌握擤鼻涕的正确方法,不抠鼻孔。注意保持皮肤的清洁。学习保护身体、维护健康的方法、常识和技能。了解预防接种的作用及相关注意事项。了解生病时吃药、打针的作用。观察身体由小变大的变化,接受健康的早期性启蒙教育。

二、幼儿生活自理教育活动

能正确使用餐具,并能独立进餐。知道饭前便后要洗手,掌握正确的洗手、擦手方法,知道毛巾要专人专用。有定时大小便的习惯,掌握正确擦屁股的方法,大小便后及时洗手。有良好的睡眠习惯和用眼习惯。自己会叠被子和整理床铺。能根据自己的需要主动喝水。注意衣着卫生,知道衣服脏了要及时换洗。将物品放在固定的地方,摆放整齐。不乱扔果皮、纸屑。不随意乱写乱画,不随地大小便,不随地吐痰。

三、幼儿饮食与营养教育活动

学习基本的食品营养和饮食卫生知识,建立良好的饮食行为习惯,形成平衡和合理膳食的积极态度,掌握独立进餐的方法和技能,养成健康文明的饮食礼仪。

四、幼儿安全与自我保护教育活动

有自我保护意识,不伤害他人,认识安全标志,遵守交通规则。了解处理意外事故的相关常识,具有基本的求生技能。防拐骗,防走失,会打求救电话。不吃喝陌生人的食物和饮料。

五、幼儿心理健康教育活动

培养幼儿良好的心理品质,增强幼儿自身的心理健康,提高幼儿对社会的适应能力。其主要内容包括:情绪情感的教育,良好个性的培养,社会适应能力的培养,性教育,等等。

六、幼儿体育教育活动

体育锻炼是幼儿体育教育最基本也是最重要的途径和手段,是为锻炼身体、增强体质、增进健康而进行的。其主要内容包括:基本动作及游戏,基本体操和队列队形,器械类活动和游戏。通过活动,幼儿培养了对体育活动的兴趣,养成了初步的运动习惯。学习和掌握各类体育活动的基本锻炼方法,能在体育活动中避免危险,并进行自我保护。

考核页

序号	评价项目	评分标准	满分	评价			综合得分
				自评	互评	师评	
1	阅读知识量	1. 对知识的掌握 2. 阅读知识的态度	20				
2	对工作页上任务的理解及完成情况	1. 书写的准确性 2. 完成的态度 3. 完成的内容	60				
3	整合思维及组织协调能力	1. 整合思维的能力 2. 组织协调能力	20				

任务四　幼儿健康教育活动的方法及途径

学习情境描述

　　小二班幼儿的户外活动时间到了，王老师组织孩子们到草地上，开始了"老鹰捉小鸡"的游戏。王老师带着孩子们先开始第一轮的游戏，之后由幼儿自己选取角色，开展游戏。孩子们玩得可开心了。最后，王老师通过讨论的形式对此次活动进行了总结，发现有几名幼儿没有遵守规则，并进行了同伴的引导。

　　分析王老师都运用了什么方法和途径组织实施此次活动的，你还能对此次活动提出哪些改进意见。

学习目标

1. 明确幼儿健康教育活动方法及途径，了解各种方法及途径的优缺点。
2. 能够绘制不同方法及途径所适应的教学内容的思维导图。
3. 培养自主探究的能力。

任务单

任务描述： 　　幼儿健康教育活动能够顺利实施有赖于方法和途径的选择及运用。本小节要求掌握幼儿健康教育活动的基本方法和组织实施的途径，并能结合实际选择及运用相应的方法和途径组织实施教育活动，以实现教育目标，促进幼儿健康行为的养成。本小节的主要任务：绘制不同方法及途径所适应的教学内容的思维导图。
任务要求： 1. 绘制的思维导图要逻辑清晰、准确。 2. 书写工作页字迹要工整、有条理性。
任务考核： 绘制不同方法及途径所适应的教学内容的思维导图，体现自主探究能力。

工作页

阅读理解任务单,填写完成任务要求:

1. 幼儿健康教育的主要方法有哪些?各自的特点有哪些?

2. 幼儿健康教育的主要途径有哪些?

3. 以健康教育活动"爱护牙齿"为例,分析应采用哪些活动方法。

4. 绘制不同方法及途径所适应的教学内容的思维导图。

意见与反馈:

信息页

一、幼儿健康教育活动的主要方法

幼儿健康教育活动的关键是通过知、信、行的模式使幼儿形成健康的行为。从知识到行为是一个复杂的过程,幼儿的生活经验和认知水平有限,所以幼儿健康活动的组织方法、形式应是多种多样的,主要包含讲解演示法、动作与行为练习法、感知体验法、情景表演法、讨论评议法和讲解示范法。

表 2-7 幼儿健康教育活动主要方法分析

主要方法	方法特点	常用活动类型	适用内容
讲解演示法	教师边讲解边结合动作演示,或以实物、模型演示,具体而形象地向幼儿传授有关健康的知识和技能,提高幼儿对健康的认识水平。	身体健康	认识自己的身体,学会保护常识;疾病防治常识教育;生长发育常识教育。
动作与行为练习法	幼儿对已学过的生活技能、健康行为等进行反复练习,加深理解,形成稳定的技能和良好行为习惯的方法。	生活常规	进餐、盥洗、如厕、午睡、喝水、着装、环境卫生。

续　表

主要方法	方法特点	常用活动类型	适用内容
感知体验法	让幼儿通过各种感官来认识和判别食物的特性。	饮食营养	学习简单的食品营养和饮食卫生知识;培养良好的饮食行为习惯;掌握餐具的使用方法和简单的食物烹饪方法。
情景表演法	通过录像向幼儿展示生活情景,让幼儿观察和分析情境中所涉及的问题。	安全教育	培养幼儿安全和自我保护意识;进行安全知识和技能教育;培养幼儿遵守安全规则的意识。
讨论评议法	幼儿参与健康教育的过程中,让他们提出问题,发表自己的意见和看法,最后得出结论,达成共识。	心理健康	幼儿会表达自己的情感,能自我调整情绪;初步掌握社会交往技能;对幼儿进行初步的性教育。
讲解示范法	教师用语言组织幼儿的活动,指导他们理解和掌握活动的名称及练习内容,领会动作的要领和做法的一种方法。	动作发展	走、跑、跳、投掷、平衡、钻爬、攀登等。

　　幼儿健康教育活动的方法是多种多样的。在开展具体活动时,应注意综合应用多种方法,并根据幼儿的情况、活动的不同内容和组织形式及幼儿的不同活动形式等条件的具体情况灵活应用。

二、幼儿健康教育活动的主要途径

　　幼儿健康教育活动应与日常生活中的各个环节相结合,同时应充分利用家庭、社区等各自教育资源、争取得到家庭和社区的积极支持和配合,详细介绍见表2-8。

表2-8　幼儿健康教育活动的主要途径分析

主要途径	途径特点	活动类型
主题活动	围绕某一主题,开展有组织、有计划、有目的的教育活动	爱护眼睛
领域渗透	幼儿健康教育活动是个别的生活教育,与其他领域教育的渗透是必要和可行的	剪刀的使用
一日生活	日常生活中的各个环节都可融入健康教育,教师可以在各个环节中适时地指导	穿脱衣服、鞋袜、扣纽扣、系鞋带
创设环境	在环境中渗透健康教育理念,使幼儿在潜移默化中了解健康认识、养成健康的行为习惯	安全知识和自我保护能力
习惯培养	幼儿健康教育的关键是促使学前儿童形成各种有益的健康行为	饭前便后洗手,方法正确
榜样作用	在健康行为习惯养成的过程中,为幼儿选择适合的环境,促进幼儿的健康成长	进餐的良好行为习惯

续　表

主要途径	途径特点	活动类型
家园共育	家庭是幼儿园重要的合作伙伴,争取家长的理解、支持和主动参与	餐具的使用
三位一体	充分利用社区的教育资源,扩展幼儿生活和学习的空间	每天早晚刷牙

幼儿健康教育活动的各种途径是相互联系,互为补充的、应综合应用共同促进幼儿形成健康的行为。

考核页

序号	评价项目	评分标准	满分	评价			综合得分
				自评	互评	师评	
1	阅读知识量	1. 对知识的掌握 2. 阅读知识的态度	20				
2	对工作页上任务的理解及完成情况	1. 书写的准确性 2. 完成的态度 3. 完成的内容	60				
3	自主探究能力	自主探究能力	20				

任务五　幼儿健康教育活动的设计与实施指导

学习情境描述

以"幼儿安全"为主题,设计一份相关的活动方案,及说活动设计文稿,并组织分享活动。

要求:(1)体现幼儿的年龄特点制定相应具体活动三维目标。

(2)选择至少两个教学内容组织开展。

(3)运用的教育方法及实施途径要实现优势互补,取长补短。

(4)说活动设计要体现教育理念及教育策略,具有可操作性。

学习目标

1. 理解幼儿健康教育活动设计的原则；明确幼儿健康教育活动设计的要求；掌握幼儿健康教育活动设计的基本流程及策略。

2. 能够设计幼儿健康教育活动及完成相应设计方案的撰写，并组织实施活动；能够开展教师间的幼儿健康教育说活动。

3. 培养有效的语言表达能力、合作能力及仪态的表现力。

任务单

任务描述：

　　要想组织实施好一次幼儿健康教育活动，首先要进行活动前的设计，且要遵循一定的原则，采取一些方法策略。本小节的主要任务是设计一份具体活动的实施方案，及相应的说活动文稿，以确保活动有效实施。

任务要求：

1. 设计的具体活动方案要符合幼儿健康教育活动设计的原则。
2. 设计的具体活动方案及相应的说活动文稿都要符合幼儿的身心发展阶段特点。
3. 书写要有逻辑性，字迹工整。分享时语言流畅有较好的表现力。

任务考核：

1. 设计一份具体活动的实施方案，进行分享。（口述）
2. 撰写一份具体活动的说活动设计文稿。（口述分享）

工作页

阅读理解任务单，填写完成任务要求：

1. 幼儿健康教育活动设计的原则有哪些？

2. 幼儿健康教育活动的组织有哪些要求？

3. 简述幼儿健康教育活动设计的基本流程。

4. 请以"身体的奥秘"为主题,设计一份健康活动的实施方案。要求:目标明确,内容恰当,方法得当,能体现幼儿的年龄特点。同时,以上面的活动为内容,撰写一篇相应的说活动设计文稿。

5. 完成学习情境中的小任务。

意见与反馈:

信息页

一、幼儿健康教育活动设计的原则

幼儿健康教育活动设计的原则对幼儿健康教育活动的设计具有重要指导意义,具体有以下几个原则。

（一）主体性原则

在幼儿健康教育活动中,幼儿才是活动的主体。因此,幼儿健康教育活动设计应该体现幼儿的主体性,其主体性又是在活动中表现出来的。在活动内容的选择及活动形式的安排等方面要根据幼儿的兴趣和身心发展特点,为幼儿提供丰富的操作材料,以鼓励幼儿的积极性、主动性和创造性,并在幼儿自己发展和解决问题的过程中发展他们的能力。

（二）程序性原则

在幼儿健康教育活动开展前,教师要根据幼儿的认知规律、知识的逻辑顺序和教育活动的规律,设计好教育活动的流程,让健康教育活动一环扣一环有序地进行,进而循序渐进地促进幼儿的健康发展。把握幼儿发展规律,把握健康教育内在的教学规律,使设计的教育活动接近幼儿的最近发展区。同一主题活动可以按照幼儿认知发展的特点,设计成不同年龄阶段的系列活动,以促进幼儿的认知螺旋式发展。

（三）整合性原则

设计幼儿健康教育活动时,应该把健康教育活动与其他领域的内容、形式、方法等有机融合,将其视为一个互相联系、不可分割的完整体系来对待。活动内容可以涉及其他领域,让幼儿在操作、体验、感知等不同的学习方式中加深对活动内容的把握,从而提高幼儿的综合能力。

（四）发展性原则

一切教育必须以促进幼儿的发展为最终目标。发展性原则要求幼儿健康教育活动要使每一位幼儿在原有基础上得到最大限度的发展。健康教育活动的设计以促进幼儿的发展为出发点,教育活动要建立在最近发展区的基础上,要略高于幼儿的现有水平,需要幼儿为之付出一定的努力才能达成目标。健康教育活动的设计要有利于培养幼儿积极主动的学习态度,激发其学习兴趣,培养其终身可持续发展的基本素质。

二、幼儿健康教育活动设计的要求

(一)明确指导思想

在幼儿健康教育的实施过程中,应努力将幼儿的兴趣与必要的规则相结合。幼儿健康教育必须坚持保教合一的指导思想,重视对幼儿传授健康知识和加强健康训练。要给予幼儿耐心、细致的保育和保健,做到教中有保、保中有教,保教结合,促进幼儿健康成长。

(二)细化教育目标

在幼儿健康教育活动实施中,要细化目标,使其具有操作性。应结合本班幼儿的年龄特点、发展水平,细化总目标。在对不同年龄班幼儿进行同一主题的系列活动时,目标的制定更要把握其准确性,做到各系列活动之间既有联系又有区别。

(三)重视活动准备

充分的活动准备对于成功组织和实施幼儿健康教育活动是非常必要的。充分的准备体现在幼儿、教师和环境资源等三个方面。第一方面,教师的知识结构、能力水平直接影响其对幼儿学习活动的支持和引导。因此教师要有广博的知识,要提高自己的能力水平,要调整好自己的心态,以积极、饱满的精神状态投入教育活动中。教师要为幼儿准备丰富的物质资料,让幼儿通过对玩教具的操作使用,对活动产生兴趣;第二方面,教育活动必须在幼儿原有知识经验的基础上进行。幼儿的心理准备是健康教育活动中不可忽视但又经常被忽视的方面。充分的心理准备有助于幼儿集中注意力、珍惜机会;第三方面,教师应尽可能提供便于幼儿探索、操作,有助于增加幼儿感性认识的材料,消除可能对幼儿造成危险的安全隐患。场地的安全性、材料的适宜性都是需要重点考虑。

(四)灵活选择组织形式

教学活动的组织形式应根据需要合理选择,以多种形式有目的、有计划地引导幼儿积极、主动地发展。幼儿健康教育活动应根据不同的教育内容,针对幼儿的不同特点,灵活地选择集体、小组、个别活动等形式,幼儿健康教育活动与日常生活中的随机教育活动相结合,重视家园合作,幼儿园与家庭相结合整合于主题活动中的健康教育活动。

(五)合理应用方法

教育方法的有效性与受教育者的年龄特点、心理特点以及教育内容密切相关。幼儿健康教育活动实施中应注意方法的针对性、多样性和趣味性,激发幼儿的学习兴趣,有效传递健康教育信息,帮助幼儿理解健康教育的内容,促进健康教育活动的顺利开展。

三、幼儿健康教育活动设计的基本流程及策略

为了使幼儿健康教育活动顺利进行,取得良好的效果,在开展幼儿健康教育活动之前,教师需要预先制定具体的活动方案,主要包括确定活动目标、选择活动内容、做好活动准备、确定活动重点和难点、选择适宜的活动方法、活动过程的设计及延伸活动的设计等几个部分。

表 2-9　幼儿健康教育活动设计流程及策略

具体内容	学前儿童健康教育活动方案
活动名称	＊班健康活动"＊＊＊＊＊" 选择活动内容：身体保健、生活自理、饮食营养、安全与自我保护、心理健康、体育锻炼
活动目标	1. 知识目标：知道(了解、理解、感知、说说、分辨、懂得)…… 2. 能力目标：养成(练习、学会)…… 3. 情感目标：愿意(乐于、乐意、喜欢)…… (要求：1. 适宜性、全面性、艺术性　2. 以幼儿为主体　3. 清晰准确、可操作性强 4. 结合年龄特点细化)
活动准备	1. 活动材料：(1)安全性　(2)利用率　(3)投放率 2. 知识经验：(1)最近发展区　(2)心理准备
活动重难点	1. 活动重点：学习、认识、喜欢、知道、幼儿体验＊＊的乐趣 2. 活动难点：学会、了解、能够、幼儿＊＊＊能力的发展
活动方法	感知体验法、动作与行为练习法、游戏法、讨论法、情景表演法、讲解示范法
具体活动方案及流程	一、开始部分 1. 教育内容要全 2. 教育内容要科学 3. 教育内容要有所侧重 二、基本部分 1. 思路：提出问题、分析问题、解决问题 2. 效果：知、信、行 3. 突出重点、突破难点 4. 采用集体教育、小组活动、个别指导相结合的方式 5. 健康教学与日常生活中的随机教育相结合 三、结束部分 1. 游戏 2. 情景表演 3. 手指谣 4. 歌曲 (要求：1. 活动内容：现有水平、挑战性、调动积极性、多种价值　2. 充分尊重学前儿童的身心发展规律及其特点，科学合理　3. 五大领域整合：综合性、趣味性、活动性、寓教育　4. 以幼儿为主体，由易到难、循序渐进　5. 以游戏为教学的主要手段，游戏的教育性　6. 注重行为习惯的养成　7. 保教结合、正确的健康观　8. 教师的综合能力：职业道德、专业理论
活动延伸	1. 长期持续 2. 养成习惯 3. 方法：家园共育、领域渗透、环境创设、区角活动

考核页

序号	评价项目	评分标准	满分	评价			综合得分
				自评	互评	师评	
1	阅读知识量	1. 对知识的掌握 2. 阅读知识的态度	20				
2	对工作页上任务的理解及完成情况	1. 书写的准确性 2. 完成的态度 3. 完成的内容	60				
3	语言表达能力、仪态表现能力及合作能力	1. 语言有效表达的能力 2. 合作能力 3. 仪态的表现能力	20				

思政园地

扫码阅读并思考：根据以上政策文件的颁布，可以从中看出幼儿健康教育活动的重要性有哪些？作为幼教工作者，立足当下的幼儿教育环境，如何做好本职工作，增强健康意识，服务幼儿健康教育，请谈谈你的工作计划。

思政园地3

项目总结

本项目立足岗位需求，重点掌握开展幼儿健康教育活动的目标、内容、方法及途径的相关知识及相应的教学策略。引导学习者掌握进行幼儿健康教育活动设计、实施的一些教育教学技巧，同时注重综合素养的提升，旨在日后能顺利开展幼儿教育健康教育活动准好理论准备及实践准备。

项目拓展

1. 收集、整理一些当下常见的儿童健康问题，并作简要的分析。
2. 针对我国地区经济、社会、人文的特点，查阅相关文献资料，收集一些影响儿童健康的主要因素。

项目四 幼儿语言教育活动的设计与实施

学习目标

知识目标

1. 了解幼儿语言教育的内涵及意义;熟知幼儿语言发展的阶段性特征。
2. 明确幼儿语言教育活动的目标及内容。
3. 掌握幼儿语言教育活动设计与实施的方法、途径及相关策略。

能力目标

专业能力目标:

1. 能够设计幼儿语言教育活动及完成相应设计方案的撰写。
2. 能够根据设计的方案对幼儿组织实施语言教育活动。
3. 能够开展教师间的说幼儿语言教育活动。

非专业能力目标:

培养良好的计划、组织、协调能力、决策判断能力、信息加工处理能力、创新能力及语言表达与沟通能力。

思政目标

培养语言意识,助力提升国家语言能力。

知识导图

```
                                                         ┌── 幼儿语言教育活动的内涵
                                    幼儿语言教育活动概述 ──┤
                                                         └── 幼儿语言教育活动的意义
   幼儿语言教育活动的方法
                      幼儿语言教育的
   幼儿语言教育活动的途径  方法及途径
                                                         ┌── 幼儿语言发展的特点
                                                         ├── 幼儿语言学习的特点
   幼儿语言教育活动                       幼儿语言教育      ├── 幼儿语言教育活动的总目标
   的设计与实施                          活动的目标      ├── 幼儿语言教育活动的年龄阶段目标
                                                         └── 幼儿语言教育活动的具体目标
   幼儿语言教育活动设计方案的简略样例
                      幼儿语言教
   幼儿语言教育活动常规观察记录表举例   育活动设计
                      与实施指导
                                                         ┌── 幼儿语言教育活动的具体内容
                                    幼儿语言教育活动的内容 ──┤
                                                         └── 幼儿语言教育活动内容选择的原则
```

任务一　幼儿语言教育活动概述

学习情境描述

　　2021 年 7 月 23 日教育部办公厅发布《关于实施学前儿童普通话教育"童语同音"计划的通知》。(以下简称"通知")。《通知》提出为加大国家通用语言文字推广,加强学前儿童普通话教育,决定实施学前儿童普通话教育"童语同音"计划。聚焦民族地区、农村地区,进一步加大国家通用语言文字推广力度,抓住幼儿时期的语言学习关键期,着力加强学前儿童普通话教育。此次《通知》的发布,进一步明晰了国家在教育政策方面的调整,作为正在飞速发展的一门艺术教育,语言艺术类教育将迎来属于它的时代。

　　思考:从国家政策的调整中可以看出语言教育的意义何在?

学习目标

　　1. 理解幼儿语言教育活动的内涵、掌握幼儿语言教育活动的意义。
　　2. 能够运用相关理论解释目前的教育现象并能对相关政策进行解读。
　　3. 培养理论联系实际的能力及语言表达的能力。

任务单

任务描述: 　　语言是人类特有的社会现象,是人们交流和思维的工具。幼儿期是掌握语言最迅速的时期,是语言发展,特别是口语发展的重要时期。因此,开展幼儿语言教育是十分必要的。本小节要理解幼儿语言教育的内涵、特点及意义,主要任务是收集、列举教学实例,从中分析幼儿语言活动的特点及现实教育意义。(也可以是反例)
任务要求: 1. 认真书写领会工作页上的任务,书写要清晰、工整,论述要有理有据。 2. 收集、列举的教学实例要能体现幼儿语言教育的特点及意义,分析要得体、有说服力。
任务考核: 收集、列举现实中的教学实例,从中分析幼儿语言活动的特点及现实教育意义。(也可以是反例)

工作页

阅读理解任务单,填写完成任务要求:

1. 幼儿语言教育活动的内涵? 幼儿语言教育活动的重点是什么?

2. 幼儿语言教育活动的意义有哪些?

3. 结合你熟悉的教学事例,谈谈自己的看法,说说幼儿语言教育的意义具体还有哪些?

4. 收集、列举教学实例,从中分析幼儿语言教育活动的特点及现实教育意义。(也可以是反例)

意见与反馈:

信息页

一、幼儿语言教育活动的内涵

　　语言是由群体共同采用的沟通符号、表达方式与处理规则构成,符号会以视觉、声音或者触觉等方式来传递。语音、手势、表情是语言在人类肢体上的体现,文字符号是语言的显像符号;一般人都必须通过学习才能获得语言能力,语言的目的是交流观念、意见、思想。

幼儿语言教育是专门研究 0—6 岁幼儿语言发生、发展的现象、规律及其训练和教育的一门学科,其应用性较强,主要通过探索幼儿语言学习中的普遍现象、寻求其中的规律,使用科学的方法对幼儿进行有效干预,从而达到促进幼儿语言能力提高的目的。

二、幼儿语言教育活动的意义

幼儿语言的发展贯穿于各个领域,也对其他领域的学习与发展有着重要的影响;幼儿在运用语言进行交流的同时,也在发展着人际交往能力、理解他人和判断交往情境的能力、组织自己思想的能力。通过语言获取信息,幼儿的学习逐步超越个体的直觉感知。

幼儿语言教育对提高幼儿综合素质、发展认知能力、促进社会性发展等具有重要意义。

表 3-1　幼儿语言教育的意义

幼儿语言教育的意义	简　述　要　点	举　例
促进幼儿认知能力的发展	智力是认知能力的总称,其核心是思维能力,具体包括记忆力、想象力、理解力等。语言的发展可以促进幼儿智力的发展。具体而言,语音需要感知,语汇需要记忆,语义需要理解,语法需要抽象与概括,而语言的及时输出、准确输入和正确理解需要感知、记忆、想象、思维等各种认知活动的积极参与。语言的发展可以帮助幼儿更全面、更深入地认识世界。	幼儿大班语言讲述活动"乌鸦和狐狸"中,教师设计了三个活动环节:首先,讲述故事;其次,表演故事;最后,续编故事。通过故事情节的感知、理解与想象,以及在幼儿续编故事中教师科学的教育,极大地激发了幼儿的想象力、理解力、记忆力和创造力的发展。
陶冶幼儿的情操	幼儿在获得并发展语言的过程中,其道德感开始形成并逐渐提高。在幼儿语言教育的各类活动中,常常反映出许多优秀品德的内容,如关于行为举止的、热爱祖国的、劳动光荣的,等等,幼儿在感知、理解其内容的同时也提高了道德的认识,陶冶了情操。	故事"冰激凌"使幼儿明白"有好东西要与朋友分享";儿歌"老师早"使幼儿明白"待人要有礼貌";故事"送玩具回家"使幼儿意识到"自己的事情自己做,自己收拾玩具";等等。
促进幼儿社会性的发展	幼儿社会性发展主要体现在社会认知、社会情感、社会行为技能、社会交往、社会适应等方面。幼儿接触社会、融入社会、与社会相互作用的主要方式就是语言交流。幼儿语言的发展能使他们更加准确地表达自我,与周围人的交往又会促进幼儿语言发展,并促进其社会行为的良好发展。因此,两者可以相辅相成。	区域活动"小超市",幼儿通过模拟现实生活中的小超市场景,与同伴一起体验社会的规则和社会生活,大大促进了幼儿社会性的发展。
为幼儿学习书面语言打好基础	语言分为口头语言与书面语言。根据幼儿发展特点,学前期主要任务是发展幼儿的口头语言,而书面语言的发展是以口头语言为基础的,只有掌握了口头语言,才能更好地学习书面语言。通过语言教育使幼儿的知识、经验日益丰富,词汇量、句型量不断增加,逐渐学会围绕主题进行讲述等技能,这些都将为日后的书面语言学习打下坚实的基础。	在幼儿讲述活动"快乐的一天"中,通过教师示范与引导,幼儿开始学会流畅、完整地讲述自己一天的经历,并且侧重讲述自己开心瞬间的感受。

考核页

序号	评价项目	评分标准	满分	评价			综合得分
				自评	互评	师评	
1	阅读知识量	1. 对知识的掌握 2. 阅读知识的态度	20				
2	对工作页上任务的理解及完成情况	1. 书写的准确性 2. 完成的态度 3. 完成的内容	60				
3	语言表达能力及理论联系实际的能力	1. 语言表达能力 2. 理论联系实际的能力	20				

任务二 幼儿语言教育活动的目标

学习情境描述

某幼儿大班语言活动"没有耳朵的兔子"中,教师主要创设了几个情境。首先,教师通过提问"提到兔子会想到什么?"导入活动。接下来教师为幼儿讲述了没有耳朵的兔子的故事绘本,并在此过程中引导幼儿描述绘本中的内容,在绘本活动的扩展中,教师利用情境"没有耳朵的兔子发现了一个鸡蛋"进行语言环境创设,为幼儿语言表达创设环境。教师将绘本 PPT 播放到"没有耳朵的兔子发现了一个鸡蛋后,它会怎么做",让幼儿进行绘本故事的续编。[①]

请结合本任务的相关知识点,总结上述语言教育活动中所体现的三维目标。

学习目标

1. 明确幼儿语言发展的特点及幼儿学习语言的特点,掌握幼儿语言教育活动的总目标、年龄阶段目标及具体活动目标。
2. 能够结合幼儿语言的特点及幼儿语言教育活动的目标制定具体活动三维目标。
3. 培养总结概括能力及语言沟通能力。

---

① 赵娟,沈永霞,王玉.幼儿园教育活动案例评析[M].保定:河北大学出版社,2019.(有改动)

任务单

任务描述：
　　幼儿语言教育活动的目标是整个幼儿语言教育的纲领，它确定了幼儿语言教育的方向，明确了幼儿在语言方面需要获得什么样的发展、能够达到何种水平。因此，幼儿语言教育活动目标的确定还需结合幼儿发展的阶段特点来综合制定。本小节要掌握幼儿的语言发展特点、幼儿学习语言的特点，掌握幼儿语言教育活动的总目标、年龄目标及具体活动目标。主要任务是结合所学知识，制定一次幼儿语言教育具体活动的三维目标。

任务要求：
1. 完成工作页上的工作任务，要求内容具体可操作、语言精练、表达准确。
2. 制定的活动目标要体现三个维度，需层次鲜明、符合幼儿年龄特点、具有可操作性。

任务考核：
结合所学知识，制定一次幼儿语言教育具体活动的三维目标。

工作页

阅读理解任务单，填写完成任务要求：

1. 幼儿语言发展的特点有哪些？请总结出幼儿语言（听说读）发展的敏感期。

2. 幼儿学习语言的特点有哪些？请总结出幼儿学习语言的学习路径。

3. 幼儿语言教育活动的总目标是什么？体现在哪几个方面？

4. 幼儿语言教育活动的年龄阶段目标是什么？依据是什么？

5. 概括出制定幼儿语言教育具体活动目标的要点。

6. 结合所学知识,制定一个幼儿语言教育具体活动的三维目标。
(要求:三维目标要表述鲜明、层次清晰、切实可行)

意见与反馈:

信息页

一、幼儿语言发展的特点

　　语言主要包括语音、词汇、语法,幼儿的语言发展受生理、认知能力等方面的制约和影响,呈现出固有的发展顺序和阶段特点,了解幼儿语言能力发展的特点还是制定语言教育目标的重要依据,幼儿语言发展的阶段特点具体如下表。

表 3-2　幼儿语言发展的阶段特点

语言要素	小班	中班	大班
语音要素	语音发展的最迅速时期。发声母比发韵母困难,同时容易将前鼻韵母和后鼻韵母混淆,错误较多。此阶段的幼儿可以掌握 b、p、m、f 等简单容易区分的声母发音,对 z、c、s、zh、ch、sh 容易混淆。幼儿也容易将 ang、eng 和 an、en、in 混淆。但可以听懂成人的语言。	语音发展进步最明显时期。基本可以掌握声母和韵母的发音技巧,可以发出标准的音节和声调。但受民族、地域等因素的干扰和影响,常常出现语音的偏差。这种现象要及时进行纠正,否则,将会一直延续到成年时期。	可以掌握语言中语音的全部发音和声调。这个时期是全面进行普通话教育阶段。
词汇要素	幼儿的词汇量在这个阶段高速增长。掌握的词类主要是名词、动词和人称代词等,3岁左右的幼儿也能够使用描述物体特征、动作和人体外形的一些简单形容词;对词义的理解越来越准确但还不够深入。	幼儿的词汇量继续增加,并且积累到一定量;对词类的掌握开始理解虚词,如连词、介词、语气词等,可以掌握并能使用一些描述个性、品质、表情的形容词;对词义的理解也进一步加深,知道同一个词汇有时可以用在不同的场合来表达不同的意味。	幼儿的词汇量进一步增加,并且呈现出又一个快速增长期;对词类的掌握也更加丰富了,可以掌握实词、虚词,并且可以正确地使用描述事件或是情境的一些形容词;对词义的理解逐渐确切和加深,可以理解部分引申义及关联义。
语法要素	可以掌握一些简单句、陈述句和无修饰的句子;语句结	可以掌握一些较为复杂的句子,如有修饰句型、非陈述句	可以使用大量的复合句来表达意思;语句结构开始出

续　表

语言要素	小班	中班	大班
语法要素	构处于不断发展变化中,从松散的句型结构逐步发展为严谨的句型结构。	等;语句从压缩、呆板逐步变为灵活;可以做到灵活运用修饰词,表现的内容也越来越丰富;句子里的词汇量也越来越多,一般每句可以包括4—7个词汇。	现带有大量修饰词的句子,表现形式较为灵活;每个句子里的词汇量一般可以达到10个左右,且表达准确。

二、幼儿语言学习的特点

在幼儿语言教育活动中,除了要遵循幼儿语言发展的特点制定语言领域教育目标以外,还要尊重幼儿语言学习的特点来组织和实施活动。

幼儿的语言学习是幼儿掌握语言符号并使用语言符号与它所代表的事物建立联系的过程。幼儿语言学习的一般程序是指在一定的语言学习环境中,由语言输入、内化、语言输出、反馈四个环节构成的连锁过程。幼儿语言学习主要有以下一些特点。

表3-3　幼儿语言学习特点

特点	简要说明	举例
在交流与运用中得到发展	幼儿语言学习是一个主动建构的过程,只有让幼儿与同伴、成人充分交往,使用语言交流,才能使幼儿理解语言的含义,并有意识地向他人学习如何表达,才能让幼儿积累丰富的语言经验。所以,成人应该为幼儿创设自由、宽松的语言交往环境,鼓励和支持幼儿大胆地与成人、同伴交流,让幼儿想说、敢说、能说、会说并能得到积极回应。	印度狼孩的案例
在模仿中进行学习	幼儿经常通过模仿同伴、家长、教师等来学习语言。周围环境中的各种语言都可以成为幼儿模仿的对象。但是,幼儿学习语言不仅仅是一个直接模仿的过程,他们还会根据自己的需要进行创造性、变通式的模仿。成人要为幼儿提供良好的言语示范和榜样,在幼儿园中通过开展学唱儿歌、讲故事等多种形式的活动,丰富幼儿的语言经验。	不同的方言或民族语言
幼儿语言学习是循序渐进、逐步积累的过程	幼儿学习和掌握语音、词汇、句子都需要一个过程,从无到有、从不理解到部分理解再到完全理解,积少成多,逐步完善。成人应该根据幼儿的特点,多鼓励、多解释、多补充、多提供语言的范例,丰富幼儿的语言经验,这对幼儿语言的发展既有现实意义又有长远意义。	故事"拔萝卜",小班阶段主要训练发音和表达,中班阶段主要训练故事叙述,大班主要训练故事创编等。
幼儿语言学习是综合化过程	这是由语言本身的特点所决定的。生活是语言的源泉,幼儿的语言学习要通过日常交往和各种教育活动来获得,语言领域的学习与其他领域的学习是紧密相连的,并且很难清晰界定,表现出极为明显的综合化的特点。	"端午节"活动可以结合社会、艺术、健康等多领域整合、训练幼儿的听、说及理解能力。

综上所述,幼儿对语言的学习既受生理发育特点的影响,又受后天教育环境的影响。成人应该在尊重幼儿个性特征的基础上,为幼儿提供良好的语言发展环境,这是幼儿获得语言经验的主要途径。

三、幼儿语言教育活动的总目标

幼儿语言教育活动的总目标是幼儿语言教育期望达到的最终结果,是幼儿阶段语言教育任务要求的总和。《纲要》中对幼儿语言教育活动总目标做出了如下界定:

1. 乐意与人交往,讲话礼貌。
2. 注意倾听对方讲话,能理解日常用语。
3. 能清楚地说出自己想说的事。
4. 喜欢听故事、看图书。
5. 能听懂和会说普通话。

总结概括起来幼儿语言教育活动总目标主要体现以下两个方面:倾听与表述方面,认真听并能听懂常用语言;愿意讲话并能清楚地表达;具有文明的语言习惯。具有初步阅读与书写准备方面,喜欢听故事,看图书;具有初步的阅读理解能力;具有书面表达的愿望和初步技能。

四、幼儿语言教育活动的年龄阶段目标

幼儿语言教育活动的年龄阶段目标是对总目标进行具体的分解,不同年龄段的幼儿语言发展程度差异很大,因此,教师要结合不同年龄段幼儿语言发展及学习特点,结合本地、本园、本班幼儿的实际情况加以具体化。总体上,年龄阶段目标呈现出由低到高、循序渐进的特点。

《指南》中对年龄阶段目标做了如下界定:

（一）倾听与表达

表 3 - 4　目标 1　认真听并能听懂常用语言

3—4 岁	4—5 岁	5—6 岁
1. 别人对自己说话时能注意听并做出回应。 2. 能听懂日常会话。	1. 在群体中能有意识地听与自己有关的信息。 2. 能结合情境感受到不同语气、语调所表达的不同意思。 3. 方言地区和少数民族幼儿能基本听懂普通话。	1. 在集体中能注意听老师或其他人讲话。 2. 听不懂或有疑问时能主动提问。 3. 能结合情境理解一些表示因果、假设等相对复杂的句子。

表 3 - 5　目标 2　愿意讲话并能清楚地表达

3—4 岁	4—5 岁	5—6 岁
1. 愿意在熟悉的人面前说话,能大方地与人打招呼。 2. 基本会说本民族或本地区的语言。	1. 愿意与他人交谈,喜欢谈论自己感兴趣的话题。 2. 会说本民族或本地区的语言,基本会说普通话;少数民	1. 愿意与他人讨论问题,敢在众人面前说话。 2. 会说本民族或地区的语言和普通话,发音正确清晰。少数民族

3—4 岁	4—5 岁	5—6 岁
3. 愿意表达自己的需要和想法，必要时能配以手势动作。 4. 能口齿清楚地说儿歌、童谣或复述简短的故事。	族聚居地区幼儿会用普通话进行日常会话。 3. 能比较完整地讲述自己的所见所闻和经历的事情。 4. 讲述比较连贯。	聚居地区幼儿基本会说普通话。 3. 能有序、连贯、清楚地讲述一件事情。 4. 讲述时能使用常见的形容词、同义词等，语言比较生动。

表 3-6　目标 3　具有文明的语言习惯

3—4 岁	4—5 岁	5—6 岁
1. 与别人讲话时知道眼睛要看着对方。 2. 说话自然，声音大小适中。 3. 能在成人的提醒下使用恰当的礼貌用语。	1. 别人对自己讲话时能回应。 2. 能根据场合调节自己说话声音的大小。 3. 能主动使用礼貌用语，不说脏话、粗话。	1. 别人讲话时能积极主动地回应。 2. 能根据谈话对象和需要，调整说话的语言。 3. 懂得按次序轮流讲话，不随意打断别人。 4. 能依据所处情境使用恰当的语言。如在别人难过时会用恰当的语言表述安慰。

（二）阅读与书写准备

表 3-7　目标 1　喜欢听故事，看图书

3—4 岁	4—5 岁	5—6 岁
1. 主动要求成人讲故事、读图书。 2. 喜欢跟读韵律感强的儿歌、童谣。 3. 爱护图书，不乱撕、乱扔。	1. 反复看自己喜欢的图书。 2. 喜欢把听过的故事或看过的图书讲给别人听。 3. 对生活最常见的标识、符号感兴趣，知道它们表示一定的意义。	1. 专注地阅读图书。 2. 喜欢与他人一起谈论图书和故事的有关内容。 3. 对图书和生活情境中的文字符号感兴趣，知道文字表述一定的意义。

表 3-8　目标 2　具有初步的阅读理解能力

3—4 岁	4—5 岁	5—6 岁
1. 能听懂短小的儿歌或故事。 2. 会看画面，能根据画面说出图中有什么、发生了什么事等。 3. 能理解图书上的文字是和画面对应的，是用来表达画面意义的。	1. 能大体讲出所听故事的主要内容。 2. 能根据连续画面提供的信息，大致说出故事的情节。 3. 能随着作品的展开产生喜悦、担忧等相应的情绪反应，体会作品所表达的情绪情感。	1. 能说出所阅读的幼儿文学作品的主要内容。 2. 能根据故事的部分情节或图书画面的线索猜想故事情节的发展，或续编、创编故事。 3. 对看过的图书，听过的故事能说出自己的看法。 4. 能初步感受文学的美。

表 3 - 9　目标 3　具有书面表达的愿望和初步技能

3—4 岁	4—5 岁	5—6 岁
喜欢用涂涂画画表达一定的意思。	1. 愿意用图画和符号表达自己的愿望和想法。 2. 在成人提醒下,写字画画时姿势正确。	1. 愿意用图画和符号表现事物或故事。 2. 会正确书写自己的名字。 3. 写、画时姿势正确。

五、幼儿语言教育活动的具体目标

幼儿语言教育活动的具体目标是教师依据总目标、年龄目标和本班级幼儿个体实际情况制定的,它们与具体的教育内容紧密相连,具有较强的操作性和自主性。

一般幼儿语言教育活动的具体目标主要有三个方面的内容,详细见表 3 - 4。

表 3 - 10　幼儿语言教育活动的具体目标分析

具体目标	简述要点	关键词
认知目标	认知目标主要是指了解语言的形式、数量和种类等理论知识,如,语音、词汇和句型及其使用语境等语言知识;或是初步了解某种文学活动样式,如故事的情节叙事、诗歌的押韵抒情等。	常用的表述有:了解、理解、认识、掌握……的方法、技巧、原理等。
技能目标	技能目标是运用认知目标中的一些知识、原理、方法的能力。如用词组句子的能力、连贯表达的能力等。重点体现的是实操。	常用的词语有:能够、学会、运用、使用、操作等
情感目标	情感目标主要是通过本小节的学习培养幼儿的情感态度,包括兴趣、态度、道德、伦理、价值观等方面。	常用的词语有:培养……情感,懂得……道理,形成……态度,明白……道理等

考核页

序号	评价项目	评分标准	满分	评价			综合得分
				自评	互评	师评	
1	阅读知识量	1. 对知识的掌握 2. 阅读知识的态度	20				
2	对工作页上任务的理解及完成情况	1. 书写的准确性 2. 完成的态度 3. 完成的内容	60				
3	总结概括能力及语言沟通能力	1. 总结概括能力 2. 语言沟通能力	20				

任务三　幼儿语言教育活动的内容

学习情境描述

　　某幼儿园的大三班转来了一名新同学明明,该名幼儿性格较为内向,不爱主动与人交流沟通,经常一个人躲在角落里发呆。但经过老师细致的观察后,发现该名幼儿虽然平时不爱讲话,但一提到小动物时就会滔滔不绝地讲很多。

　　思考:请结合幼儿语言教育活动的相关理论,设计一份符合大班幼儿特点且可以对上述案例中"明明"类小朋友进行适当干预的具体活动内容(口述)。

学习目标

　　1. 掌握幼儿语言教育活动的分类及具体内容、幼儿语言教育活动内容选择的原则。
　　2. 能够结合幼儿特点及教育目标,选取恰当的教育内容。
　　3. 培养较强的决策判断力及组织协调能力。

任务单

任务描述:
幼儿语言教育活动的内容的确定最终是要服务于教育目标的。本小节要明确幼儿语言教育活动的具体内容,并能根据幼儿发展特点及教育目标,从不同角度选取恰当的内容组织实施教育活动。主要任务是完成工作页上相应的工作内容。
任务要求: 1. 选取幼儿语言教育活动的目标、内容要符合幼儿语言发展及学习的特点,综合考虑。 2. 选取幼儿语言教育的内容要能支持幼儿语言教育目标的实现,具有可操作性,体现决策判断能力。
任务考核: 能结合幼儿的年龄阶段目标选择适宜的语言教育活动内容,完成工作页。

工作页

阅读理解任务单,填写完成任务要求:

1. 幼儿语言教育活动的内容可以分成哪两类? 具体都有哪些方面?

2. 在选择具体教育内容的时候要综合考虑哪些因素? 议一议。

3. 梳理出语言教育活动具体内容的目标指向与活动特点,完成下表。

具体内容	目标指向	活动特点
谈话经验		
讲述经验		
文学经验		
早期读写经验		

4. 能结合幼儿的年龄阶段目标选择适宜的语言教育活动内容,完成下表。

年龄目标	小班	中班	大班
倾听与表达	谈话经验:_____ 讲述经验:_____ 文学经验:_____ 早期读写经验:_____	谈话经验:_____ 讲述经验:_____ 文学经验:_____ 早期读写经验:_____	谈话经验:_____ 讲述经验:_____ 文学经验:_____ 早期读写经验:_____

续　表

年龄目标	小班	中班	大班
阅读与书写	谈话经验：_____ 讲述经验：_____ 文学经验：_____ 早期读写经验：_____	谈话经验：_____ 讲述经验：_____ 文学经验：_____ 早期读写经验：_____	谈话经验：_____ 讲述经验：_____ 文学经验：_____ 早期读写经验：_____

意见与反馈：

信息页

一、幼儿语言教育活动的具体内容

根据《纲要》和《指南》的要求，幼儿语言教育活动的内容主要从听、说、读、写等方面确定。为了与《指南》保持一致，这里把听、所、读、写概括为两大类，即口头语言经验与书面语言经验。

（一）口头语言经验

1. 谈话活动

（1）谈话活动的内涵

谈话活动是一种有计划、有目的地组织幼儿进行口头语言对话的活动，为幼儿创设的是口头语言对话情境，旨在引发幼儿运用已有谈话经验参与交流活动，从而有意识地整理和巩固已发展的谈话经验，获取新的谈话经验。

（2）谈话活动的特点

首先，要有一个中心话题。中心话题可以限定幼儿的交流范围，主导幼儿的谈话方向，使幼儿的交谈带有谈论的性质。确定中心话题要考虑到幼儿已有的谈话经验，又要有一定的新鲜感，与幼儿近日生活相关联等因素。

其次，注重多方位的信息交流。在开展谈话活动时，要为幼儿创设宽松、民主的谈话环境，给他们提供学习和运用语言的机会。

最后，教师起着间接引导作用。教师要以参与者的身份参加谈话，给幼儿以平等的感受。教师可以以提问的方式引出话题或转换话题，引导幼儿谈话的思路，把握谈话方式；也可以以平行谈话的方式对幼儿做隐形示范，向幼儿暗示谈话组织交流的方法。

（3）谈话活动的目标指向

谈话活动重点培养幼儿运用口头语言与他人交往的意识、情感和能力。谈话活动的目标指向主要有以下三个：

首先,可以帮助幼儿学习倾听他人的谈话。通过谈话活动可以帮助幼儿建立几种倾听技能,第一种是有意识倾听,第二种是辨析性倾听,第三种是理解性倾听。

其次,可以帮助幼儿学会围绕话题充分表达个人见解。3 岁以后的幼儿,自我中心语言逐渐减少,社会性语言逐步增加,但仍需要通过学习来发展社会性语言,谈话给予幼儿特别好的机会,让他们从对方或者公众话题角度考虑问题,表达个人见解。

最后,可以帮助幼儿学会基本的运用语言进行交谈的规则。通过谈话幼儿可以学到用适合角色的语言进行交谈,学会用轮流的方式进行交谈,学会用修补的方法延续谈话。

2. 讲述活动

(1) 讲述活动内涵

讲述活动是一种有目的、有计划地培养幼儿语言表述能力的语言领域教育活动,是教师有计划地组织的专门指向幼儿讲述经验学习的集体教学活动,使幼儿有机会在集体面前表述自己的认识和看法等,创设的是正式的口头语言表达的情境,可以帮助幼儿逐步获得独立构思和完整连贯表述的语言经验。

讲述活动可以按照多种方式进行划分。

按编码特点分类,讲述活动可以分为:第一,叙事性讲述。用口头语言把人物的经历、行为或事情发生、发展、变化讲述出来,要求说清楚人物、事件、时间、地点和原因等;第二,描述性讲述。用生动形象的语言,把人物的状态、动作或物体以及景物的性质、特征具体讲述出来。

按照凭借物的特点分类,讲述活动可以分为:第一,看图讲述;第二,情境表演讲述。情境表演讲述是由扮演的角色实际演出一系列动作、发展情节并表现出连续性的事件,幼儿凭借对情境表演内容的理解来进行讲述活动;第三,实物讲述。实物讲述时以实物作为凭借物,包含真实的物品、玩具、教具和外在自然景物等。

(2) 讲述活动的特点

首先,讲述活动要有一定的凭借物。讲述有一定的凭借物是讲述活动的独特之处。凭借物可以是图片、实物、玩具、情境或多媒体课件等,教师通过这些凭借物将讲述的中心和内容确定下来,让幼儿围绕这些凭借物,按照一定的顺序,有目的、有条理地进行讲述,使讲述具有明显的指向性。

其次,讲述活动具有相对正式的语境。讲述活动为幼儿创设的是一种学习和运用相对正式的口头语言的场合。幼儿不能像在谈话活动中那么宽松自由地交谈,也不能过于随意,在用词造句方面,也要尽量注意正确性、准确性并合乎语言规则。

最后,讲述活动着重锻炼幼儿的独白语言。独白语言不是自言自语,而是在一定情境中对某件事情进行表达的一种言语方式,如复述、讲故事等。

(3) 讲述活动的目标指向

首先,帮助幼儿形成感知、理解讲述对象的能力。讲述活动不仅要求幼儿学会说自己的想法,还要学会按照主题要求去构思和说话,这需要幼儿懂得积极地感知、理解说的内容。

其次,培养独立构思与清楚完整表述的意识、情感的能力。讲述活动可以从三个方面提高幼儿的语言水平。一是在集体场合自然大方地讲话;二是使用正确的语言内容和语言形式进行讲述;三是有中心、有顺序、有重点地讲述。

最后,掌握对语言交流清晰度的调节技能。主要体现在三个方面。一是增强对听者特征的敏感性;二是增强对语境变化的敏感性;三是增强对听者反馈的敏感性。

（二）书面语言经验

1. 文学活动

（1）文学活动的内涵

文学活动主要是指以文学作品为基本内容而设计的语言教育活动,专门针对幼儿文学的学习。一般主要从一个具体的文学作品入手,围绕这个文学作品展开一系列的活动,帮助幼儿理解文学作品,进而从中体会语言美。

（2）文学活动的特点

首先,围绕文学作品开展系列活动。幼儿文学活动侧重于对幼儿审美能力、文学理解能力、想象力的培养。幼儿受身心发展及学习语言规律的影响,对文学作品的学习往往无法通过一次或一种活动完成。例如:《小雨和小草》是一首韵律优美的诗歌,为了让幼儿能够体会理解诗歌的内容,感受诗歌的文学形式、韵律特点及好朋友之间的亲密情感,设计了一系列活动。其中,活动一:带领幼儿到室外观察春雨落在草地上的情景;活动二:谈话活动,让幼儿根据观察和想象说一说、议一议;活动三:讲述活动,鼓励幼儿用自己的方式讲述小雨和小草的特点,体会两者之间的关系;活动四:欣赏活动,配乐朗诵诗歌,引导幼儿欣赏并模仿诗歌朗诵。

其次,整合相关领域的学习内容。文学作品还可以整合其他领域相关内容,将生活、游戏及其他领域教育活动与它相融合。强调语言知识、技能、运用的整体性。例如:在故事《狮子王》中融入亲情、友情、社会规范等方面的内容,让幼儿全面准确地理解作品的内容。

最后,创设多种学习文学作品的途径。幼儿的语言发展是通过个体与外界环境中各种信息相互作用而逐步实现的。主要通过引导幼儿调动多种感官参与,使幼儿在动口、动手、动脑、动眼、动耳等多种途径的学习中获得对作品的感受与理解。例如:学习诗歌《小雨和小草》时,教师可以布置多个场景,让幼儿通过观察、触摸、倾听、游戏、欣赏等多种途径学习朗诵诗歌。

（3）文学活动的目标指向

首先,认识语言的多样性。文学活动可以提供各种语言句式,发展幼儿理解复杂句法结构的能力;也可以提供形象化的语言,帮助幼儿更好地理解他人和表达自己的想法和感受;还可以提供不同风格特色的语言,发展幼儿的社交性语言能力。

其次,扩展词汇量,养成自觉获取语言材料的能力。学习文学作品是幼儿扩展词汇、掌握语言内容的重要途径。幼儿可以从对文学作品上下文的理解中学习新词,例如:在故事情境中去理解不熟悉的新词等;在文学活动中掌握和运用新词,例如:通过念儿歌、听故事等为他们提供了操作和表现语言的机会,在重复阅读和动作模仿中巩固和掌握新词等。

最后,锻炼善于倾听的技能。文学活动与幼儿的听紧密联系在一起,为幼儿提供了有意识的、评析性的、欣赏性的倾听机会,在实践中培养了幼儿的倾听技能。

2. 早期阅读活动

（1）早期阅读活动的内涵

早期阅读是有计划、有目的地培养幼儿学习书面语言的教育活动。这种活动为幼儿提供了接触书面语言、学习书面语言的机会，为进入学龄期书面语言的学习奠定了基础。

（2）早期阅读活动的内容

首先，创设丰富的阅读环境。为幼儿提供多种阅读经验是早期阅读教育的重点，这需要为幼儿提供丰富的阅读环境，阅读环境包括精神环境和物质环境。

其次，提供具有表意性质的阅读材料。有趣的图文并茂的图画书能帮助幼儿形成对书面语言的初步认识。

最后，提倡整合的早期阅读活动。早期阅读活动不是一个纯粹的学习书面语言的活动，幼儿的早期阅读要将书面语言学习与其他方面的学习有效结合，主要体现在书面语言与口头语言的整合、语言领域和其他领域学习内容的整合、静态学习与动态学习的整合等。

此外，具有鲜明的文化和语言背景。早期阅读应当充分考虑幼儿母语的特性及其文化的特色，帮助幼儿学习认识母语的文化和语言背景。

（3）早期阅读活动的目标指向

首先，激发幼儿学习书面语言的兴趣。主要体现在对书籍产生兴趣，养成自觉阅读图书的习惯；乐意观察各种符号，对文字有好奇感和探索愿望等。

其次，使幼儿初步认识书面语言和口头语言的对应关系。主要体现在：懂得书面语言与口头语言一样，都可以进行存储与表达，但书面语言用文字，具有可视性；书面语言与口头语言都是交际的工具，但方式不同。

最后，使幼儿掌握早期阅读方法和技能。主要早期阅读方法有：拿书、翻书的方法，指读、浏览的方法，根据目录找到相应书页的方法，预测阅读内容的方法，自我调适的技能等。例如：幼儿看到故事开头，就可以预测、创编故事过程和结局。再如：当幼儿的口头语言不符合书面语言的规范时，可以进行适当调整，这就需要他们具备自我调适能力等。

二、幼儿语言教育活动内容选择的原则

首先，尊重个体差异，根据幼儿自身发展的特点与需要，选择幼儿语言教育内容和形式。激发幼儿对语言学习的兴趣，引导幼儿按照自己的意愿和方法进行语言练习。

其次，要符合最近发展区理论，安排和设计幼儿语言教育的内容。促进幼儿语言发展，使幼儿在听、说、读、写四个方面都得到有效、长足发展，这是幼儿语言教育的出发点和最终落脚点。

最后，注重幼儿语言教育内容的整合。这里的整合一方面指具体语言内容的整合，另一方面还包括学习方法及途径的多方面资源的整合。

📋 **考核页**

序号	评价项目	评分标准	满分	评价			综合得分
				自评	互评	师评	
1	阅读知识量	1. 对知识的掌握 2. 阅读知识的态度	20				
2	对工作页上任务的理解及完成情况	1. 书写的准确性 2. 完成的态度 3. 完成的内容	60				
3	决策判断能力及组织协调能力	1. 决策判断能力 2. 组织协调能力	20				

任务四　幼儿语言教育活动的方法及途径

📖 **学习情境描述**

　　大班语言教育活动"相反国",主要活动过程:教师先通过不同事物及图片引导幼儿观察事物的特点,理解相反词的含义;再列举一些词汇,来表达相反的含义,并在幼儿间进行讨论及表达;通过创设"相反国"的情景,让幼儿通过自身表演来表达和体会,相反词的运用,引导幼儿学习反义词,并体会反义词在日常生活中的应用。

　　根据以上教学案例,分析一下,主要采用的活动方法有哪些?对于相反词的学习,还可以采用什么途径组织实施教育活动。

🎓 **学习目标**

　　1. 掌握幼儿语言教育活动方法及途径及各自的优缺点。
　　2. 能够结合实际选择及运用相应的方法及途径,实现优势互补。
　　3. 培养良好的信息加工处理能力及创新能力。

任务单

任务描述： 　　幼儿语言教育活动能够顺利实施还有赖于方法和途径的选择及运用。本小节要求掌握幼儿语言教育活动的基本方法和组织实施的途径，并能结合实际选择及运用相应的方法和途径组织实施教育活动，以实现教育目标，促进幼儿综合语言能力的发展。主要任务有：绘制幼儿语言教育常用方法的优缺点的思维导图。
任务要求： 1. 绘制的幼儿语言教育常用教学方法的优缺点思维导图要逻辑清晰、准确，体现信息加工处理能力。 2. 工作页的书写字迹要工整，层次清晰，表述要有条理。
任务考核： 绘制幼儿语言教育常用方法的优缺点的思维导图。

工作页

阅读理解任务单，填写完成任务要求： 1. 幼儿语言教育活动的方法有哪些？它们的优缺点分别有哪些？   2. 幼儿语言教育活动的途径有哪些？   3. 大班语言教育活动："相反国"。主要活动过程：教师先通过不同事物及图片引导幼儿观察事物的特点，理解相反词的含义；再列举一些词汇，来表达相反的含义，并引导幼儿进行讨论及表达；通过创设"相反国"的情景，让幼儿通过表演来表达和体会相反词的含义，并学习相反词在日常生活中的应用。 　　分析上面的活动案例，说一说它主要采用了哪些活动方法，还可以采用什么途径组织实施学习相反词的教育活动。

4. 绘制幼儿语言教育常用方法的优缺点的思维导图。

意见与反馈：

信息页

一、幼儿语言教育活动的方法

幼儿语言教育活动的方法主要是为了引导幼儿发展语言并获得语言知识和技能而使用的方法，是教师教、幼儿学的方法，常用的主要有示范法、讲解法、谈话法、游戏法、练习法和表演法等。具体内容详见表 3 - 11。

表 3 - 11 幼儿语言教育活动的方法分析

方法	简述要点	注意事项	举例
示范法	示范法主要是教师为幼儿提供语言和行为范例并引导其效仿的语言教育方法。除了教师亲自示范外，还可以采用录音示范、幼儿示范等方法。	1. 示范的语言要标准。示范发音要准确，表意清晰，语汇丰富，用词恰当，语法规范，响度适中。 2. 示范应具体形象。教师在进行示范时还需要考虑到幼儿的感性认知特点。 3. 示范应与讲解相结合。 4. 示范还要考虑到幼儿的接受水平，最好采用隐性的示范方式更容易引起幼儿共鸣。	如：教师在示范某个汉字读音时，要把嘴巴张开，舌头翘起，发出声音，在教某些特殊句型时还可以采用配合身体动作等方式。
讲解法	讲解法是教师用符合幼儿年龄特征的方式分析、解释、解说活动或文学作品的语言教育方法。	1. 教师讲解要适量，要以幼儿为主体，教师是引导者、启发者和帮助者。 2. 教师讲解时要注意时机。 3. 教师讲解要与示范相结合。 4. 教师的讲解要准确浅显，清晰透彻。	如：教师在开展诗歌活动"春雨"时要运用讲解法，让幼儿理解诗歌中的情境。
谈话法	谈话法是教师根据幼儿已有知识，借助启发性问题，通过口头问答方式进行语言教育的方法。	1. 提问应具体有中心，要围绕教育活动的主题开展，与主题无关的问题应舍弃。 2. 提问要有顺序性和灵活性。提问要按照语言教育内容的顺序和幼儿认知发展顺序展开，同时，还应根据具体情况灵活调整。 3. 提问要具有启发性，难度要适宜。教师所提出的问题应能引导幼儿积极的思维活动，且浅显易懂。 4. 注意教师的地位和作用，教师是引导者、启发者，要尊重幼儿的主体地位。	在故事活动"下雨的时候"通过教师的引导提问让幼儿逐渐领会故事的内容及情节，这样的方法要比纯粹的讲更容易被幼儿接受。

续　表

方法	简述要点	注意事项	举例
游戏法	主要是教师运用有规则的游戏发展幼儿语言的一种教学方法。这种方法以其趣味性使幼儿在轻松愉快的氛围中，做到准确发音、丰富词汇、练习句型、学会描述以及形成早期阅读技能。	1. 明确游戏的目的和内容。教师设计游戏活动时,要充分预设可以锻炼幼儿的语言环境,之后再有目的地确定游戏的内容。 2. 准备充足的游戏材料。为了使幼儿更好地体验游戏的快乐,有时可以对游戏场景进行布置和给角色化妆。 3. 精心设计游戏的玩法、规则。 4. 恰当选择游戏的时机。	开展故事活动"白雪公主"时,教师可以让幼儿通过表演游戏来加深对故事情节的理解及对故事所要传达的情感的体会。
练习法	练习法主要是有意识地让幼儿多次使用同一个言语因素或训练幼儿某方面言语技能技巧的一种方法。	1. 练习方式要多样化。要选择多样化、富有趣味的方式进行练习,否则容易引起幼儿的厌倦。 2. 练习强度要适当。 3. 练习应尽量在理解的基础上进行,避免机械重复。 4. 结合日常生活开展练习效果更好,容易引起幼儿的共鸣。	朗诵诗歌时要多采用练习法,引导幼儿逐步理解诗歌内容,读到朗朗上口后再背诵。
表演法	表演法主要是在教师的指导下,幼儿扮演文学作品中的人物,根据作品情节的发展,通过对话、动作表情等再现文学作品,以提高口语表达能力的一种方法。	1. 表演的内容要有情节且适合表演。 2. 表演的目的要明确。 3. 要布置表演场景。	在学习幼儿故事《拔萝卜》时,可以采用表演法,让幼儿体会团结的力量的同时训练语言的表达。

二、幼儿语言教育活动的途径

幼儿语言教育的途径不仅包含专门的语言教育活动,也包括渗透在幼儿一日生活中和其他领域中的随机语言教育活动以及整合课程中的语言教育活动、家庭教育活动等多种途径实施。具体内容详见表 3-12。

表 3-12　幼儿语言教育活动的途径分析

途径	简述要点	举例
专门的语言教育活动	此种活动是幼儿教师根据幼儿语言教育目标,有计划地设计和组织幼儿系统学习语言的教育活动,是语言教育的基本组织形式。	教师组织的讲故事活动,儿歌《骑上小红马》的欣赏活动等。
渗透性语言教育活动	此种活动主要是指教师充分利用幼儿的生活和学习经验,在真实的生活场景中为幼儿	主要有日常生活中的语言交往,其他领域活动中的语言的运用,随机渗透

续　表

途径	简述要点	举例
渗透性语言教育活动	提供更为广泛、丰富的学习语言的机会,使幼儿能够更好地运用语言获得新的生活经验和其他方面的学习经验。	在日常生活各个环节中的语言学习等。如:入园的问候、晨间谈话、户外散步的交流等。
整合课程中的语言教育活动	此种活动主要是由教师精心设计,把课程的各个要素有机地组织在一起,形成一个整体的课程。整合的语言教育情境可以使幼儿获得更多、更好的语言学习和练习,鼓励幼儿反思、预期、质疑和假设等,使之逐步成为主动积极的有效学习者。	大班活动"一园青菜成了精"①:可以整合美术欣赏、科学、手工等多领域内容,设计出既突出幼儿的语言感知及运用的技能,又能借助多领域学习优势进行语言教育活动。
家庭语言教育活动	此种活动主要是指幼儿在家庭中通过家长或家庭环境的影响,受到的潜移默化的语言教育活动。	幼儿掌握的方言大多是在家庭中习得的。

考核页

序号	评价项目	评分标准	满分	评价			综合得分
				自评	互评	师评	
1	阅读知识量	1. 对知识的掌握 2. 阅读知识的态度	20				
2	对工作页上任务的理解及完成情况	1. 书写的准确性 2. 完成的态度 3. 完成的内容	60				
3	信息加工处理能力及创新能力	1. 信息加工处理能力 2. 创新能力	20				

任务五　幼儿语言教育活动的设计与实施指导

学习情境描述

以"我爱家乡"为主题,撰写一份中班幼儿语言活动方案。

---

① 第六届全国幼儿语言研讨会获奖论文与活动分析[M]南京:南京师范大学出版社,2015.(有改动)

要求：（1）制定相应活动的三维目标要体现幼儿的年龄段特点。

　　　　（2）选择至少涉及两个教学内容组织开展。

　　　　（3）运用的教育方法及实施途径要综合考虑，做到优势互补，取长补短。

学习目标

1. 掌握幼儿语言教育活动设计的流程及相应的设计策略，幼儿语言教育活动观察记录的格式及记录表的写法。

2. 能够设计幼儿语言教育活动及完成相应设计方案的撰写，并组织实施活动；能够开展教师间的幼儿语言教育说活动，会自制观察记录表。

3. 培养计划、组织、协调能力及有效观察能力。

任务单

任务描述：
幼儿语言教育活动的设计与实施指导是每个幼儿教师必备的能力之一。本小节要掌握语言教育活动设计与实施指导的全过程，如活动目标的制定、活动的相关准备、活动过程的开展、活动结束策略、活动延伸安排等内容。还要懂得分解目标，选择合适的教育活动内容、教育方法，采取有效的实施途径，循序渐进地实现幼儿语言教育活动的要求。主要任务有三个：一是独立撰写一份幼儿语言教育活动设计方案；二是撰写一份相同教育内容的说活动设计文稿；三是写好观察记录。
任务要求：
1. 设计的幼儿语言教育活动方案要具体可行、目标适宜、准备充分、过程严谨，能体现幼儿的主体性。 2. 说活动设计文稿要体现教育理念及教育策略，内容完整、可操作。 3. 观察记录要注意观察全面，重点突出，有的放矢。
任务考核：
1. 设计一份完整的幼儿语言教育活动方案。 2. 完成一份与活动方案对应的说活动设计文稿。 3. 做好观察记录。

工作页

阅读理解任务单，填写完成任务要求：
1. 在小班语言活动"好饿的毛毛虫"中，教师通过绘本故事"好饿的毛毛虫"引导幼儿在观察、倾听、讲述的过程中理解内容，学习说"我吃了……"的句式，让幼儿了解毛毛虫的生活习惯，体会毛毛虫的生长过程，从而培养幼儿阅读绘本的兴趣，发展幼儿的观察力

和想象力。

请分析上面的教学案例,写出相应活动的三维目标。

2. 结合已学的知识,概括总结出选择幼儿语言教育活动内容的一些教育策略。

3. 结合 1 中的活动案例,说一说可以实施的教学方法及途径有哪些。

4. 以"我爱家乡"为主题,撰写一份中班幼儿语言教育活动方案。

　要求:(1) 结合幼儿的年龄段特点制定相应活动的三维目标。

　　　　(2) 至少选择两个教学内容组织开展活动。

　　　　(3) 要综合考虑教育方法及实施途径,做到优势互补,取长补短。

5. 撰写一份与上题内容相同的说活动设计文稿。

　要求:体现教育理念及教育策略,内容完整、可操作,其他要求同上。

6. 去幼儿园或是通过视频资料观摩幼儿语言教育活动,并做好观察记录。观察活动的全过程,重点观察活动中的导入、结束以及活动的组织形式和各环节之间的过渡等,通过撰写观察记录学习教师对教学方法、途径的选择、内容的确定、要实现的目标以及与幼儿的互动方法等。

意见与反馈:

信息页

一、幼儿语言教育活动设计方案的简略样例[①]

中班　听故事：我和我的外婆

活动名称：听故事：我和我的外婆

活动班级：中班

活动目标：

(1) 理解故事的内容，初步掌握故事中对话的要点。

(2) 能用简明的语言说出故事的主要情节，尝试大胆讲述。

(3) 培养幼儿尊老爱幼的品质。

活动准备：

绘本"我和我的外婆"、挂图、课件等。

活动过程：

(1) 谈话导入，激发兴趣

例如："小朋友们，你们喜欢外婆吗？ 为什么？ 听，电话响了……"

(2) 初次欣赏，感受意境

教师有感情地讲述故事，引导幼儿初步了解故事的主要内容。

例如："外婆给我打电话了，有什么事情呢？ ……"

(3) 分段欣赏，学习内容

例如："外婆甜甜的声音是怎么传到我的耳朵里的?""小姑娘穿着怎么样的鞋子，沿着什么走到外婆家的?""我送了什么礼物给外婆？ 外婆脸上长长的'阳光线'是什么?"

(4) 情感提升，结束活动

例如："外婆这样喜欢我们，那我们应该怎么做呢?"

教师小结，结束活动。

活动延伸：回忆和分享故事情节，并且尝试表演出来。

二、幼儿语言教育活动常规观察记录表举例

表 3－13　×××语言教育活动观察记录表

观察对象		观察时间		观察主题	
观察地点		观察人		观察目的	
观察视角			观察记录		
一、活动目标 主要通过什么方法、手段实现					
二、材料的准备 为了开展活动，主要提供了什么材料					

[①] 赵洪，于桂萍.幼儿园教育活动设计与指导[M].北京：北京理工大学出版社，2018：103.(有改动)

续　表

观察视角	观察记录
二、核心知识 教师是如何呈现的?	
三、活动过程 主要观察导入的方法、内容的安排和组织、教学环节是怎么过渡的、每个环节幼儿的表现如何。	
四、活动的情感培养 主要观察幼儿在活动中的社会性、情感、态度的发展。	
评价与分析	改进措施

考核页

序号	评价项目	评分标准	满分	评价			综合得分
				自评	互评	师评	
1	阅读知识量	1. 对知识的掌握 2. 阅读知识的态度	20				
2	对工作页上任务的理解及完成情况	1. 书写的准确性 2. 完成的态度 3. 完成的内容	60				
3	计划、组织协调能力及有效观察的能力	1. 计划组织协调能力 2. 有效观察的能力	20				

思政园地

　　扫码阅读并思考:从以上叙述中可以分析出幼儿语言教育活动的主要目标、内容、方法及途径的理论依据是什么?谈谈如何增强自己的语言意识,并且传递给广大的幼儿小朋友,促进他们语言发展,进而助理国家语言能力,贡献一份力量。

思政园地 4

项目总结

　　本项目通过任务分组的形式，主要介绍了幼儿语言教育活动的内涵、意义，幼儿语言教育活动的目标、内容、方法、途径，通过情境创设明确学习者在幼儿语言教育活动中所需要掌握的基本知识及基本技能，通过案例解析、岗位工作等把理论知识融入现实工作中，旨在培养学习者计划、组织、协调能力及调动运用知识的能力。

项目拓展

　　1. 如何提升幼儿综合语言能力？
　　2. 我国是一个多民族国家，谈谈如何在民族语言与通用语言之间达到谐共进。

项目五 幼儿社会教育活动的设计与实施

学习目标

知识目标

1. 了解幼儿社会教育活动的内涵、特点、意义。
2. 明确幼儿社会教育活动的目标及内容。
3. 掌握幼儿社会教育活动设计与实施的方法、途径及相关策略。

能力目标

专业能力目标：

1. 能够设计幼儿社会教育活动及完成相应设计方案的撰写。
2. 能够根据设计的方案对幼儿组织实施社会教育活动。
3. 能够开展教师间的说幼儿社会教育活动。

非专业能力目标：

培养计划、实施任务的能力，以及举一反三的总结概括能力、有效调动运用知识的能力及语言理解能力。

思政目标

培养团队合作意识，增强国家凝聚力。

知识导图

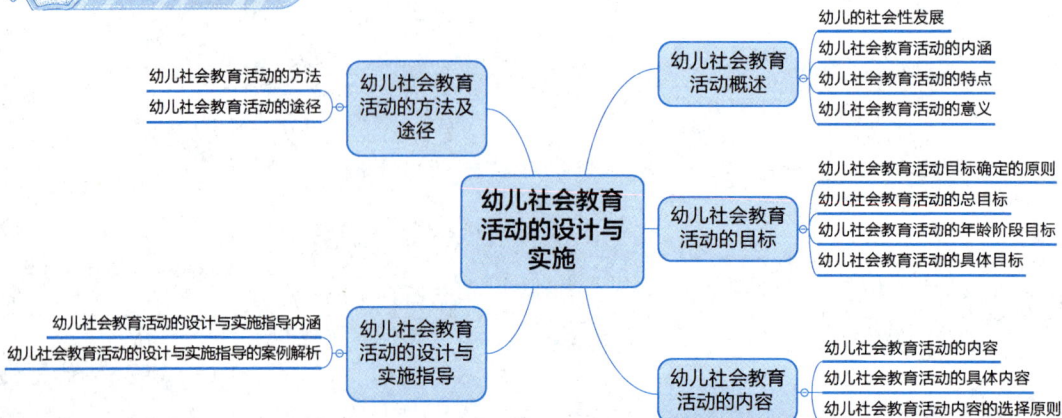

任务一　幼儿社会教育活动概述

学习情境描述

　　幼儿的社会性发展是幼儿从一个自然人,逐渐掌握社会的道德行为规范与社会行为技能,进而成为一个适应社会的个体过程,是幼儿人格全面发展的一个重要体现。但幼儿的社会化是一个循序渐进的过程。请为幼儿制定一份实现其良好社会化发展的教学计划,要求体现幼儿社会教育活动的特点,进而实现其意义。

学习目标

1. 理解幼儿社会教育活动的内涵、特点及意义。
2. 能够制定体现幼儿社会教育活动特点、实现其教育意义的教学计划。
3. 培养计划、实施任务的能力。

任务单

任务描述: 　　幼儿社会教育活动是幼儿五大领域活动内容之一。本小节要理解幼儿社会教育活动的内涵、特点和意义,为将来能合理安排和组织幼儿社会教育活动做好准备工作。主要任务是:制定一份能够体现幼儿社会教育活动特点、实现其意义的教学计划。
任务要求: 1. 认真完成工作页上的工作内容,要求书写准确、字迹清晰。 2. 制定的活动计划要有条理性,有可操作性,并且以相应的理论为支撑。
任务考核: 制定一份能够体现幼儿社会教育活动特点、实现其意义的教学计划。

工作页

阅读理解任务单,填写完成任务要求: 1. 什么是幼儿的社会教育活动? 请举例说明。

2. 幼儿社会教育活动的特点有哪些？

3. 针对幼儿社会教育活动的特点教师应该采取哪些策略，安排实施教学活动？

4. 幼儿社会教育活动的意义有哪些？

5. 你打算如何在日后的幼儿社会教育活动中开展社会教育活动以实现其意义？

意见与反馈：

信息页

一、幼儿的社会性发展

社会性发展是人在从"自然人"过渡到"社会人"的过程中，随着时间推移不断形成的观念、情感、态度和行为等的发展，也是个体在掌握社会规范、形成社会技能、学习社会角色的社会化过程中所产生的心理特征。幼儿社会性发展的实质在于促进幼儿社会化，形成良好的社会性与个性。

二、幼儿社会教育活动的内涵

幼儿社会教育活动指幼儿教师通过有计划、有目的的活动对幼儿施加教育影响，以增进幼儿的社会认知、激发幼儿的社会情感、引导幼儿的社会行为为主要内容的教育，旨在促进幼儿的社会性发展。

幼儿期是人格塑造与养成的关键期，在幼儿期对幼儿进行社会教育至关重要，其教育影响更是不可替代的。

三、幼儿社会教育活动的特点

幼儿社会教育活动不同于成人的社会教育活动，其有着自身的一些鲜明特点，教师应该根据幼儿社会教育活动的特点，因材施教，不断调整和改进自己的教学活动。具体要点详见表 4-1。

表 4 - 1 幼儿社会教育活动的特点及教师指导要点分析

特点	幼儿社会教育特点简述	教师指导要点
潜移默化	幼儿的思想和性格在幼儿社会教育中不知不觉受到感染、影响而发生变化。	强调幼儿本身的体验和领悟,而非说教。
实践性	幼儿的社会学习和社会性发展必须在社会交往和实践过程中逐步实现。脱离社会文化情境的社会学习不符合幼儿学习的特点,活动中的知识和经验也不容易为幼儿所内化与吸收。	让幼儿在生活中学生活,在交往中学交往,在探索中学做事,在游戏中发展品质,从而获得为人处世,求学的基本能力。
渗透性	幼儿社会教育渗透在一日生活中,渗透在各领域的教育中,渗透在游戏中,渗透在家庭教育中,渗透在社区教育中。	教师可以利用幼儿的日常生活、自由活动、意外突发事件以及其他领域活动中的契机进行社会教育活动。
长期性	幼儿获得社会经验、学会与人交往、养成良好的社会行为与品质等,是一个长期的、渐进的过程,需要长期坚持,持续施加影响。 就其实施结果而言,幼儿的社会学习和社会性发展不是一朝一夕、一蹴而就的,其结果不会立竿见影,教育效果具有一定的潜在性和滞后性。	教师对幼儿的社会教育要有计划、有目的地长期进行,不能急于求成、拔苗助长。
反复性	幼儿的社会学习是可变的、易反复的,特别是当环境发生变化时,幼儿已经形成的良好社会行为有可能会反弹,需要在长期的活动和交往中反复体验和练习,要持之以恒地加以培养。	教导幼儿每天坚持一项劳动,比如:扔垃圾、擦桌子、收拾玩具等。

四、幼儿社会教育活动的意义

幼儿的社会性发展离不开外界的引导与帮助,在幼儿中实施幼儿社会教育的价值,主要体现为以下几个方面:

(一)促进幼儿身体的发展

幼儿通过与周围的人群、环境互动,交流和体验,对情绪产生影响,愉快的情绪可以使幼儿的内分泌系统处于平衡状态,有利于幼儿的生长发育。反之,幼儿如果难以适应社会,抵触周围环境和人群,身体就会出现内分泌紊乱,长期情绪低落会导致生长发育缓慢。

(二)促进幼儿社会化的发展

任何人都是生活在一定的社会环境中的,从出生起,幼儿就要从一个"自然人"逐渐成长为一个"社会人"。个体成长过程中,在与他人、与环境的互动过程中习得社会知识、经验、行为规范以及技能,从而成长为一个"社会人"。

(三)促进幼儿人格的全面发展

幼儿在社会化的过程中,接纳、认同自己的文化,在与同伴及成人的交往过程中认识自己,了解人际关系,逐渐完善人格、促进良好个性的形成。幼儿社会教育就是要引导幼儿成为诚实守信的人、活泼开朗的人、善于交往的人、乐于助人的人。

幼儿社会教育活动旨在促进幼儿的社会化,作为教育者,我们要为幼儿创设积极、有意义的环境,有目的、有意识地引导幼儿形成正向的价值观和良好的社会行为习惯。

考核页

序号	评价项目	评分标准	满分	评价			综合得分
				自评	互评	师评	
1	阅读知识量	1. 对知识的掌握 2. 阅读知识的态度	20				
2	对工作页上任务的理解及完成情况	1. 书写的准确性 2. 完成的态度 3. 完成的内容	60				
3	计划实施任务的能力	1. 计划合理性 2. 有效实施任务的能力	20				

任务二　幼儿社会教育活动的目标

学习情境描述

　　大班社会活动"团结起来力量大",教师先借助于绘本《蚂蚁搬豆》,让幼儿懂得团结的力量,之后通过讨论的方式,得出结论。并且进一步借助"小小气球难不倒我"的游戏活动,让大班幼儿在逼真的情景中学会处理同伴冲突、获得成功和欢乐的情绪体验,以促进大班幼儿人际交往能力的发展。[1]

　　从以上简短的教学描述中,总结该次活动的三维目标。

学习目标

　　1. 理解幼儿社会教育活动目标确定的原则,掌握幼儿社会教育活动的总目标、年龄阶段目标及具体活动目标。

　　2. 能够结合幼儿年龄的特点制定具体活动的三维目标。

　　3. 培养举一反三的总结概括能力和语言理解能力。

---

[1] 赵娟,沈永霞,王玉.幼儿园教育活动案例评析[M].保定:河北大学出版社,2019.(有改动)

任务单

任务描述：
　　教师在设计实施教育活动时,首先要有明确的目标。本小节主要结合《纲要》和《指南》的目标内容,以总结归纳的方式去掌握幼儿社会教育的阶段特点、幼儿社会教育活动总目标、幼儿社会教育活动各年龄阶段教育目标及幼儿社会教育活动具体活动目标,并能相互结合制定出适合幼儿身心发展的具体活动目标。主要任务是：结合所学知识,制定一次幼儿社会教育具体活动的三维目标。

任务要求：
1. 完成工作页上的工作,要求内容具体,语言精练,表达准确,体现举一反三的能力要求。
2. 确立的具体活动目标要体现三个维度,层次鲜明,符合幼儿年龄特点,具有可操作性。

任务考核：
1. 完成工作页上的相应工作。
2. 结合所学知识,制定一次幼儿社会教育具体活动的三维目标。

工作页

阅读理解任务单,填写完成任务要求：
1. 说一说幼儿社会教育活动目标制定的原则。

2. 用几个关键词概括社会领域总目标涉及的内容。

3. 总结幼儿社会教育活动年龄阶段目标的规律,比如：人际交往的目标 1"愿意与人交往"中,小班至大班幼儿社会教育活动目标的梯度变化特征是怎样的? 认真思考后完成下表的填写。

		小班至大班幼儿社会教育活动目标的梯度变化特征
（一）人际交往	目标1 愿意与人交往	
	目标2 能与同伴友好相处	
	目标3 具有自尊、自信、自主的表现	
	目标4 关心尊重他人	
（二）社会适应		小班至大班幼儿社会教育活动目标的梯度变化特征
	目标1 喜欢并适应群体生活	
	目标2 遵守基本的行为规范	
	目标3 具有初步的归属感	

4. 幼儿社会性发展从总体上看，有什么样的阶段性特点？用自己的语言简要概括。

5. 总结幼儿社会教育活动具体活动目标设定的注意要点。

6. 制定一份幼儿社会教育活动的具体目标。要求：要体现三个维度，三个维度的界定要清晰，且具有较强的操作性，语言要简练、准确。

意见与反馈：

信息页

一、幼儿社会教育活动目标确定的原则

幼儿社会教育活动的目标是社会教育活动的出发点和导向,是社会教育活动的核心,也是社会教育活动评价行动的标准。因此,要慎重考虑幼儿社会教育活动目标的制定,制定时应考虑以下基本原则:

（一）遵循本年龄段幼儿身心发展的规律

幼儿不同的年龄段体现出不同的发育水平,教师在制定目标时一方面要考虑到幼儿不同年龄段的身体发育情况及接受能力,另一方面要考虑幼儿不同年龄段的心理发展水平及对相对应的适应性。

（二）遵循发展适宜性原则

教师在制定具体活动目标时要考虑幼儿原有水平和近期可能达到的水平,根据"最近发展区"理论,制定适宜的活动目标。既要保证目标具有一定的难度和挑战性,又要考虑不能超出幼儿的能力范围;既要保证幼儿能够达到或完成预先确定的目标要求,又要避免其在低水平上的简单重复,只有这样才能真正有效地促进幼儿的发展。

（三）制定的目标要切实可行,具体可操作

幼儿社会教育内容是启蒙性的、基础性的,在制定教育目标时要考虑现实的可行性,此外教师还要从方法、环境、实施的条件等方面考虑,使目标在执行时具有可操作性。

（四）制定的目标并非一成不变。

幼儿社会教育活动是以发展幼儿身心全面发展为根本任务的,教师可以根据不同的环境、时间及幼儿的发展变化整合教育目标,因此,制定的目标并非一成不变。

二、幼儿社会教育活动的总目标

《纲要》中明确地界定了社会领域的总目标:

1. 能主动地参与各项活动,有自信心。
2. 乐意与人交往,学习互助、合作和分享,有同情心。
3. 理解并遵守日常生活中基本的社会行为规则。
4. 能努力做好力所能及的事,不怕困难,有初步的责任感。
5. 爱父母长辈、老师和同伴,爱集体、爱家乡、爱祖国。

三、幼儿社会教育活动的年龄阶段目标

"社会"从一定意义上看是一个关系系统,可粗略地分为人与人的关系和人与社会的关系。人与人的关系通过交往实现,人与社会的关系则是一个认同与适应的过程。

（一）人际交往

表 4－2　幼儿社会教育活动中人际交往的年龄阶段目标

目标	3—4 岁	4—5 岁	5—6 岁
目标 1 愿意与人交往	1. 愿意和小朋友一起游戏。 2. 愿意与熟悉的长辈	1. 喜欢和小朋友一起游戏,有经常一起玩的小伙伴。	1. 有自己的好朋友,也喜欢结交新朋友。 2. 有问题愿意向别人请教。

目标	3—4岁	4—5岁	5—6岁
目标1 愿意与人交往	一起活动。	2. 喜欢和长辈交谈，有事愿意告诉长辈。	3. 有高兴的或有趣的事愿意与大家分享。
目标2 能与同伴友好相处	1. 想加入同伴的游戏时，能友好地提出请求。 2. 在成人指导下，不争抢、不独霸玩具。	1. 会运用介绍自己、交换玩具等技巧加入同伴游戏。 2. 对大家都喜欢的东西能轮流分享。	1. 能想办法吸引同伴和自己一起游戏。 2. 活动时能与同伴分工合作，遇到困难能一起克服。 3. 与同伴发生冲突时能自己协商解决。
目标2 能与同伴友好相处	3. 与同伴发生冲突时，能听从成人的劝解。	3. 与同伴发生冲突时，能在他人帮助下和平解决。 4. 活动时愿意接受同伴的意见和建议。 5. 不欺负弱小。	4. 知道别人的想法有时会和自己不一样，能倾听和接受别人的意见，不能接受时会说明理由。 5. 不欺负别人，也不允许别人欺负自己。
目标3 具有自尊、自信、自主的表现	1. 能根据自己的兴趣选择游戏或其他活动。 2. 为自己的好行为或活动成果感到高兴。 3. 自己能做的事情愿意自己做。 4. 喜欢承担一些小任务。	1. 能按自己的想法进行游戏或其他活动。 2. 知道自己的一些优点和长处，并对此感到满意。 3. 自己的事情尽量自己做，不愿意依赖别人。 4. 敢于尝试有一定难度的活动和任务。	1. 能主动发起活动或在活动中出主意、想办法。 2. 做了好事或取得了成功后还想做得更好。 3. 自己的事情自己做，不会的愿意学。 4. 主动承担任务，遇到困难能够坚持而不轻易向他人求助。 5. 与别人的看法不同时，敢于坚持自己的意见并说出理由。
目标4 关心、尊重他人	1. 长辈讲话时能认真听，并能听从长辈的要求。 2. 身边的人生病或不开心时表示同情。 3. 在提醒下能做到不打扰别人。	1. 会用礼貌的方式向长辈表达自己的要求和想法。 2. 能注意到别人的情绪，并有关心、体贴的表现。 3. 知道父母的职业，能体会到父母为养育自己所付出的辛劳。	1. 能有礼貌地与人交往。 2. 能关注别人的情绪和需要，并能给予力所能及的帮助。 3. 尊重为大家提供服务的人，珍惜他们的劳动成果。 4. 接纳、尊重与自己的生活方式或习惯不同的人。

（二）社会适应

表4-3 幼儿社会教育活动中"社会适应"的年龄段目标

目标	3—4岁	4—5岁	5—6岁
目标1 喜欢并适应群体生活	1. 对群体活动有兴趣。 2. 对幼儿园的生活感到好奇,喜欢上幼儿园。	1. 愿意并主动参加群体活动。 2. 愿意与家长一起参加社区的一些群体活动。	1. 在群体活动中积极、快乐地参与。 2. 对小学生活有好奇和向往之情。
目标2 遵守基本的行为规范	1. 在提醒下,能遵守游戏和公共场所的规则。 2. 知道不经允许不能拿别人的东西,借别人的东西要归还。 3. 在成人提醒下,爱护玩具和其他物品。	1. 感受规则的意义,并能基本遵守规则。 2. 不私自拿不属于自己的东西。 3. 知道说谎是不对的。 4. 知道接受了的任务要努力完成。 5. 在提醒下,能节约粮食、水电等。	1. 理解规则的意义,能与同伴协商制定游戏和活动规则。 2. 爱惜物品,用别人的东西时也知道爱护。 3. 做了错事敢于承认,不说谎。 4. 能认真负责地完成自己所接受的任务。 5. 爱护身边的环境,注意节约资源。
目标3 具有初步的归属感	1. 知道和自己一起生活的家庭成员及其与自己的关系,体会到自己是家庭的一员。 2. 能感受到家庭生活的温暖,爱父母,亲近与信赖长辈。 3. 能说出自己家所在街道、小区(乡镇、村)的名称。 4. 认识国旗,知道国歌。	1. 喜欢自己所在的幼儿园和班级,积极参加集体活动。 2. 能说出自己家所在地的省、市、县(区)名称,知道当地有代表性的物产或景观。 3. 知道自己是中国人。 4. 奏国歌、升国旗时能自动站好。	1. 愿意为集体做事,为集体的成绩感到高兴。 2. 能感受到家乡的发展变化并为此感到高兴。 3. 知道自己的民族,知道中国是一个多民族的大家庭,各民族之间要互相尊重,团结友爱。 4. 知道国家一些重大成就,爱祖国,为自己是中国人感到自豪。

四、幼儿社会教育活动的具体目标

活动目标既是以《纲要》和《指南》为依据,又是对其的具体化。在进行活动目标的设计与表述时,应强调具体明确、操作性强;应从幼儿的角度进行发展目标的阐述。具体可以分解为以下三维目标。

（一）认知目标

幼儿社会教育活动认知目标可对应的内容为自我意识的认知、社会环境的认知和社会文化的认知等,偏重于基本理论的认知。例如:幼儿认识基本的交通规则和交通标志。

（二）技能目标

幼儿社会教育活动技能目标可对应的内容为合作能力、交往能力、自理能力、自我调节能力、适应环境的能力等,偏重于操作、技能的掌握。例如:幼儿学会根据交通灯的规律规范自己的行为。

（三）情感目标

幼儿社会教育活动情感目标可对应的内容为良好的行为习惯、个性品质、态度及道德品质等。例如：幼儿逐渐养成遵守交通规则的行为习惯。

📋 考核页

序号	评价项目	评分标准	满分	评价			综合得分
				自评	互评	师评	
1	阅读知识量	1. 对知识的掌握 2. 阅读知识的态度	20				
2	对工作页上任务的理解及完成情况	1. 书写的准确性 2. 完成的态度 3. 完成的内容	60				
3	举一反三总结概括能力和语言理解能力	1. 举一反三总结概括能力 2. 语言理解能力	20				

任务三　幼儿社会教育活动的内容

📖 学习情境描述

近日，班上的幼儿开始筹备 4 月 1 日的愚人节，大家热烈地讨论着在那一天要怎么"骗人"。有一名幼儿激动地说，是不是那天说谎话也不会被老师评判了，要是天天都是愚人节就好了。近年来，越来越多的孩子开始着迷外国的节日，备受孩子追捧的还有圣诞节、万圣节、情人节等。

思考：面对当前的现状，如何帮助幼儿树立民族自豪感、自信心，加强中国传统美德的习得是幼儿社会教育的重中之重，请结合本情境，设计一份幼儿社会教育的具体活动内容，加强幼儿传统文化教育，培养其社会情感。

🎓 学习目标

1. 理解幼儿社会教育活动的内涵，掌握幼儿社会教育活动的具体内容及选择原则。

2. 能够结合幼儿特点及教育目标,选取恰当的教育内容。

3. 培养综合有效调动知识的能力。

任务单

任务描述:
幼儿社会教育活动的内容是为幼儿社会教育活动的目标服务的,本小节要求能够从不同的出发点选择适合不同年龄段幼儿的社会教育内容来开展活动,以实现幼儿社会性发展。主要任务是:可以运用所学相关理论,结合幼儿年龄段特征及实际生活需要,选择社会教育活动内容组织安排教学活动。
任务要求:
1. 完成工作页上的工作,书写准确,字迹清楚,安排合理。
2. 根据既定目标选择教育内容时要求整合思维,从全局出发综合、全面考虑问题。能体现国家认同感及劳动意识。
任务考核:
可以运用所学相关理论,结合幼儿年龄段特征及实际生活需要,选择社会教育内容组织安排教学活动。(口述)

工作页

阅读理解任务单,填写完成任务要求:

1. 幼儿社会教育活动的内容由哪几部分构成?

2. 不同年龄段幼儿需要进行的社会教育内容的广度和深度有什么样的规律? 请举例简要说明。

3. 确定幼儿社会教育活动内容的原则有哪些?

4. 依据当下季节特征及社会环境,说一说周边的幼儿园可以选择什么样的内容开展社会教育活动? 完成学习情境中的任务。

意见与反馈:

信息页

一、幼儿社会教育活动的内容

　　幼儿社会教育活动的内容是根据幼儿社会教育活动的目标所选取的,以增进幼儿的社会认知、激发幼儿的社会情感、培养幼儿的社会行为为主要内容的教育。幼儿社会教育活动的内容是为教育目标服务的。

　　根据幼儿社会教育活动的总目标,在人际交往方面,幼儿在与人的互动过程中需要具备自我意识、情绪情感的表达与交往技能,这体现了幼儿与自我的关系及与他人的关系;在社会适应方面,幼儿需要认知社会环境、社会文化、社会情感、社会规则等内容,这体现了幼儿与社会的关系。

二、幼儿社会教育活动的具体内容

　　（一）"与自我的关系"内容

表 4-4　幼儿社会教育活动中"与自我的关系"内容分析

小班	中班	大班	活动举例
1. 认识自己,了解身体基本特征。 2. 有初步的自我保护意识。 3. 能用简单的语言评价自己和他人。	1. 知道自己的身高、体重等外貌特征。 2. 具有一定的自我保护意识。 3. 能用适当的方式表达自己的需要。	1. 知道自己是一个独立的人,知道自己的优缺点、自己与别人的不同,知道自己在不断发生着变化。 2. 知道一些自我保护常识,能采取适当的行动保护自己。 3. 有责任心,愿意挑战有难度的任务,能独立解决生活中的小问题。	"我的名片" "我长大了" "我们的身体"

　　（二）"与他人的关系"内容

表 4-5　幼儿社会教育活动中"与他人的关系"内容分析

小班	中班	大班	活动举例
1. 知道家庭成员、同伴、老师的姓名和关系。 2. 初步了解自己和别人的关系。 3. 基本掌握礼貌用语,能与同伴协商、友好玩耍,不抢占独霸玩具。	1. 能用语言表达自己的情绪情感,帮助幼儿学会控制,不随意发脾气。 2. 引导幼儿同情关心别人。 3. 帮助幼儿进行自我评价,认识自己的优点、克服自己的缺点。 4. 能在恰当的场合运用适当的礼貌用语;与同伴轮流、分享、合作、谦让。	1. 学会表达积极情绪,调控消极情绪。 2. 关心、理解、尊重、欣赏他人。 3. 与同伴友好相处,积极交往。 4. 能独立克服困难,能按照社会准则进行自我评价。	"我的同伴" "有礼貌的小熊" "情绪大转盘"

（三）"与社会的关系"内容

表 4-6　幼儿社会教育活动中"与社会的关系"内容分析

	小班	中班	大班	活动举例
社会环境	1. 知道粗浅的交通安全知识,学会遵守交通规则。 2. 知道父母的工作性质和特点。	1. 认识公共设施,了解基本用途。 2. 了解常见职业的工作特点。	1. 有责任感、集体荣誉感。 2. 认识各类社会环境,尊重不同的职业分工,萌生环保意识。	"红绿灯　眨眼睛" "环保小卫士" "爸爸妈妈的职业"
社会文化 社会情感	1. 初步了解中国的重大传统节日、祖国文化,并为之感到自豪。	1. 知道中国传统节日和民俗,加深民族自豪感。 2. 了解一些外国的文化传统和风俗习惯。	1. 了解我国是多民族国家,培养爱国之心。 2. 了解一些世界名胜古迹、风土人情,学会尊重外国的文化传统和风俗习惯。	"民族大团结" "粽叶香" "我的家乡"
社会规则	1. 遵守集体规则,爱护玩具、图书。 2. 了解基本卫生常识,形成良好的卫生意识。	1. 遵守公共规则。 2. 鼓励遵守游戏规则、克服遇到的困难。	1. 热爱劳动、爱护公物、珍惜劳动成果。 2. 自觉遵守各种规则,形成初步的公德意识。	"送玩具回家" "粒粒皆辛苦" "劳动小能手"

三、幼儿社会教育活动内容的选择原则

（一）根据教育方针及学前教育地方课程标准来确定

参照国家及地方颁布的有关幼儿社会教育活动内容的文件,解读幼儿社会教育活动内容的价值取向。

（二）根据幼儿的发展水平来确定

幼儿社会教育活动的内容应该要考虑幼儿的发展水平,指本园、本班幼儿及幼儿个体的发展水平。

（三）根据幼儿出现的问题来确定

教师应该观察幼儿的日常生活,发现幼儿在生活中存在的问题,有针对性地确定教育内容,对幼儿进行教育。

（四）根据当下发生的重大事件来确定

幼儿社会教育活动的内容需要与时俱进,要善于发现生活中新的社会教育的内容,丰富幼儿的社会经验。

序号	评价项目	评分标准	满分	评价			综合得分
				自评	互评	师评	
1	阅读知识量	1. 对知识的掌握 2. 阅读知识的态度	20				
2	对工作页上任务的理解及完成情况	1. 书写的准确性 2. 完成的态度 3. 完成的内容	60				
3	综合体现有效调动知识的能力	有效调动知识的能力	20				

任务四　幼儿社会教育活动的方法及途径

学习情境描述

活动一：某幼儿园开展让幼儿在角色扮演区扮演盲人，了解盲人的处境，以此产生共鸣，培养幼儿在生活中尊重、关爱盲人的情感。

活动二：某幼儿园开展"送玩具回家"的活动，让幼儿平时也反复练习，掌握将物品放回原处的规则。

请结合相关知识，分析以上两个活动片段，分别采用了哪些教育方法和途径。

学习目标

1. 掌握幼儿社会教育活动方法、途径及各自的优缺点。
2. 能够结合实际选择及运用相应的方法及途径，实现优势互补。
3. 培养理论联系实际的能力、总结概括的能力、分析问题的能力。

任务单

任务描述：

一次教育活动的实施除了需要适宜的目标及相支撑的教育内容外，还需要选择一定的教育方法及途径，才能够开展。本小节要掌握适用于幼儿社会教育活动的常用教学方法的特点、适用性及其各自的优缺点。能够根据活动内容及幼儿的年龄特点、个性品质及能力差异等灵活机动地选择运用适宜的途径组织活动，使活动达到最佳效果。主要任务是：理论联系实际，用所学知识指导现实中的教育活动。

任务要求：
1. 能对所学知识融会贯通，综合考虑解决现实中的教育问题。
2. 完成工作页时书写字迹要工整、清晰，能体现良好的总结概括能力及分析问题的能力。

任务考核：
1. 用所学知识指导现实中的教育活动。
2. 完成工作页中的小任务。

工作页

阅读理解任务单，填写完成任务要求：
1. 幼儿社会教育活动的方法和途径分别有哪些？

2. 判断以下案例运用了哪些社会教育活动的方法和途径。
   （1）让幼儿在角色扮演区扮演盲人，了解盲人的处境，产生共鸣，并能在生活中表现出对盲人的关爱。
   （2）开展"送玩具回家"的活动，让幼儿平时也反复进行练习，掌握将物品放回原处的规则。

3. 小三班的个别小朋友总是抢别人的玩具，有时候还会动手打人，请你谈谈可以用什么样的方法和途径解决此类问题？

意见与反馈：

信息页

一、幼儿社会教育活动的方法

　　幼儿社会教育活动的方法是为了促进幼儿实现社会性发展,教师在完成对幼儿的社会教育活动过程中运用的方式和手段的总称,主要包含语言法、榜样示范法、行为练习法、移情训练法和角色扮演法,这些方法的具体内容详见表4－7。

表4－7　幼儿社会教育活动的方法分析

方法	简述要点	教师指导关键词	运用举例
语言法	通过讲解、谈话、讨论等方式使幼儿获得社会性发展。	引导 沟通 鼓励	阅读绘本《猜猜我有多爱你》时,引导幼儿讨论什么是"爱"。
榜样示范法	用好思想、好品德、好行为去影响和教育幼儿,使其形成良好的社会品质。	英雄人物 同龄幼儿 教师言行	给幼儿讲"雷锋"的故事,引导幼儿做好人好事。
行为练习法	引导幼儿反复练习、实践,形成良好的社会行为习惯。	循序渐进 日常练习 持之以恒	在饭前、便后洗手的时候训练幼儿使用"七步洗手法"。
移情训练法	通过讲故事、情境表演、生活情绪体验等引导幼儿站在他人的立场思考问题,使幼儿理解他人的情绪情感。	感染力 换位思考	给幼儿讲小猪"佩奇"和"乔治"争抢玩具,但最终又和好的故事。
角色扮演法	幼儿通过扮演实际生活中的其他角色,获得角色所需要的经验和行为习惯。	创设情境 尊重选择	幼儿扮演医生给病人看病。

　　"教育有法,而无定法",幼儿的社会教育活动需要教师发挥教育机智,对教育方法再创造、再加工,灵活地融合运用。教师要不断提高运用教育方法的水平,促进幼儿社会性的发展。

二、幼儿社会教育活动的途径

　　幼儿的社会教育活动是一个长期积累的过程,渗透在幼儿日常生活、游戏、学习的方方面面。主要包含以下五个方面:主题教育活动、区域活动、一日生活教育、家园共育、社区合作。

表4－8　幼儿社会教育活动的途径分析

途径	幼儿社会教育活动途径的运用	教师指导关键词	运用举例
主题教育活动	教师围绕某一个幼儿社会教育主题开展教学、游戏、参观、劳动等活动,幼儿在活动中获得社会性发展。	有目的、有计划的教育 随机教育	开展"我爱小三班"主题活动,培养幼儿爱集体的社会情感。

续　表

途径	幼儿社会教育活动途径的运用	教师指导关键词	运用举例
区域活动	幼儿通过在区域中与活动材料、环境和同伴的互动实现社会性发展。	引导幼儿协商、分工合作、解决矛盾	"小医院"角色区,引导幼儿排队挂号。
一日生活教育	幼儿在"一日生活"中通过教师的引导自主发展各种生活能力,形成健康的生活习惯和交往行为,逐步实现自我管理。	科学规范常规,尊重幼儿主体性	进餐时,引导幼儿安静用餐、不浪费。
家园共育	通过家长会、家长开放日、家长园地、家园联系本、家访等形式实现家园共育,促进幼儿社会性发展。	为家庭教育提供指导,与家长沟通、协作	定期组织家长会,向家长介绍园内工作重点、交流教育理念等。
社区合作	利用社区的人文资源、自然资源、人力资源等开展幼儿社会教育活动。	综合利用社区的教育资源,"请进来,走出去"	带领幼儿去社区敬老院慰问老人。

　　幼儿社会教育活动的五个途径是相互联系、互为补充的,应综合应用,共同为幼儿的社会性发展提供帮助。

考核页

序号	评价项目	评分标准	满分	评价			综合得分
				自评	互评	师评	
1	阅读知识量	1. 对知识的掌握 2. 阅读知识的态度	20				
2	对工作页上任务的理解及完成情况	1. 书写的准确性 2. 完成的态度 3. 完成的内容	60				
3	理论联系实际的能力和总结概括能力及分析问题的能力	1. 理论联系实际能力 2. 总结概括能力 3. 分析问题的能力	20				

任务五 幼儿社会教育活动的设计与实施指导

学习情境描述

设计一份以"团结就是力量"为主题的幼儿社会教育活动方案。(另附页)并模拟组织实施。

要求:(1) 结合幼儿的年龄段特点制定相应活动的三维目标。

(2) 选择至少涉及两个教学内容组织开展。

(3) 运用的教育方法及实施途径要综合考虑,做到优势互补,取长补短。

(4) 模拟开展活动时,注意教师的仪容仪表,要大方得体,语言要清晰流畅。

学习目标

1. 掌握幼儿社会教育活动设计结构及相应的设计策略,幼儿社会教育活动的实施指导方法。

2. 能够设计幼儿社会教育活动及完成相应设计方案的撰写,并组织实施活动;能够开展教师间的幼儿社会教育说活动,会撰写说活动设计文稿。

3. 培养有效运用知识的能力。

任务单

任务描述:
幼儿社会教育活动的实施是达成幼儿社会教育的重要程序,本小节通过对实际案例的解析,帮助学生掌握教学活动的设计与组织技能,提升对幼儿社会性教育的理论理解与能力的提升。主要任务有:一是独立撰写幼儿社会教育活动方案;二是独立开展幼儿社会教育活动;三是进行相关内容的说活动设计活动。
任务要求:
1. 设计的幼儿社会教育活动方案要具体可行、目标适宜、准备充分、过程严谨,能体现幼儿的主体性。 2. 说活动要体现教育理念及教育策略,内容完整、可操作。 3. 模拟开展幼儿社会教育活动时要注意语言的表达、肢体形态的得体及整体的把控。
任务考核:
1. 设计一份完整的幼儿社会教育活动方案。 2. 完成一份与活动方案对应的说活动设计稿,并在同学中进行分享。 3. 根据完成的活动方案模拟开展幼儿社会教育活动。

> **工作页**

阅读理解任务单,填写完成任务要求:

1. 谈谈自己关于幼儿社会教育活动设计的教育策略。

2. 设计一份以"团结就是力量"为主题的幼儿社会教育活动方案(另附页),并模拟组织实施。

   要求:(1) 结合幼儿的年龄段特点制定相应具体活动的三维目标。

   (2) 至少选择两个教学内容组织开展。

   (3) 要综合考虑教育方法及实施途径,做到优势互补,取长补短。

   (4) 模拟开展活动时,教师仪容仪表要大方得体,语言要清晰流畅。

3. 完成一份相应的说活动设计稿。要求:结构完整,论述准确,体现教育策略。

意见与反馈:

> **信息页**

一、幼儿社会教育活动的设计与实施指导内涵

　　幼儿社会教育活动是促进幼儿社会性发展的重要形式,活动的设计是开端,活动的实施指导是关键。在活动中,幼儿进行探索学习,获得社会经验。

二、幼儿社会教育活动的设计与实施指导的案例解析

　　(一)幼儿社会教育活动的设计结构与解析

表 4-9　幼儿社会教育活动设计与实施指导(结构)

幼儿社会教育活动设计(结构)		设计要点
活动名称	大班社会领域活动"遵守规则"	活动名称中应包含三个部分:年龄段、领域和具体的活动名称。

续　表

幼儿社会教育活动设计(结构)		设计要点
设计意图	大班幼儿已有基本的规则意识,但对于规则的认识还没有达到自律状态,对于规则的实践还会表现出自我中心现象。《指南》中提出 5—6 岁的幼儿要理解规则的意义,能与同伴协商制定游戏和活动的规则。本次活动旨在通过创设不同的情景引发幼儿在问题中树立规则意识,在讨论中制定规则,在体验中巩固规则意识,从而能制定简单的规则并遵守规则,确保一日活动井然有序。	1. 阐明"我为什么要设计这个活动"。 2. 分析活动的教育意义。 3. 写出《纲要》或《指南》在本节活动内容方面的相关要求。
活动目标	1. 认知目标:知道生活中、游戏中都需要遵守规则,理解遵守规则的重要性。 2. 技能目标:能够积极讨论日常生活中的规则并遵守规则。 3. 情感目标:愿意参与活动,感受遵守规则的快乐。	1. 行为主体主要着眼于幼儿。 2. 目标主语表述前后要一致。 3. 目标制定要依据本班幼儿的实际情况,要以《纲要》为依据。 4. 目标表述要体现三个维度。
活动重难点	1. 活动重点:懂得生活中的基本规则。 2. 活动难点:有遵守规则的意识并认真遵守规则。	1. 活动重点是活动的主要线索,是最核心的内容。 2. 活动难点是从实际出发,幼儿难于理解或掌握的内容。
活动准备	1. 物质准备:生活中有关规则的图片及视频,游戏时使用的塑料圈若干。 2. 经验准备:幼儿了解一些日常生活中的规则。	1. 物质准备包括围绕活动内容,需要为幼儿提供的环境、材料、玩教具、场地等。 2. 经验准备指本活动中幼儿先期已掌握的相关经验。
活动过程	1. 导入部分——情境导入 观看小朋友接水时插队的视频,请幼儿讨论其行为,引入活动主题。 师:你认为视频中小朋友插队接水的行为对吗? 应该怎么做? 为什么要排队接水?	常见导入方法:情境导入、教具导入、演示导入、作品导入、游戏导入、歌曲导入等。
	2. 展开部分 (1) 看一看,来判断 ① 教师出示上下楼梯、玩滑梯等场景的图片,请幼儿说明不同场景中需要遵守的规则。 师:图中的小朋友在做什么? 做这些事情时要遵守什么规则呢? 教师小结:上下楼梯需要靠右,不能推搡他人、不能乱跑乱跳。玩滑梯时也需要排队,要正着滑下来,不能推搡其他小朋友。 ② 出示不遵守规则的图片,让幼儿思考规则的重要性。	1. 三维目标在此环节得到贯彻和落实,教学过程要层次分明,由浅入深、由表及里。 2. 选用的教学内容与目标要对应,要符合幼儿的年龄特点,体现幼儿的主体性,具有可操作性。 3. 所用的教学方法要突出其优势,如果采用多种教学方法,要做到优势互补。

续　表

幼儿社会教育活动设计（结构）		设计要点
活动过程	师：小朋友们仔细看图片中的人有没有遵守规则，为什么？ 教师小结： 教师根据幼儿的回答作进一步的补充说明，告诉幼儿在这些图片中有些人因为不遵守规则才会造成秩序混乱、房间凌乱等，如果我们都能遵守规则，就不会发生这些问题。 （2）说一说，来分享 请幼儿讨论：自己所遇到的遵守规则或不遵守规则的小故事。 教师小结：无论在幼儿园中还是生活中都需要遵守规则，只有这样我们的生活才会变得更加美好。 （3）做一做，来巩固 ① 判断对错，巩固所学的规则。 教师给每位幼儿分发图卡，请幼儿判断图卡中的行为是否遵守了规则，遵守规则的打"√"，未遵守规则的打"×"。 ② 分组玩钻圈游戏。 教师将幼儿分组，协同幼儿共同制定游戏规则，并开始游戏。 教师小结：规则无处不在，大家共同制定并遵守规则，我们的游戏才会井然有序，大家都能玩得开心。	4. 选用的实施途径要恰当，也可以是多种途径的融合。 5. 教师要注意整体教学活动的把握，既要考虑到教学本身能够给幼儿带来什么经验，还要考虑自身的榜样给予幼儿的无形引导。
	3. 结束部分 教师小结今日所学，强调规则的重要性，并引导幼儿在日常生活中遵守各项规则。	结束方式：总结归纳、自然结束、游戏表演、操作练习等。
活动延伸	请小朋友回家和爸爸、妈妈共同探讨：生活中还有哪些规则？并尝试着说一说为什么要制定这些规则。	活动延伸是课堂教学的巩固和延续，主要包括：书面作业、情境表演、动手操作、家园共育等。

（二）幼儿社会教育活动的实施指导与解析

表 4‑10　幼儿社会教育活动设计与实施指导（实施活动）

幼儿社会教育活动设计（实施活动）		实施要点
活动名称	小班社会活动"送玩具回家"	1. 活动名称应体现活动内容。 2. 用词尽量童趣、明了。
设计意图	小班幼儿入园时间较短，幼儿还未养成主动收拾、整理玩具的习惯，经常乱丢乱放玩具。《纲要》中提出要引导3—4岁幼儿爱护公物和公共环境，体验并理解基本的社会行为规则。	以"解决问题"的思路或者以幼儿现阶段需要达到的目标来展开叙述。

续　表

幼儿社会教育活动设计(实施活动)		实施要点
设计意图	让幼儿自己收拾玩具,有利于培养他们的责任感,本次活动通过引导鼓励幼儿收拾整理玩具,让幼儿逐步养成自己收拾玩具的好习惯,为今后开展劳动教育打下基础。	
活动目标	1. 认知目标:知道玩玩具后应该将玩具放回原处。 2. 技能目标:学会简单的玩具分类方法。 3. 情感目标:激发和培养幼儿"爱整洁"的情感。	1. 认知目标关键词:知道、学习、明白、理解等。 2. 技能目标关键词:学会、能够、掌握、提高等。 3. 情感目标关键词:愿意、喜欢、养成、萌发等。
活动重难点	1. 活动重点:玩完玩具后,有将玩具放回原处的意识。 2. 活动难点:幼儿掌握简单的玩具分类方法。	突破重难点时注意循序渐进。
活动准备	1. 物质准备:玩具小屋整理前后的图片、收拾玩具的儿歌、玩具小屋前凌乱的玩具。 2. 经验准备:前期开展活动时,幼儿在教师的引导下整理过活动物品。	1. 物质准备的材料不宜过多过杂,要根据目标和环节的实际需要准备。 2. 经验准备要着眼于幼儿的最近发展区。
活动过程	1. 导入部分——以图片导入,引发幼儿思考 教师出示一张凌乱的玩具小屋的图片、一张整洁有序的玩具小屋的图片。 师:小朋友们,仔细看两张玩具小屋的图片,你们更喜欢哪个玩具小屋?	恰当的导入方式能够引出主题、激发幼儿的学习兴趣。
	2. 展开部分 (1)播放动画儿歌宝宝巴士——我会收拾玩具 教师播放收拾玩具的动画儿歌:"小汽车、洋娃娃,做做游戏过家家,小朋友们一起玩,开开心心笑哈哈;小玩具爱护它,不乱丢也不乱放,做完游戏送回家,收拾玩具我会啦!" 教师引导幼儿跟唱儿歌,理解儿歌内容。 (2)动动手——请幼儿将教室内凌乱的玩具送回玩具小屋 教师将幼儿分成三组,邀请第一组幼儿将玩具送回玩具小屋。 师:小朋友们,看看我们的玩具现在都怎么了? 请第一组的小朋友帮忙将玩具送回玩具小屋。 (3)观察讨论,引导分类 师:小朋友们,请观察我们的玩具都回到正确的地方了吗? 请第二组的小朋友们来说一说。 教师总结幼儿自行讨论的分类方法。 (4)请幼儿按讨论出来的分类方式再一次将玩具送回家	围绕目标和重难点,循序渐进、层次清楚,要注意各个环节的自然衔接和过渡,充分体现以幼儿为主体,体现师幼互动。

续　表

幼儿社会教育活动设计(实施活动)		实施要点
活动过程	师：请第三组小朋友把回错家的玩具送回它自己的家。 教师小结：玩具是我们的好朋友,我们可以邀请它们出来玩,但是游戏结束后,我们也应该把它们送回自己的家,下一次我们才能更快地找到它们呀!	
	3. 结束部分——玩一玩:连线游戏 教师在屏幕上展示玩具及玩具分类框的图片,幼儿玩连线游戏,教师对幼儿的游戏结果进行总结,巩固分类方法。	可以简明扼要地复述要点,或启发幼儿复述要点,做到首尾呼应,结构完整。也可以操作练习,巩固所学知识。
活动延伸	1. 园内活动延伸:在幼儿园一日其他环节的活动中,教师提醒幼儿进行物品归类和整理。 2. 家园共育:请幼儿回家和爸爸妈妈一起玩"送物品回家"的亲子游戏。	活动结束后才开展。

考核页

序号	评价项目	评分标准	满分	评价			综合得分
				自评	互评	师评	
1	阅读知识量	1. 对知识的掌握 2. 阅读知识的态度	20				
2	对工作页上任务的理解及完成情况	1. 书写的准确性 2. 完成的态度 3. 完成的内容	60				
3	综合有效运用知识的能力	有效运用知识的能力	20				

思政园地

扫码阅读并思考:从厦门市第十幼儿园的一些做法可以看出哪些有关幼儿社会教育的相关知识,其意义何在? 幼儿社会教育活动应该怎样融入日常生活,给了我们什么启示? 针对幼儿社会教育的特点,谈谈如何培养团队合作意识,增强班级、幼儿园乃至整个国家的凝聚力。

思政园地 5

项目总结

本项目通过任务分组的形式,主要介绍了幼儿社会教育活动的内涵、意义,幼儿社会教育活动的目标、内容、方法、途径,通过创设情境明确学习者在幼儿社会教育活动中所需要掌握的基本知识及基本技能,通过案例解析、岗位工作等把理论知识融入现实工作中,加强理论联系实际的能力,全面提升学习者综合职业素养。

项目拓展

1. 收集相关素材,总结幼儿社会教育活动融入生活的更多途径。
2. 谈谈你对幼儿社会教育活动的总体认识。

项目六 幼儿科学教育活动的设计与实施

学习目标

知识目标

1. 了解幼儿科学教育活动的内涵、特点、意义。
2. 明确幼儿科学教育活动的目标及内容。
3. 掌握幼儿科学教育活动设计与实施的方法、途径及相关策略。

能力目标

专业能力目标：

1. 能够设计幼儿科学教育活动及完成相应设计方案的撰写。
2. 能够根据设计的方案对幼儿组织实施科学教育活动。
3. 能够开展教师间的说幼儿科学教育活动。

非专业能力目标：

培养理论联系实际的能力、结构化思维能力、资源整合能力、自主探究能力及良好的语言理解与表达能力。

思政目标

坚守教育初心，培育工匠精神，落实精益求精的职业素养。

知识导图

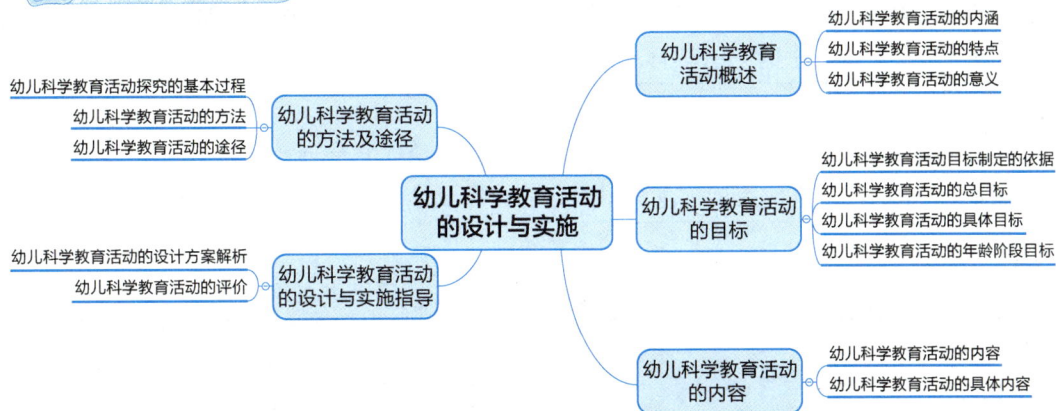

任务一　幼儿科学教育活动概述

学习情境描述

　　某幼儿园大班老师组织小朋友进行了一次集体春游活动,在春游的过程中有几名幼儿一起问了老师一个问题:"老师,小河的水很清澈,能看见水底的石头,为什么石头会那么安静地躺在里面,而掉在河水里的小叶子就游走了,我们抓都没抓到呢?"为了解决幼儿心中的疑惑,老师抓住时机,就此开展了一次有趣的科学活动"寻找水的魔力"。在教学活动中,老师就地取材,选用了沙子、石头、树叶、花朵、树枝等材料,让幼儿自己动手参与实验,来探究有关水的浮力问题。引导幼儿明白什么是"沉",什么是"浮"。

　　思考:在上述的教学活动中可以表现出幼儿科学教育的哪些特点?总结出幼儿科学教育活动的现实价值。

学习目标

　　1. 理解幼儿科学教育活动的内涵、特点和价值。
　　2. 能运用相关知识解释分析或是指导现实中的一些教育活动。
　　3. 培养理论联系实际的能力及分析问题的能力。

任务单

任务描述:
幼儿科学教育是幼儿全面发展教育的一个重要组成部分,它可以满足幼儿的好奇心,帮助幼儿获得探究技能和科学知识,从而促进幼儿的全面发展。本小节要掌握幼儿科学教育活动的内涵、特点和价值,以便日后能有效地开展幼儿科学教育活动。主要任务是:运用所学知识对现实中的一些教育现象进行指导或分析。
任务要求:
1. 认真书写领会工作页上的任务,书写要清晰、工整,论述要有理有据。 2. 收集、列举的教学实例要能体现科学教育的特点及价值,分析要得体、有说服力。
任务考核:
收集、列举能体现科学教育的特点及价值的教学实例。(反例也可以)

工作页

阅读理解任务单,填写完成任务要求:

1. 幼儿科学教育活动的内涵与特点是什么?

2. 幼儿科学教育活动的价值有哪些?

3. 查阅资料,谈一谈幼儿科学教育的历史与发展趋势。

4. 收集、列举的实例要能体现幼儿科学教育活动的特点及价值。(反例也可以)

意见与反馈:

信息页

一、幼儿科学教育活动的内涵

幼儿科学教育活动是指幼儿在教师的指导下,通过自身的活动,对周围的自然环境进行感知、观察、操作、发现,以及提出问题、寻找答案的探索过程。教师引导幼儿亲近自然,喜欢探究并对周围的事物和现象进行主动探索;激发幼儿的好奇心,培养幼儿初步的探究能力。

二、幼儿科学教育活动的特点

（一）尊重幼儿

幼儿带着自己的认知能力和已有的科学经验来到幼儿园,他们对世界有自己的认识和理解，成人往往低估或忽视了幼儿对周围事物的认识。教师应对幼儿已有的经验进行了解，这是对幼儿的理解和尊重，通过直接对话、讨论和开展活动等方式让幼儿主动构建自己的知识结构。

（二）启发探究

幼儿的探究愿望来自于兴趣，幼儿对其感兴趣的内容的探究往往十分主动积极。幼儿科学教育活动的开展应紧扣幼儿的兴趣点，引导幼儿主动探究。教师要注意发现和保护幼儿的好奇心和探知欲，生成幼儿感兴趣的科学探究活动。幼儿科学教育的真正目的是培养幼儿探究未知的兴趣，初步形成对客观事物的认知。

（三）灵活多样

《纲要》中指出："科学教育应密切联系幼儿的实际生活，利用身边的事物和现象作为科学探究的对象。"科学就在我们身边，教师应选择幼儿一日生活中看得见、摸得着、感兴趣的科学教育内容，满足幼儿对周围事物的好奇心和探究欲望，通过班级集体教育活动与小组个别探究活动相结合的形式，随机开展科学教育。

（四）引导支持

幼儿的思维方式以具体形象思维为主，幼儿的科学学习往往只与具体的对象联系在一起，需要与物体的表象及相关情景相结合，对抽象的科学概念和科学原理难以理解。所以，成人对幼儿的科学学习起着重要的引导作用。成人的支持有利于幼儿科学概念的理解和幼儿科学技能的掌握。

三、幼儿科学教育活动的意义

（一）幼儿科学教育活动可以满足幼儿好奇的天性

喜欢通过自己的探索来了解世界是幼儿的天性，强烈的好奇心和探究欲望是幼儿学习科学的原动力。有组织、有目的的科学教育活动能激发幼儿学习科学的兴趣，使幼儿积极主动地与客观事物相互作用，注重主动探究过程，而不是只停留在形式上。

（二）幼儿科学教育活动可以促进幼儿思维方式的形成

幼儿对周围事物的理解是建立在其已有的生活经验之上，通过感知觉经验来构建科学概念，科学教育是科学概念和幼儿已有经验之间的重要纽带。幼儿教师要根据不同年龄阶段幼儿的特点，设计不同的科学教育活动，促进幼儿探究技能的形成。在幼儿教师的指导下，面对生活中出现的问题，幼儿可通过实验探究过程进行记录、表达、讨论等方式进而获得科学发现。在整个教育活动过程中，幼儿逐渐形成了科学的思维方式，即通过假设、观察、讨论和验证获取科学知识。

（三）幼儿科学教育活动可以促进幼儿身心全面发展

在科学教育活动中，幼儿获得了关于生命科学的概念，了解生物的外形特征、生活习性以及其与环境的相互作用，从而更加珍惜生命和热爱生活，愿意接受健康教育，对幼儿身体的健康发展起着积极的促进作用。在对自然界的探究过程中，幼儿充满了好奇心和求知欲，他们积极参与科学活动，在老师和同伴的帮助下，一起努力，战胜困难，增强了自信心，这对幼儿良好个性品质的形成具有积极的促进作用。同时，亲近大自然让幼儿感受到自然界的丰富多彩与伟大，对周围的事物有敬畏之心和仁爱之心，这也是幼儿心理健康发展的基础。因此，科学教育活动能促进幼儿身心的全面和谐发展。

考核页

序号	评价项目	评分标准	满分	评价			综合得分
				自评	互评	师评	
1	阅读知识量	1. 对知识的掌握 2. 阅读知识的态度	20				
2	对工作页上任务的理解及完成情况	1. 书写的准确性 2. 完成的态度 3. 完成的内容	60				
3	分析问题能力及理论联系实际的能力	1. 分析问题能力 2. 理论联系实际的能力	20				

任务二　幼儿科学教育活动的目标

学习情境描述

　　制定幼儿科学教育活动的具体目标,要综合考虑多方面的因素,既要考虑幼儿科学教育活动的总目标,又要考虑幼儿的年龄阶段目标,进行层层分解。请以"生物多样性"为主题,为幼儿设计一份具体活动的三维目标。

　　要求:要体现幼儿的年龄特点,三维目标界定层次清晰,表述明确,具有现实意义。

学习目标

　　1. 了解幼儿科学教育活动目标制定的依据;理解幼儿科学教育活动的总目标;明确幼儿科学教育活动的年龄阶段目标;掌握幼儿科学教育活动的具体活动目标。

　　2. 能够结合幼儿年龄的特点制定具体活动三维目标。

　　3. 培养结构化思考能力。

任务单

任务描述:
幼儿科学教育活动目标的制定是根据幼儿教育总目标、结合科学教育的特点而制定的。本小节要掌握幼儿科学教育活动目标制定的依据,掌握幼儿科学教育活动的总目标、年龄阶段目标、具体活动目标的要点及三者之间的联系。主要任务是运用所学知识制定一个幼儿科学教学活动的三维目标。
任务要求:
1. 完成工作页上的任务,要求层次清晰、语言精练、表达准确。 2. 活动目标要体现三个维度,层次鲜明,符合幼儿年龄特点,具有可操作性。
任务考核:
结合所学知识,制定一个幼儿科教育活动的三维目标,并完成工作页上的任务。

工作页

阅读理解任务单,填写完成任务要求:
1. 简述制定幼儿科学教育活动目标的依据有哪些。
2. 幼儿科学教育活动的总目标有哪些? 可以概括为几个方面?
3. 幼儿科学教育具体活动目标的要点有哪些?
4. 幼儿科学教育活动的年龄阶段目标怎么体现?
5. 制定一份科学教育活动的具体目标。要求:体现三个维度,三个维度层次要清晰,且具有较强的操作性,语言要简练、准确。
意见与反馈:

一、幼儿科学教育活动目标制定的依据

《规程》中明确指出："实施德、智、体、美诸方面全面发展的教育,促进幼儿身心和谐发展。结合当前教育发展的背景,在制定幼儿科学教育活动目标时,应该着眼于幼儿发展需要、社会发展需要、幼儿课程发展需要三方面。"

（一）幼儿身心发展规律

幼儿的身心发展较为明显。一方面是幼儿身体的发展,已从大肌肉为主的粗大动作发展到以手指为代表的小肌肉精细动作,手部抓握从一把抓到几个手指头拿,再发展到两个手指捏。幼儿身体机能的平衡协调发展为幼儿的整体发展提供了坚实的基础,为幼儿进一步开展探究科学活动提供了保障。另一方面是幼儿心理的发展,幼儿期是幼儿由直觉行动思维过渡到具体形象思维的重要发展阶段。幼儿的视觉、触觉、听觉、运动觉、方位知觉和时间知觉都有了不断的提高,幼儿能认识基本色和近似色并能应用到绘画中,能感受物体的软硬、轻重和粗糙并进行简单的描述,能以自我为中心辨认上、下、左、右四个方位,能理解一些关于时间的概念,这些对幼儿在科学探究过程中的观察、记录、讨论和分析起着积极的促进作用。

（二）社会发展的客观需要

科学技术的发展日新月异,影响着我们生活的方方面面,渗透到各个领域,同时也就影响着幼儿的认知。科学素养的培养要从幼儿开始,要让幼儿感受到科技给我们带来的改变,培养他们科学探究的兴趣、实事求是的科学态度。

（三）自然科学的学习规律

幼儿科学教育是以自然科学为基础的,应遵循自然科学的学习规律及本质。研究客观世界,探究事物的本质,幼儿科学活动的核心是"探究"。引导幼儿对身边常见事物和现象的特点、变化规律产生兴趣和探究欲望,让每个幼儿有参与和尝试的机会,鼓励他们大胆表达自己,勇于提出问题和发表不同意见,同时学会尊重他人的观点。

二、幼儿科学教育活动的总目标

《纲要》中提出科学领域的总目标是:

1. 对周围的事物、现象感兴趣,有好奇心和求知欲。
2. 能应用各种感官,动手动脑,探究问题。
3. 能用适当的方式表达、交流探索的过程和结果。
4. 能从生活和游戏中感受事物的数量关系并体验到数学的重要和有趣。
5. 爱护动植物,关心周围环境,亲近大自然,珍惜自然资源,有初步的环保意识。

三、幼儿科学教育活动的具体目标

幼儿科学教育活动目标是对科学教育活动所能达到结果的一种期望,它是根据幼儿教育总目标、结合科学教育的特点而制定的,是幼儿教育总目标在科学教育中的具体体现。具体可以分解为以下三维目标。

（一）认知目标

幼儿早期科学知识的获得就是通过探究活动得以认识周围的事物及现象,这些事物和现象是幼儿科学教育活动的客体,不同年龄的幼儿对同一事物和现象的认知水平是不同程度的,从小班到大班,幼儿对周围事物和现象的认知一般遵循由近及远、由表及里、由浅及深的规律。认知目标主要解决幼儿获得的科学知识。

（二）技能目标

在幼儿科学教育活动中,探究能力的培养是核心。虽然幼儿的自身认知发展水平十分有限,但并不影响幼儿成为自主、主动的学习者。幼儿教师可以对幼儿进行科学方法的启蒙,引导幼儿体验探究的过程,逐步培养其探究能力。科学探究方法和能力的掌握比对科学知识的简单获得更有意义,因为教师传授给幼儿的科学知识毕竟是有限的,但掌握了正确而行之有效的方法和技能,就能主动积极地获取无限的知识,以后能完成独立的学习,感受自主探究的快乐。技能目标主要是动手操作层面的本事。

（三）情感目标

幼儿科学教育活动注重培养幼儿的科学素养,促进幼儿的全面发展。培养幼儿热爱大自然、尊重生命,实事求是的态度对他们的一生将有深远的影响。在实践的教育活动中,教师既要保护幼儿的好奇心和求知欲,同时又要积极引导他们勇于探索,善于合作和表达,形成正确的科学价值观。

四、幼儿科学教育活动的年龄阶段目标

不同年龄段的幼儿由于身体发育、思维方式和探究能力的发展水平不同,科学教育活动目标的具体要求和达成方式也是不一样的,应体现出不同的年龄特点。

表 5—1　幼儿科学教育活动的年龄阶段目标

目标	3—4 岁	4—5 岁	5—6 岁
目标 1 认知目标	幼儿特点: 1. 对事物的认识是孤立而表面的,不能对事物的特征进行概括描述。 2. 对事物的表面特征的认知主要是通过感知观察。 设计目标: 1. 观察周围常见事物的特征和现象,并获得粗浅的科学经验。 2. 接触和了解生活中的科技产品给生活带来的便利。	幼儿特点: 1. 能够认识到事物的外在联系,并做一定程度的概括。 2. 通过实验探究能认识事物和现象之间的联系。 设计目标: 1. 获取有关自然环境中有生命物质、无生命物质及其与人类关系的具体体验。 2. 了解不同环境中个别植物的形态特征和生活习性。	幼儿特点: 1. 能够发现事物和现象之间的内在联系,更接近事物和现象的本质。 2. 能够对事物和现象与人们生活的关系有一定的了解。 设计目标: 1. 了解不同环境中的植物及其与环境的相互关系。 2. 介绍幼儿周围生活中的环境污染现象和人们保护生态环境的活动。

续 表

目标	3—4岁	4—5岁	5—6岁
目标2 技能目标	幼儿特点： 1. 科学探究是随机性的。 2. 探究的程度仅限于对事物现象的发现。 设计目标： 1. 能用连贯、完整的语言与他人交流自己的探索过程和结果。 2. 应用简单工具和材料进行制作活动，能发现材料的特性和功能，能和他人交流和分享。	幼儿特点： 1. 能有意识地带着问题开展探究活动，开始发现事物之间的联系。 2. 对事物的认知局限于表面，无法理解事物的本质及因果关系。 设计目标： 1. 学会按照指定的标准，对事物进行简单的归纳和总结。 2. 应用简单工具进行制作活动，并应用图表、绘画和作品等手段展示自己的科学活动结果，与他人进行交流。	幼儿特点： 1. 具有初步的科学思维，知道事实证据与合理解释之间的联系。 2. 在他人的帮助下，能进行有目的、有计划、有方法的合作性科学探究。 设计目标： 1. 能按照不同标准对事物进行归纳总结。 2. 能发现材料的多种特性和功能，能够和他人交流和分析发现的愉悦。
目标3 情感目标	幼儿特点： 1. 有强烈的好奇心，为引起他人的关注喜欢随机发问。 2. 不能分清主观想象和客观现实，也不能认识到事物之间的联系。 设计目标： 1. 激发幼儿的好奇心和探究欲。 2. 幼儿在成人的引导下关心和爱护周围的事物。	幼儿特点： 1. 能发现事物之间的表面联系，意识到事物和现象之间存在联系。 2. 能围绕问题寻找答案，并在探究的过程中满足了好奇心。 设计目标： 1. 发展幼儿的好奇心和求知欲。 2. 引导幼儿探索周围的事物和现象，具有关心和爱护周围事物的情感。	幼儿特点： 1. 逻辑思维开始萌发，能和他人开展一些科学讨论。 2. 对周围的事物和现象充满了好奇心和求知欲，并能自己动手动脑去寻求问题的答案。 设计目标： 1. 激发幼儿发现问题、探究问题的兴趣并培养探究能力。 2. 培养幼儿主动关心爱护动植物和周围环境的情感行为。

序号	评价项目	评分标准	满分	评价			综合得分
				自评	互评	师评	
1	阅读知识量	1. 对知识的掌握 2. 阅读知识的态度	20				
2	对工作页上任务的理解及完成情况	1. 书写的准确性 2. 完成的态度 3. 完成的内容	60				
3	结构化思考能力	结构化思考能力	20				

任务三　幼儿科学教育活动的内容

学习情境描述

　　幼儿的科学教育活动的总目标要求幼儿要关系周围环境,亲近大自然,对周围的事物、现象感兴趣,有好奇心和求知欲。请结合本地季节与地域特点,说一说周边的幼儿园可以选择什么样的内容开展科学教育活动。并进行收集、整理一些适合本地域幼儿发展的科学教育活动内容的素材,进行分享。

学习目标

　　1. 明确幼儿科学教育活动的具体内容,掌握幼儿科学教育活动内容结合幼儿年龄特点的具体体现。
　　2. 能够结合幼儿特点及教育目标,选取恰当的教育内容。
　　3. 培养资源整合及自主探究的能力。

任务单

任务描述:
　　在《指南》的指导下,幼儿科学教育活动的内容应包括生命科学、物质科学和地球与空间科学三个模块。本小节要掌握不同年龄段幼儿在三个模块内容学习方面的具体要求。

主要任务是根据既定目标选择相应的教育内容并安排活动。

任务要求：
1. 完成工作页上的工作，要字迹清楚、安排合理，有自主探究能力。
2. 根据既定目标选择教育内容时要求整合思维，从全局出发全面考虑问题。

任务考核：
根据既定目标选择相应的教育内容并安排活动，完成工作页上的任务。

工作页

阅读理解任务单，填写完成任务要求：
1. 幼儿科学教育活动的内容主要包括哪几个模块？

2. 不同年龄段幼儿需要进行的科学教育内容的广度和深度的依据是什么？请举例简要说明。

3. 结合本地季节与地域的特点，说一说周边的幼儿园可以选择什么样的内容开展科学教育活动。

4. 为了实现帮助幼儿树立"环保意识"的科学目标，请为之选择相应的教育内容。（口述）
要求：设计的内容要体现多方面、多角度，有融合教育思维。

意见与反馈：

信息页

一、幼儿科学教育活动的内容

幼儿科学教育活动的内容是完成教育目标至关重要的体现,同时也是实现教育目标的重要载体,是科学教育活动设计与具体实施的主要依据,也是实现科学教育目标的重要依据,主要有三个部分的内容。

（一）生命科学

生命科学一般指生物学。生物学是研究生物的结构、功能、发生和发展规律的科学。

（二）物质科学

物质科学是自然科学的一个重要部分,致力于研究自然界物质的微观结构、运动及其相互作用的一般规律。

（三）地球与空间科学

地球与空间科学主要研究学习宇宙以及一些星体、地理方面的知识及规律。

二、幼儿科学教育活动的具体内容

（一）生命科学

表 5-2　不同年龄班幼儿科学教育活动中生命科学内容

具体内容	小班	中班	大班
生物特征	1. 辨别各种生物的外部特征。 2. 知道生物是由不同部分组成的。 3. 认识人体的外部特征及各部分的作用。 4. 感知周围生物的多样性。	1. 辨别和比较生物的特征。 2. 知道生物的不同组成部分对生物有不同的作用。 3. 理解生物的含义。 4. 尝试对同一种或不同种生物进行概括。	1. 能理解生物的结构和功能之间的关系。 2. 开始理解人体内部。 3. 能比较生物之间的相似点和不同点,并区分生物和非生物。 4. 根据生物的相似特征,能将其分类。
生存环境	发现生物的生存离不开水、空气和阳光。	生物的生存离不开周围的环境。	感知生物和环境相互影响,人类的生存依赖于周围的环境。
生命过程	生物随着时间的变化而变化。	发现生物经历了出生、生长和发育、繁殖、死亡的过程。	初步了解自己家庭成员涉及的关于人的生命周期的现象。

（二）物质科学

表 5-3　不同年龄班幼儿科学教育活动中物质科学内容

具体内容	小班	中班	大班
材料特点	1. 感知材料有软硬、光滑和粗糙等的特性。 2. 感知液体的状态、颜色和味道。	1. 发现一些简单的操作可以改变材料的特性。 2. 感知和体验材料具有溶解性、传热性等性质。	1. 感知物体的结构与功能之间存在联系。 2. 发现材料有不同的存在状态:固体、液态和气态。

续　表

具体内容	小班	中班	大班
运动变化	1. 初步感知和体会改变物体运动状态和位置的方式。 2. 感知不同的物体放在不同空间介质里,会产生不同的现象。	1. 感知和体会使物体运动和相对静止的不同种方式。 2. 发现同一个物体在光滑程度不同的平面上,运动的快慢是不一样的。	1. 感知物体的运动状态会随着外界条件的改变而发生变化。 2. 探究各种力的存在及其现象。
物理现象	1. 感知不同的物体会发出不同的声音。 2. 发现光能产生影子。 3. 感知磁铁具有磁性,能吸铁。	1. 探索各种能让物体产生声音的方法,并感知声音通过物体传播。 2. 探索光和影子的关系,尝试改变影子状态的各种方式。 3. 感知磁铁间的相互作用。	1. 感知噪声的产生及危害。 2. 发现影子的大小与物体和光源的距离有关。 3. 感知磁铁与磁铁之间、磁铁和其他材料之间的关系:有的可以相互吸引,有的可以相互排斥。

（三）地球与空间科学

表 5－4　不同年龄班幼儿科学教育活动中地球与空间科学内容

具体内容	小班	中班	大班
星体特征	1. 知道地球上有很多物质,了解沙、石、土、水、空气的基本特征。 2. 认识到太阳和月亮存在于宇宙中,且位置在不断变化。	1. 能描述沙、石、土、水、空气的特征。 2. 了解月相是有规律地变化的。	1. 理解沙、石、土、水具有不同的种类。 2. 知道太阳提供了地球上的生物需要的光和热。
四季交替	1. 感知各种天气现象,体会天气的变化。 2. 学习使用常见的表示天气的词汇。	1. 了解四季的名称,感知季节的变化,发现其各自特点。 2. 发现季节对生物的影响。	1. 体验四季变化的顺序和周期。 2. 初步感知和理解季节变化与人类生活的关系。
人与自然	1. 知道人类生活在地球上。 2. 知道天气对人类生活的影响。	1. 知道地球为人类的生存提供各种条件。 2. 体验季节对自己生活和活动的影响。	1. 初步了解人类的行为与地球的变化存在联系。 2. 初步了解自然灾害对人类生活的影响。

此外,还可以让幼儿体验一些现代科学与技术的应用,如:电话是怎样传递声音的、电视机里为什么会出现图像等,让幼儿掌握一些简单的使用工具和科技小制作的技术等,培养科技观的初始教育。

考核页

序号	评价项目	评分标准	满分	评价			综合得分
				自评	互评	师评	
1	阅读知识量	1. 对知识的掌握 2. 阅读知识的态度	20				
2	对工作页上任务的理解及完成情况	1. 书写的准确性 2. 完成的态度 3. 完成的内容	60				
3	资源整合能力及自主探究能力	1. 资源整合能力 2. 自主探究能力	20				

任务四　幼儿科学教育活动的方法及途径

学习情境描述

　　大班活动:"有趣的影子"。活动主要过程:教师通过白色幕布,让幼儿寻找幕布上的影子,激发幼儿对影子的兴趣,接着展示手影并欣赏一段手影故事录像,感知手影的神奇魅力。最后,幼儿学习简单手影动作,小组合作试着创编一段手影故事,通过找一找、变一变、演一演,获得光和影的感性经验,并从中获得观察、合作能力的发展,体验科学探索的魅力。①

　　分析以上活动采用的方法及途径,并谈谈你的建议。

学习目标

　　1. 明确幼儿科学教育活动探究的基本过程;掌握幼儿科学教育活动的方法和途径及其优缺点。

　　2. 能够运用相关知识分析教学活动并能结合实际选择及运用相应的方法及途径,实现优势互补。

　　3. 培养有效调动运用知识的能力。

---

① 赵娟,沈永霞,王玉.幼儿园教育活动案例评析[M].保定:河北大学出版社,2019.(有改动)

任务单

任务描述：
本节内容主要阐述幼儿科学教育活动方法及途径,幼儿科学教育活动有其独特性,所采用的方法与途径要符合幼儿科学探究过程的特征,教育才具有意义。主要任务是能够运用相关知识分析教学案例。
任务要求：
1. 理论联系实际,能将所学知识融会贯通。
2. 书写任务单时语言准确、精练、有层次且干净整洁。
任务考核：
完成工作页上的任务。

工作页

阅读理解任务单,填写完成任务要求:

1. 幼儿科学教育活动探究的基本过程有哪些?

2. 针对幼儿科学教育活动探究的过程,教师应该做些什么?

3. 根据幼儿科学教育活动探究过程,幼儿科学教育方法主要有哪些?

4. 幼儿科学教育活动的途径有哪些?

5. 大班活动:"有趣的影子"。活动主要过程:教师通过白色幕布,让幼儿寻找幕布上的影子,激发幼儿对影子的兴趣,接着展示手影并欣赏一段手影故事录像,感知手影的神奇魅力。最后,幼儿学习简单手影动作,小组合作试着创编一段手影故事,通过找一找、变一变、演一演,获得光和影的感性经验,并从中获得观察、合作能力的发展,体验科学探索的魅力。①

分析以上活动采用的方法及途径,并谈谈你的建议。

意见与反馈:

信息页

一、幼儿科学教育活动探究的基本过程

(一)观察

观察是科学活动开展的前提和基础,没有观察,就失去了科学探究的意义。观察能力的建立锻炼了幼儿的思维、注意、记忆、想象力等能力。在日常生活中,教师要有意识地引导幼儿观察周围的事物,可对个别物体进行长期的系统性观察,也可在物体之间进行比较性观察,同时可引导幼儿对物体分类后进行同组观察。

(二)提问

科学探究源于问题,是借助事实的证据寻求事实的规律的活动。对世界充满好奇心的积极态度是推进科学发展的原动力,很多创新就来自人们大胆提出的问题。问题与探究是紧密联系的,教师在幼儿进行科学探究的过程中应引导他们大胆提出问题,带着问题积极思考,认识周围事物的机会也就越多,幼儿主动学习的意识就会逐步得到培养。

(三)猜测

明确探究的"问题"后,教师引导幼儿大胆提出猜想,同时大胆表达自己猜想的理由。幼儿提出猜想是在已有经验的基础上,对将要进行的探究可能发生的情况、可能出现的结果做出预测和假设。把原有的预测和假设与实际操作中出现的情况和结果进行比较,发现不同,寻找原因,这对于幼儿认知的构建起着积极的促进作用,是探索研究的重要环节,也是调动幼儿积极思考、解决问题的过程。

(四)验证

有了猜想,幼儿要通过自己的动手操作来验证猜想。验证的过程调动了幼儿的探究欲望,兴趣是最好的老师,为了验证猜想的答案,幼儿会积极主动收集和寻找证据,主动学习获得发展。不管探究的结果是否与猜想一致,验证过程对幼儿的成长也是有意义的。如

---

① 陈秉龙,高培仁.幼儿园教育活动设计与指导[M].武汉:华中师范大学出版社,2014.(有改动)

果探究结果和猜想一致,幼儿收获成功的喜悦,会对科学探究越来越感兴趣,充满信心;如果探究的结果和原先预测的不一样,幼儿也就有了遇到问题要动手实践的意识,对培养他们实事求是的科学态度是至关重要的,教师在此过程中也要积极引导。

（五）交流

幼儿在与同伴合作探究的过程中进行分享与交流,在交流的过程中对探究中出现的问题进行讨论,体验合作带来的乐趣。交流的过程中,幼儿需要倾听他人的想法,同时也要表达自己,这是促进幼儿语言发展的良好机会。学会合作和分享,在幼儿的成长中也是至关重要的,与同伴交流自己亲自经历的探究过程,愿意倾听他人的发现和不同的意见。

（六）记录

记录与分享是紧密联系在一起的,通过交流,幼儿对信息进行整理和分析,在教师的引导下发现现象背后隐藏的本质和规律,并用多种形式记录下来。记录可以促使幼儿更认真观察实验现象,并把抽象的信息通过具体的形式记录下来,加深对科学知识的认知,有助于幼儿科学知识体系的构建和科学概念的形成。

二、幼儿科学教育活动的方法

幼儿科学教育活动不同于一般领域教育活动,所采用的方法要符合幼儿科学探究过程的特征,幼儿才能理解和接受科学知识,达到科学教育活动的目标。具体方法详见表5-5。

表5-5 幼儿科学教育活动的方法分析

具体方法	简述要点	种类
观察法	观察法是幼儿科学教育活动的最基本方法,主要是指教师有目的、有计划地组织和启发幼儿运用多种感官,去感知客观世界中的事物和现象,提高幼儿感官的综合活动能力,也培养了幼儿探索周围环境的习惯,为发展幼儿的抽象思维能力,形成概念提供丰富的感性经验。	主要有物体观察、现象观察、户外观察、长期系统性观察、比较观察等。
科学实验	科学实验是由教师创设条件,利用一定的仪器或设备,通过操纵变量来观察相应的现象和变化的方法。它可以排除干扰因素,揭示事物的因果关系,培养幼儿对科学的兴趣和求知欲望。实验的内容包括:物理实验、化学实验、植物实验、动物实验等。	主要有教师演示实验和幼儿操作实验。
劳动	这里的劳动是指和科学教育相关的劳动,是实践操作活动的一种。通过劳动可以激发幼儿热爱科学的兴趣与情感,培养幼儿手脑并用的能力。	植物栽培活动、动物饲养活动等。

三、幼儿科学教育活动的途径

（一）集体的科学教育活动

指教师根据幼儿科学教育活动的目标,有计划、有目的地选择课题内容,提供相应的材料,面向全体幼儿开展的科学探索活动。

（二）区角中的科学教育活动

指教师设置一定的教育环境,让幼儿通过自主选择和操作来进行的学习活动。

（三）多领域教育活动中渗透的科学教育活动

幼儿科学教育活动往往还和其他领域活动相互融合渗透。例如：语言领域中的故事就包含很多科学原理及科学知识，艺术领域中的手工操作也是实现科学教育活动的主要手段和途径等。

（四）生活中的科学教育活动

和幼儿日常生活紧密联系的科学活动主要包括：自然角中观察与照料活动、种植和饲养活动、外出的远足或散步活动、日常的偶发性科学活动，等等。日常生活中的科学教学使幼儿在生活中学习了科学，还能体现出科学在现实生活中的价值。

（五）游戏中的科学教育活动

游戏中的科学教育活动主要指运用自然物质材料和有关的图片、科技玩具等进行带有游戏性质的操作活动，一般属于知识型和智力型游戏，主要有实物游戏、科技玩具游戏、情境游戏等。

考核页

序号	评价项目	评分标准	满分	评价			综合得分
				自评	互评	师评	
1	阅读知识量	1. 对知识的掌握 2. 阅读知识的态度	20				
2	对工作页上任务的理解及完成情况	1. 书写的准确性 2. 完成的态度 3. 完成的内容	60				
3	有效调动和运用知识的能力	有效调动和运用知识的能力	20				

任务五　幼儿科学教育活动的设计与实施指导

学习情境描述

以"生物多样性"为主题，设计一份幼儿科学教育活动方案，并进行模拟展示。

要求：（1）体现幼儿的年龄段特点，制定相应具体活动的三维目标。

（2）教学内容要体现"生物多样性"。

（3）运用的教育方法及实施途径要综合考虑，符合幼儿探究的过程。

（4）模拟开展活动时，注意教师的仪容仪表，要大方得体，语言要清晰流畅。

🎓 学习目标

1. 掌握幼儿科学教育活动设计流程及相应的设计策略，掌握幼儿科学教育活动评价的要点。

2. 能够设计幼儿科学教育活动及完成相应设计方案的撰写，并组织实施活动；能够开展教师间的幼儿科学教育说活动，会撰写说活动设计文稿。

3. 培养语言有效表达的能力、整合思维及全局意识能力、仪态的表现力。

🎈 任务单

任务描述：
幼儿科学教育活动的实施是达成幼儿科学教育活动目标的重要过程，通过引导学生对实际案例进行解析，掌握教学活动的设计与组织技能。主要任务有：一是独立撰写幼儿科学教育活动设计方案；二是独立开展幼儿科学教育活动；三是进行相关内容的说活动设计。
任务要求：
1. 设计的幼儿科学教育活动方案要具体可行、目标适宜、准备充分、过程严谨，能体现幼儿的主体性。 2. 活动要体现教育理念及教育策略，内容要完整，具有可操作性。 3. 模拟开展幼儿科学教育活动时要注意语言表达准确清晰、肢体形态得体及整体的把控。
任务考核：
1. 设计一份完整的幼儿科学教育活动设计方案。 2. 完成一份与活动方案对应的说活动文稿，并进行分享。 3. 根据完成的活动方案模拟开展幼儿科学教育活动。

🎈 工作页

阅读理解任务单，填写完成任务要求： 1. 谈谈自己关于幼儿科学教育活动设计的教育策略。

2. 设计一份以"生物多样性"为主题的幼儿科学教育活动设计方案。（另附页）

3. 完成上题中相应的说活动文稿。（另附页）

4. 把上面设计的幼儿科学教育活动进行模拟展示。

意见与反馈：

信息页

一、幼儿科学教育活动的设计方案解析

表 5-6 幼儿科学教育活动方案解析

科学教育活动设计		设计要点
活动名称	大班科学领域活动"神奇的蛋宝宝"	活动名称中应包含三部分：活动对象年龄阶段、活动领域和具体的活动名称。
设计意图	本次活动是基于幼儿对沉浮现象的已有经验，通过逐渐向烧杯中的淡水加盐的实验操作，引导幼儿探究水的浮力与盐水浓度之间关系的科学实验。让幼儿通过活动体验探索日常生活中普遍而又有趣的科学现象，引导幼儿学会观察、积极思考，培养幼儿团结协作的精神。	阐明活动开展的基础及活动开展的意义。
活动目标	感知科学学科的一般研究方法和步骤，认知盐水浓度和水的浮力之间的关系；能够描述实验过程和结果；培养幼儿主动探索科学奥秘的欲望，学会合作与分享。	以幼儿为主体描述活动三个层次的目标。

续　表

科学教育活动设计		设计要点
活动重点、难点	重点：通过实验认知盐水浓度和水的浮力之间的关系。 　　难点：根据实验记录,能清晰描述实验的过程和结果。	活动重点是整个活动的核心内容;活动难点是活动开展中遇到的幼儿最难理解和掌握的部分。
活动准备	课件,鸡蛋,烧杯,药匙,玻璃棒,食盐,毛巾,盘子,小记录单,大记录单,"死海"视频资料。	为确保活动的顺利开展,为幼儿提供的环境、材料、玩教具、场地等。
活动过程	一、猜想 　　教师活动：教师展示两杯等体积的无色液体,并在烧杯上做了标记："A"和"B"。分别在两杯液体中放入一个质量基本相同的鸡蛋,"A"烧杯里的鸡蛋沉到了烧杯底部,而"B"烧杯里的鸡蛋却悬浮在液体里。 　　幼儿活动：幼儿思考导致两个鸡蛋沉浮情况不一样的原因,能对产生不同实验现象的原因提出不同的猜想。	通过教师和幼儿之间的互动,引导幼儿学习观察、积极思考,给予他们充分发挥想象的空间。
	二、操作 　　教师活动：教师在烧杯"A"(鸡蛋沉在底部的烧杯)中,以一勺的量为单位逐步加入一种白色晶体,并用玻璃棒慢慢搅拌,原本沉在烧杯底部的鸡蛋可慢慢浮起。 　　幼儿活动：幼儿通过看一看、闻一闻、尝一尝的方法,辨别白色晶体是食盐。	鼓励幼儿调动多种感官参与探究过程,进行积极有效的提问。引导幼儿观察、感知和思考事物变化的过程。
	三、验证 　　教师活动：引导幼儿三人一组进行分组实验,一号同学负责把鸡蛋放入装有水的烧杯中,并用玻璃棒不断搅拌,二号同学负责往烧杯的水中逐勺加入食盐,三号同学负责记录每加入一勺食盐溶液中鸡蛋沉浮的变化。 　　幼儿活动：幼儿分工协作完成实验,并将结果用符号记录在实验记录表上,加入的食盐量用阿拉伯数字表示,用"↓"符号代表"沉",用"↑"符号代表"浮"。	引导和鼓励幼儿积极参与小组实验和讨论,培养幼儿团结协作的精神。
	四、讨论 　　教师活动：教师引导幼儿有层次地提问,交流实验结果,并通过课件了解我们生活中浮力的应用,鼓励幼儿说一说为什么加了食盐的水能让鸡蛋浮起来。 　　幼儿活动：根据实验记录,说说等量的水中加几勺盐鸡蛋能浮起。讨论鸡蛋放在淡水和盐水中的不同沉浮现象。	帮助幼儿主动获取科学经验,养成实事求是的科学态度,培养探究科学的精神。鼓励幼儿去发现生活中类似的有趣现象,并尝试动手操作。
活动延伸	请幼儿回家把在生活中发现的沉浮现象与爸爸妈妈进行交流,并用自己的方式记录下来。	活动延伸是课堂教学的延续,达成家园共育。

续　表

科学教育活动设计		设计要点
活动反思	这次科学活动内容的选择符合大班幼儿的认知水平,贴近生活而又具有一定的挑战性、趣味性,能激发幼儿的探究兴趣。活动充分展现了以幼儿为主体、以教师为主导的共同实验探究、共同学习收获的过程,幼儿参与活动的积极性很高。在今后的活动中,我们将不断积累经验、改进提升,培养幼儿多方面的能力。	总结本次活动中的经验和不足,为以后开展有效活动提供参考。

二、幼儿科学教育活动的评价

表 5-7　幼儿科学教育活动评价详解

项目	具体评价解析
活动目标	1. 评价活动目标是否基于幼儿各年龄段的身心发展特点。 2. 评价活动目标与本班幼儿的实际是否相适应。 3. 评价活动目标是否包含三个维度:认知目标、技能目标和情感目标。
活动材料	1. 活动材料是否准备充分,是否符合幼儿的经验水平,能否激发幼儿的兴趣? 2. 活动材料的可操作性如何? 能否引发幼儿的注意?
活动方法	1. 活动方法要体现以幼儿为主体。 2. 适当应用多媒体手段,开拓幼儿的视野,激发幼儿活动的兴趣。 3. 活动方法要因时因地,选择适合幼儿年龄特点且易于实施开展。
活动内容	1. 活动内容的选择是否与活动目标一致? 2. 活动内容是否科学准确、与时俱进? 3. 活动时间和难度是否符合幼儿年龄特点? 是否贴近幼儿的最近发展区?
活动过程	1. 活动过程是否紧紧围绕活动目标开展? 2. 活动过程是否采用了多样的组织形式? 集体活动和个别活动能否相结合? 3. 活动过程是否考虑幼儿的个体差异? 能否因材施教? 4. 活动过程是否提供幼儿相互合作交流、分享和讨论的环节?
幼儿学习	1. 幼儿能与同伴分析合作并和谐融洽,幼儿在活动过程中放松且愉快。 2. 能应用多种感官去尝试感受材料,概括材料的特征,并进行比较和分类。 3. 对现象的发生和变化进行观察和记录,能从事物的表面现象联系到事物的内在本质,知道因果关系。 4. 能描述自己在探究过程中的观察及发现,并能倾听他人的意见。
教师教育	1. 教师是否在活动前认真带领幼儿认识活动材料,知道其特性和使用方法,并鼓励幼儿在活动中主动使用。 2. 教师在组织活动环节时,应关注幼儿的情感和态度。 3. 教师尊重幼儿的个体差异,平等、耐心地对待每一位幼儿,进行启发引导,但又不过度干预幼儿的探究行为。

考核页

序号	评价项目	评分标准	满分	评价			综合得分
				自评	互评	师评	
1	阅读知识量	1. 对知识的掌握 2. 阅读知识的态度	20				
2	对工作页上任务的理解及完成情况	1. 书写的准确性 2. 完成的态度 3. 完成的内容	60				
3	语言表达能力、整合思维及全局意识、仪态表现力	1. 语言有效表达的能力 2. 整合思维及全局意识 3. 仪态的表现力	20				

思政园地

扫码阅读并思考：作为幼儿教师我们的任务重之又重，因为我们培养的是国家的花朵，是国家的希望。请结合自己的本职工作谈谈如何落实努力将99％提高到99.99％的极致精神，如何在自己的工作岗位上培养工匠精神。

思政园地6

项目总结

本项目通过任务分组的形式，主要介绍了幼儿科学教育活动的内涵、特点和价值，幼儿科学教育活动的目标、内容、方法、途径，通过情境创设明确学习者在幼儿科学教育活动中所需要掌握的基本知识及基本技能，通过案例解析、岗位工作等把理论知识融入现实工作中，加强理论联系实际的能力，全面提升学习者综合职业素养。

项目拓展

1. 收集相关信息资料，总结拓展幼儿科学教育活动的教育内容。
2. 针对幼儿科学教育活动的特点，思考如何结合地方特色资源开展幼儿科学教育活动。

项目七　幼儿数学教育活动的设计与实施

学习目标

知识目标

1. 了解幼儿数学教育活动的内涵、特点、意义。
2. 明确幼儿数学教育活动的目标及内容。
3. 掌握幼儿数学教育活动设计与实施的方法、途径及相关策略。

能力目标

专业能力目标：

1. 能够设计幼儿数学教育活动及完成相应设计方案的撰写。
2. 能够根据设计的方案对幼儿组织实施数学教育活动。
3. 能够开展教师间的说幼儿数学教育活动。

非专业能力目标：

培养理论联系实际的能力，培养逻辑思维能力，培养决策判断能力、创新力，培养举一反三的总结概括能力及组织协调能力。

思政目标

立足本职，树立数学意识，弘扬追求真理、严谨治学的求实精神，以改革创新推动幼教事业的发展。

知识导图

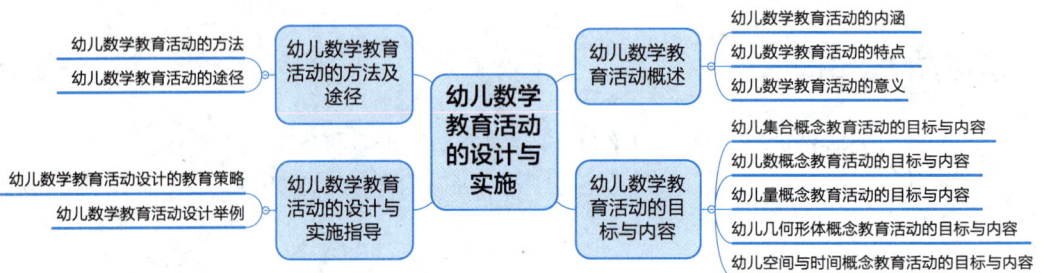

任务一 幼儿数学教育活动概述

学习情境描述

教师设计了小班数学活动"骰子游戏",将数学与骰子游戏结合,根据骰子上的点让幼儿进行点数活动,进而认识 10 以内的数字,理解它们的意义。

思考:分析以上这个活动体现了幼儿数学教育活动哪些特点? 其教育的内涵是什么? 能够体现什么教育意义?

学习目标

1. 理解幼儿数学教育活动的内涵、特点、意义。

2. 能运用所学知识分析、解释一些教学现象;能合理把握幼儿数学教育的尺度,为幼儿数学教育活动提供指导。

3. 培养逻辑思维能力及理论联系实际的能力。

任务单

任务描述:
数学是人们进行科学探究、解决问题的基础工具之一,所以将幼儿数学教育活动纳入科学领域。主要任务是建立起对幼儿学习数学的正确认识,并掌握好幼儿学习数学的合理尺度,进而为现实幼儿数学教育提供指导。
任务要求: 1. 认真完成工作页上的工作内容,书写要清晰、明了。 2. 学会分析问题,解释教育现状时能联系相关理论,语言表达有层次性。
任务考核: 能够合理把握幼儿数学教育的尺度,为幼儿数学教育活动提供指导。

工作页

阅读理解任务单,填写完成任务要求:

1. 幼儿数学教育活动的重点是什么?

2. 幼儿学习数学的一般特征有哪些?对我们开展幼儿教学教育活动有什么启示?

3. 幼儿数学教育活动的意义在日常生活中有哪些表现?

4. 教学案例:小班幼儿数学活动"骰子游戏"。教师将数学学习与骰子游戏结合,让幼儿点数骰子上的点,进而认识 10 以内的数字,并理解它们的意义。
   思考:分析这个活动体现了幼儿数学教育活动的哪些特点?其教育的内涵是什么?能够体现什么教育意义?

5. 请用本小节相关知识点分析界定幼儿数学教育与小学数学教育的区别,及如何避免幼儿数学教育小学化倾向的问题。

意见与反馈:

信息页

一、幼儿数学教育活动的内涵

　　幼儿数学教育活动是依据幼儿数学教育目标,在教师的指导下,帮助幼儿积累有关数学的感性经验,建构初步的数学概念,学习简单的数学方法与技能,形成数学能力,发展数学思维的过程。

　　幼儿学习数学不同于成人学习数学,幼儿需从日常生活的感性经验中学习数学,幼儿数学教育活动的重点在于培养幼儿的好奇心、探究欲、学习习惯和良好的个性品质的形成。

二、幼儿学习数学活动的特点

　　数学是一种高度抽象的逻辑知识,是一种普遍的符号语言。皮亚杰称数理逻辑知识为反省的抽象,这种抽象所依赖的是作用于物体的一系列动作之间的协调,以及对这种动作协调的抽象[①]。例如:幼儿在掌握说出总数的能力之前,一定是掌握了"点"的动作和"数"的动作,并且达到了动作之间的协调。可见,幼儿学习数学具有一定的过渡性质,具体表现在以下四个方面。

　　(一)幼儿学习数学从动作开始

　　幼儿在开始学习数学时,最初一定是通过动作进行学习的。正如皮亚杰所述,幼儿在完成某项任务时经常伴有外显动作。幼儿最初学习数数时通常要用手来点数实物,当动作逐步内化,才能不依靠动作而在心中默数进行计数。可见"抽象的思维起源于动作",因此,教师应该根据幼儿的特点,多为幼儿提供动手操作的机会。

　　(二)幼儿学习数学知识要建立在多样化的经验与体验基础上

　　幼儿要把数学知识变成抽象的数学概念,需基于大量具体经验和体验的积累。这种积累越多,他们对数学概念的理解就越具有概括性。例如:在认识数字 3 时,让幼儿接触或是感知各种各样可以用 3 来表示的物体,而且知道凡是数量是 3 的物体,无论它们怎么排列、摆放都是 3;在建立图形守恒概念时,让幼儿摆弄、拆分图形,当这些经验和体验积累到一定量时,幼儿才能对抽象的意义有所了解。由此可见,教师在开展幼儿数学抽象概念学习活动之前,一定要先帮助幼儿积累大量的相关经验和体验。

　　(三)幼儿数学知识的巩固要依赖于练习和应用

　　幼儿掌握数学知识是一个持续不断的过程,是通过尝试、试验获得新知的过程。幼儿习得的经验要不断被应用于现实世界,这样才能巩固和加深对这些抽象知识的理解和再造。因此,教师要注意将数学知识应用于日常生活中,并引导幼儿持续使用和练习,加深理解,并在此基础上习得新知识。

　　(四)幼儿学习数学需要借助符号语言

　　幼儿学习数学最终要从具体事物中摆脱出来,形成抽象的符号语言。教师在引导幼儿学习数学时要借助"标记",进而训练幼儿对抽象符号的理解与使用,培养幼儿的抽象思

[①] 皮亚杰. 皮亚杰教育论著选[M]. 卢濬,选译. 北京:人民教育出版社,2015.

维。此外,语言在幼儿学习数学过程中也很重要,语言有助于帮助幼儿将动作内化,并快速理解和加深对符号的学习。

三、幼儿数学教育活动的意义

幼儿数学教育活动是科学领域中的一个分支内容,是幼儿五大领域教育中不可缺少的内容,可以促进幼儿身心全面、协调发展,也为日后其他领域的学习打下坚实基础。幼儿数学教育的意义有以下四点:

（一）有助于幼儿对日常生活和周围世界的正确认识

数学是一门基础学科,幼儿的日常生活充满了数学,如,玩具中有不同的形状;幼儿的手指有长短、粗细等。同时,幼儿还会在生活中接触到集合、分类、排序等数学概念。幼儿通过学习数学,逻辑思维逐渐形成。

（二）有助于培养幼儿的好奇心和求知欲

幼儿数学本就源于生活,幼儿在生活中通过观察和动手操作,调动和运用各种感官体验,验证抽象的数学概念与原理,并获得新知识。例如:幼儿通过自己探索可以找到去幼儿园教室最短的路线,老师可以引导幼儿总结出"两点之间直线最短"的数学原理,再通过测量等活动,巩固幼儿对这一数学原理的认识。这样的活动有利于激发他们的好奇心和求知欲。

（三）有助于培养幼儿良好的思维品格的形成

幼儿数学教育活动的目的不是要求幼儿掌握多少数学知识结构,而是要让幼儿获得一种数学的思维方式,体验数学在生活中的应用,能够用抽象的方法解决生活中的具体问题,促进幼儿良好个性品质的形成。

（四）有助于幼儿做好幼小衔接准备

学前教育与小学教育是相邻的两个教育阶段,它们既有联系,又有区别。在学前期积累一些数学经验,有利于幼儿快速跟上小学阶段的数学学习。从心理上讲,也有利于幼儿迅速适应小学的学习环境。可见,做好学前期的数学启蒙是很重要的。

考核页

序号	评价项目	评分标准	满分	评价			综合得分
				自评	互评	师评	
1	阅读知识量	1. 对知识的掌握 2. 阅读知识的态度	20				
2	对工作页上任务的理解及完成情况	1. 书写的准确性 2. 完成的态度 3. 完成的内容	60				
3	逻辑思考能力及理论联系实际的能力	1. 逻辑思考的能力 2. 理论联系实际的能力	20				

任务二　幼儿数学教育活动的目标与内容

学习情境描述

　　游戏是幼儿期最基本、最主要的活动,也是最有效的教学方法,幼儿可以在游戏中体验抽象的数学知识,也可以通过游戏来学习数学知识,请结合幼儿数学教育活动的目标与相关内容,结合幼儿年龄特点,创编1～2个幼儿数学小游戏。

　　要求:创编的小游戏要符合幼儿的年龄特点、要能突出所学的数学知识。

学习目标

　　1. 掌握幼儿数学教育活动的内容,及每个教育内容的总目标、年龄阶段目标、具体目标。

　　2. 能根据不同的目标选择适宜的具体教育内容实施教学活动,能够创编适宜的数学游戏。

　　3. 培养决策判断能力及创新能力。

任务二（1）　幼儿集合概念教育活动的目标与内容

任务单 1

任务描述:
幼儿集合概念教育是开展数学教育的基础,它贯穿于学前期数学教育的全过程。本小节主要任务有两个:一个是绘制一份不同年龄幼儿数学教育活动的阶段目标及与之对应的内容的思维导图;另一个是用相关知识解释判断一些教育现象。
任务要求: 1. 绘制的思维导图节点要清晰、明了,有逻辑性。   2. 解释判断习题时要有理论支撑。
任务考核: 1. 绘制一份不同年龄幼儿数学教育活动的阶段目标及与之对应的内容的思维导图。   2. 能够用所学知识解释判断一些现实活动。

工作页 1

阅读理解任务单,填写完成任务要求:

1. 集合的概念及幼儿学习集合概念的意义是什么?

2. 幼儿学习集合概念的阶段特点有哪些?(用图表的形式进行总结)

3. 幼儿学习集合概念的总目标和阶段目标分别是什么?

4. 幼儿学习集合概念的内容有哪些?具体的要求又有哪些?

5. 绘制一份不同年龄幼儿学习集合概念的目标及与之对应的内容的思维导图。(另附页)

6. 在一次户外活动分组过程中教师引导幼儿采用"穿白色上衣、黑色球鞋的分一组,穿花色上衣、黑色裤子的分一组,其余分一组"的策略,请分析这个策略体现了集合与分类的哪个具体内容,并分析、判断其属于哪个年龄班。

意见与反馈:

信息页 1

一、集合及集合元素的概念

集合是具有某种相同属性的事物的合称。集合的关键是相同属性,相同属性可以是名称,也可以是某一特性。元素是组成集合的每一个对象,或者是构成。

二、集合概念教育活动的意义

集合是现代数学的一个最基本的概念,是幼儿学习数学概念及加减运算的基础,它应贯穿于幼儿数学教育活动全过程。具体表现在:集合与集合中的元素的认识是掌握"1"和"许多"关系的基础;集合"一一对应"的表示方法的学习是感知对应的形式,为幼儿学习认数、学算,理解对应法则打下基础;集合的相同属性学习具体包括"求同""分类""配对"是理解现代数学思想、发展逻辑思维的前提条件;集合的包含关系、相等关系的学习,包括"交集""补集""子集"等内容是为学习数的运算做准备。可见,幼儿集合概念的学习是幼儿学习计数、数概念的前提,也是学习数学知识的开端。

三、幼儿集合概念发展的阶段及其特点

幼儿集合概念的发生、发展经历的是一个从泛化笼统到精确的过程。具体表现为:

(一)对集合笼统知觉阶段

2—3岁幼儿对集合的感知是没有明显集合界限的,国内外一些研究表明这个阶段的幼儿倾向于要"多"的玩具,或用"多多""好多"表示,看不到集合的范围和界限,并且也不能精确地意识到元素的数量。比如:幼儿在玩一组物体时,成人在他们不注意的情况下拿走几件,幼儿察觉不到。

(二)感知有限集合的界限阶段

3—4岁幼儿已经能够逐步感知集合的界限,所摆元素能逐步达到准确的一一对应。这个阶段是幼儿对应能力迅速发展阶段,并且他们具有了简单的分类能力。但这个阶段的幼儿只能进行初步和简单的分类活动,主要是按物体明显外部特征如形状、大小、长短或是颜色进行分类,此阶段是幼儿建立事物属性特征及简单类概念的关键时期。

(三)感知集合元素的阶段

4—5岁幼儿已经能准确地感知集合及元素,能准确地对不同集合间元素进行一一对应的摆放,分类的能力有所提高。此阶段的幼儿可以按物体的用途或数量等特征做分类,并且可以按物体的两个或以上特征进行分类,例如:香蕉、葡萄、桃子是水果等。此阶段是幼儿建立二级类概念及初步理解集合和子集的包含关系的关键时期。

(四)感知集合包含关系的阶段

5—6岁幼儿对集合的理解进一步提高和扩展,能理解集合的不同特征,能从多角度认识理解集合,能将事物按两个及以上特征进行分类,能正确做出层级分类,例如:香蕉、葡萄、桃子和蔬菜、树木等是植物。此阶段是幼儿建立一级类概念的关键时期。同时,他们也能较好地理解集合和子集的包含关系,可以理解数的组成和加减运算中数群和子群的关系,为学习数的组成和加减运算打下基础。

四、幼儿集合概念教育活动的总要求及年龄阶段目标

学习集合概念是幼儿学习数学的开端,集合概念的教育活动要贴近幼儿的生活,此内容的教育总要求是让幼儿初步感知生活中的数学,要感知数学的有用和有趣,并且能发现生活中许多问题都可以用数学的方法来解决,体验解决问题的乐趣。总体上可以从以下几个方面做要求:

第一,体验事物的共同属性。让幼儿在生活中体验学习事物的属性特性,建立初步的类概念,同时也体会生活中的数学。

第二,初步形成集合概念,积累二级类概念认知经验,并能体会按物体不同特征感知集合的概念,发展概括和归纳的能力。

第三,对集合元素进行比较,体验集合与子集的关系。主要包括对"1"和"许多"的理解,对集合间元素多、少、一样多的判断,以及对集合与集合间的"并集""交集""差集"的感性认知。

根据教育的总要求及幼儿学习集合概念的阶段特点可以制定幼儿学习集合概念的阶段目标:

表6－1　幼儿学习集合概念教育活动的总要求及年龄阶段目标

教育总要求	小班	中班	大班
体验事物的属性特征	体验事物具体属性特征,积累事物共同属性特征的感性经验。	能够体验事物的共同属性特征,建立概括和归纳总结的能力。	能够总结不同事物属性特征的共性,并能建立起层级从属关系。
建立集合概念	初步建立集合概念,可以根据事物的外部特征做简单集合。	体验二级类概念,并能根据事物两个或两个以上属性特征做集合和排列。	体验一级类概念,并能对集合做层级分类。
对集合元素进行比较和体验集合与子集的关系	体验和感知"1"和"许多",学会用一一对应的方法。初步感知两个集合元素的多、少和一样多的涵义。	体验类和子类的关系,能按类观念,用一一对应的方法做等价集合。	理解集合与子集的等量关系,形成数量守恒观念,并能用一一对应的方法做集合的比较。

五、集合概念教育活动的具体内容

幼儿集合概念教育活动的具体内容主要有以下三个活动:

（一）求同活动

求同活动是指幼儿在体验活动中发现并能挑选出具有某种共同属性的物体的活动过程。求同活动可以使幼儿自发形成对各种事物的概念,进而总结出事物的具体属性特征;求同活动可以引导幼儿按物体的属性特征做等价集合;求同活动可以使幼儿体验"1"和"许多"的关系。

求同活动主要有两种形式:

1. 按标记求同

指用某物体或某一属性特征做标准,找出和它一样或具有相同属性特征的物体。

2. 用排除法求同

指挑出所有不属于某集合或不具有某一相同属性特征的物体,以便使该集合的共同属性特征更加突出,即寻找不同。

用排除法求同需要在幼儿掌握按标记求同的基础上进行,难度大于按标记求同,且也是初步建立类概念的主要手段。

（二）分类活动

分类是把相同的或具有某一共同属性特征的物体归在一起。幼儿可以通过分类活动感知、理解集合及其元素,建立类概念,为计数和数概念的学习打下基础,同时,分类活动也能促进幼儿分析、观察、比较、判断等综合思维能力的发展,是幼儿数学教育中的一项重要内容。分类活动中常用的分类形式主要有以下几种:

1. 按物体的名称分类

指把相同名称的物体放在一起,例如:把短袖 T 恤、长袖衬衣等物品放在一起等。

2. 按物体的外部特征分类

指根据物体的颜色、形状、大小等外部明显特征进行的分类。

3. 按物体量的差异性分类

指按物体的长短、粗细、轻重等量上的差异性所进行的分类。

4. 按物体的用途分类

指把具有相同用途的物体归在一起,例如:铅笔、橡皮、尺子等归为一类,因为它们都是文具。

5. 按物体间的联系分类

指把具有某种联系的物体归在一起,例如:钥匙与锁头、医生和听诊器等。

6. 按物体材料性质分类

指把具有相同材质构成的物体归在一起。例如:把积塑材料、塑料袋、雨衣等归为一类,把纸杯、纸盘、纸袋等归在一起。

7. 按物体的数量分类

例如:把动物按两条腿的、四条腿的等进行分类。

8. 按所属的关系分类

例如:把老师和粉笔、工人和电钻、医生和药箱分在一起等。

9. 按时间分类

例如:把夏凉帽子、游泳圈、电风扇分在一起,是属于夏天的;把滑雪板、棉帽子、雪人分在一起,是属于冬天的等。

10. 按空间方位分类

例如:按上面的、下面的、左边的、右边的方位来进行的分类。

11. 按事物的多重角度进行分类

是指引导幼儿对同一事物做不同角度的分类。例如:对小兔子进行分类,除了按小兔子的大小分以外,还可以按小兔子的颜色或者按小兔子的姿势或样貌来进行分类。

12. 按逻辑关系进行分类

例如:按圆形的和非圆形的分类等。

13. 按物体的包含关系进行分类

例如:水果包括香蕉、葡萄、荔枝等,文具包括铅笔、橡皮、尺子等。

此外,还可以按两个或两个以上特征进行分类,例如:今天穿黑色裤子、白色鞋子、短头发的小朋友等。还可以对物体进行层级分类。层级分类直接反映物体类与子类的包含关系,适合在较高年级的幼儿中开展。

（三）配对活动

配对是不经过计数就可以确定数量的简便方法。配对的核心是要掌握一一对应的方法。一一对应是学习计数及数概念的基础,同时也是感知对应形式、理解对应法则的基础,可以帮助幼儿理解现代数学思想,发展逻辑思维。配对活动主要有三种形式:

1. 关系配对

关系配对指根据物体的特征、属性、功能、性质等进行配对。例如:雨伞和雨鞋、手套和袜子、茶壶和茶杯的配对。还可以从其他方面，如：小猫对小鱼、小狗对骨头等进行一一对应配对的训练。关系配对重点是对具有某种关系的具体属性进行配对，要求掌握一一对应的方法。

2. 等价集合配对

做等价集合配对是让幼儿体验集合与集合整体的对应关系，可以帮助幼儿发现集合间等价性，从而进一步抽象出"数"概念。在做等价集合时主要有数量与数量的对应、形状与形状的对应、物体与位置的对应等几种对应方式。

3. 集合间的比较

集合间的比较就是用一一对应的方法，比较两个集合中元素的数量，进而确定两个集合是一样多还是不一样多等内容。集合间的比较活动可以帮助幼儿感知集合中元素及其数量，积累集合与集合关系的感性经验，体会集合与集合的包含关系，也是为学习数概念及数运算做准备。

集合间的比较常用的方法有重叠法和并列法。

重叠法是将一组物体按一定的顺序摆成一排，再将另一组物体逐个一对一地重叠放到前一组物体上面，比较两组物体的多少，理解"一样多"的含义及多些、少些的含义并学会使用这些词汇。

并列法是把一组物体按一定顺序摆成一排，再将另一种物体一对一并排摆放在前一组物体的下方，对两组物体的数量进行比较，体会集合与集合之间的多少。

教师可以根据教学目标及幼儿学习集合概念的阶段特点来选择适宜的教学内容及方式方法组织活动。

考核页 1

序号	评价项目	评分标准	满分	评价			综合得分
				自评	互评	师评	
1	阅读知识量	1. 对知识的掌握 2. 阅读知识的态度	20				
2	对工作页上任务的理解及完成情况	1. 书写的准确性 2. 完成的态度 3. 完成的内容	60				
3	决策判断能力及逻辑思维能力	1. 决策判断能力 2. 逻辑思维能力	20				

任务二(2)　幼儿数概念教育活动的目标与内容

任务单

任务描述：

　　数概念是数学中的基础知识，也是幼儿积累数学的感性经验时首先遇到的问题之一。幼儿掌握数概念是一个比较复杂的过程，要经历感知物体、产生数的表象、最后形成抽象数概念的复杂智力活动过程。本小节要求完成两个小任务：一是找到幼儿学习数概念的阶段特点、幼儿学习数概念的具体内容及要求、幼儿学习数概念的阶段目标三个相关性的内容之间的连接点，用思维导图的形式呈现出来；二是针对幼儿学习数概念的目标及内容创编两个小游戏。

任务要求：

1. 绘制的思维导图要体现层次性及关联性、逻辑性。
2. 创编的小游戏要体现相应的教学内容，并且能够实现教学目标，体现创新思维。

任务考核：

1. 绘制与幼儿学习数概念的阶段特点、幼儿学习数概念的具体内容及要求、幼儿学习数概念的阶段目标等相关联的思维导图。
2. 针对幼儿学习数概念的目标及内容创编两个小游戏。（具体目标和内容自选）

工作页

阅读理解任务单，填写完成任务要求：

1. 幼儿学习数概念的特点有哪些？

2. 幼儿学习数概念的具体内容有哪些？　与之对应的具体要求有哪些？

3. 总结幼儿学习数概念的阶段性目标。

4. 请把以上三个小任务找到相关联的点，用思维导图的形式呈现出来。

5. 结合自己的认知，针对幼儿学习数概念的一些特点，提出一些相应的教育策略。

6. 根据具体的教育目标及内容，创编一两个相应的小游戏（形式不限）。

意见与反馈：

信息页 2

一、幼儿学习数概念的特点

幼儿学习数概念的阶段特点主要从以下几个方面来体现：

（一）幼儿认识基数的特点

基数是用于表述事物个数的自然数。如：0、1、2、3 等。幼儿学习基数要经历四个阶段。

1. 唱数（2—3 岁）

这个阶段的幼儿学习计数就像唱歌一样，没有数与量的关系感知。对数字大多数是像背儿歌一样，带有顺口溜的性质，没有形成数词与相应实物一一对应的联系，更不理解数的真实意义。可见，这个阶段的幼儿学习计数是掌握数的顺序关键期，而非数量观念习得的关键期。

2. 点数（3—4 岁）

点数是指幼儿用手指一个一个地按着物体来进行的数数。点数是幼儿开始接触数与量的初级阶段，主要分两个时期，一个是手口不一致的点数，一个是手口一致的点数。这个阶段的幼儿在前期点数时，一般表现为要么手点得快口说得慢，要么就是口说得快手点得慢，经常漏数或重复数。原因在于幼儿没有建立起数与量的对应关系，没有掌握一一对应的方法，或是幼儿的手眼协调不够灵活、口头数数还不熟练等。在幼儿掌握了一一对应的方法及按物点数的数目与口头数数的数目范围基本趋于一致后，就可以达到后期手口一致的点数。可见，这个阶段是幼儿掌握一一对应方法及手口一致点数的关键时期。

3. 说出总数（4 岁以后）

幼儿学会点数并说出物体的总数需要经历一个发展的过程。说出总数意味着幼儿基本了解了数的实际含义,已经到了掌握基数基本概念的时期。此阶段,重点是帮助幼儿熟练运用一一对应方法掌握正确的数序,每个元素点数一次,点数结束后,引导幼儿用点数时说到的最后一个数字来命名这个集合的总数。可见,这个阶段是帮助幼儿建立数概念、理解数与量对应关系的关键时期。

4. 按数取物(5 岁以后)

按数取物是对数概念的实际运用,按数取物首先要求幼儿能记住所要求取物的数量,再按数目取出相应实物。按数取物是检验幼儿掌握基数概念的主要形式,同时也是巩固基数概念的主要方法。

此外,幼儿在学习基数概念时从动作的角度分析主要是从外显到内隐的过程,主要表现在先开始于动作,比如手口一致的点数,之后才会发展到目测的点数。

(二)幼儿认识 10 以内序数的特点

序数是表示物体的次序或是位置的自然数,通过用"第几"来表示。幼儿学习序数概念是建立在点数、基数概念基础上的,也会体现出阶段性特征,具体如下:3 岁幼儿一般都没有序数的概念,常常不能区分基数与序数。此阶段重点是帮助幼儿积累手口一致点数的经验,为学习序数打下基础。4 岁后,随着幼儿对基数概念的理解与掌握,关于序数的概念也逐渐发展,但是很容易和基数混淆,必须依次点数,才能获得序数概念。有时因为位置的移动又会出现错误的情况,可见这个阶段的幼儿并未真正掌握序数概念的核心思想。此阶段教育重点是帮助幼儿累积序数概念的感性经验。幼儿 5 岁左右才能较好地理解和掌握序数的含义。此阶段的教育重点是帮助幼儿理解数序并能较好地掌握序数概念。

(三)幼儿认识 10 以内数的分合、加减的特点

幼儿对数的分合、数的加减理解要比对基数和序数的理解晚一些。因为要理解数的分合、加减要有初步的数概念,并且要有一定的分析、综合和比较的能力。幼儿学习 10 以内数的分合及加减主要体现为三个阶段特点。

1. 幼儿认识数的分合、加减完全借助实际情景和操作活动

这个阶段的幼儿在进行数字运算时完全要借助实际情景或是操作活动来完成,还没有把注意力集中在数字本身。主要表现在需要用手指从头数一遍。比如:在进行 4 加 2 的操作活动时,幼儿一定是要准备 4 个实物,再拿来 2 个实物之后,从 1 开始点数一遍,最后得出共有 6 个实物这个结果。

2. 幼儿认识数的分合、加减时注意力从实物转换到数字本身阶段

这个阶段的幼儿在学习数的分合加减时,可以把注意力从实物转移到数字本身了,主要体现在两个水平上。一个是在进行加法运算时,进行第二个加数接数时需要很快地接数一遍前一个加数,幼儿已经意识到前一个加数是他所熟悉的数字,但是还是需要快速地数一遍。另外,幼儿在进行加法运算时还做不到把两个加数随意调换位置。比如,在计算 2 加 8 时,只能从 2 接数 8,而不能把 2 和 8 调换,在 8 的基础上接数 2。另一个水平是幼儿接数时不用重复数前一个加数了,可以做到真正的接数。幼儿进行运算时也可以做到将加数前后灵活调换了。

3. 幼儿在进行数的分合、加减时可以运用数学组合知识或口诀运算

数学组合知识和口诀运算是指两个相同数相加的得数或有关 10 的组合知识。例如：对相同数的相加，5 加 5、6 加 6 等的计算，幼儿可以快速地不通过点数得出答案。可见，这个阶段的幼儿关于数概念的认知快速发展，并且可以运用一些数学策略来解决问题。

（四）幼儿学习数学符号的特点

符号通常是指任何可以用来代表其他事物的东西，如一种标记、图案、图画、声音或物体等。数学符号也是符号的一种，是专门用来表示数学概念、数学关系的符号和记号。数学符号的学习对幼儿来说是一个难点，幼儿需要把平时感知的经验与抽象的符号连接起来，幼儿学习数符号通常可以分为以下三个阶段。

1. 数学符号的阅读期

幼儿对数学符号的阅读开始于日常生活中的经验积累。比如：电梯里显示的楼层指示标记、汽车的车牌、餐馆里的价格表、温度计显示的体温等。此阶段，要让幼儿充分接触、阅读数学符号，积累充足的感性经验，为下一个阶段数学学习打下基础。

2. 用数字表征一定的量

周欣在《儿童数概念的早期发展》[①]一书中，将幼儿学习用数字表征一定的量分为四个阶段，见表 6-2。

表 6-2　幼儿用数字表征量发展阶段

表现水平	定义	实例
第一阶段	随意性反应（在纸上写出的是与数量没有关系的符号）	如：涂鸦、画画或想象中的文字
第二阶段	图像式反应（写下的符号反映了数量，同时也反映了实物的特征）	如：实物的形状、颜色或者大小等
第三阶段	图符式反应（符号只反映了数量，但不反映物体的其他特征）	如：画竖向、数点等
第四阶段	符号式反应（规范的阿拉伯数字表征反应方式）	如：1,2,3……

3. 对符号性数学表达式的理解与表征

幼儿掌握了用数字来表达一定的量之后，逐步进入对数学表达式的理解阶段，经过引导幼儿可以完全理解 2 个加上 3 个等于 5 个这样数学表达式所代表的意义，但要求幼儿把理解的表达式表征出来，就是表达式的书写，难度增加。可见，幼儿对数学表达式的理解属于输入层面，而把理解的表达式表征出来属于输出层面，后者对幼儿来说难度较大。

二、幼儿数概念教育活动的总要求及具体内容

根据《纲要》《指南》的相应要求，幼儿初步掌握数概念教育的具体内容主要有：

（一）认识基数

1. 计数方面：要求幼儿能够熟练掌握 10 以内自然数的计数方法，包括手口一致地点

---

① 周欣. 儿童数概念的早期发展[M]. 上海：华东师范大学出版社，2004.

数物体,能正确说出物体总数及按数取物。

2. 数序方面:掌握 10 以内数的顺序,可以正着数,也可以倒着数。

3. 数词运用方面:积累数与量对应关系的感性经验,会表示简单的数量关系,会运用数词。

4. 数关系方面:理解 10 以内相邻数的数差关系,并能区别单数与双数。

(二)认识序数及数序

1. 理解序数的含义并能正确运用序数词来表示物体的位置。

2. 能从不同方向确定物体的排列顺序。

3. 可以正确区分序数与基数,并能进行转换。

(三)认识 10 以内自然数的分合、加减

1. 积累有关分合经验,理解数的组成含义。

2. 初步体验加减法的含义,并能用数学知识解决日常生活常见问题。

(四)关于数符号教育内容

1. 认读阿拉伯数字。

2. 能够建立数字与量的对应关系,并能用数字符号加以表示。

3. 可以理解数学表达式,并能对数学表达式进行表征。

三、幼儿数概念教育活动的年龄阶段目标

根据幼儿数概念教育活动的具体内容及教育要求,结合幼儿阶段性发展特点,分解各年龄班的阶段目标,具体如下。

表 6 - 3　幼儿学习数概念的年龄阶段目标

教育内容与要求	小班	中班	大班
认识基数	1. 进行 20 以内的唱数。 2. 手口一致点数 5 以内物体并能说出总数,也能按数取物。 3. 能够运用 5 以内的数字描述事物和动作。	1. 进行 50 以内的唱数。 2. 手口一致点数 10 以内物体并能说出总数和按数取物。 3. 理解数的顺序。 4. 理解数与数之间的关系,理解相邻数的含义。 5. 能正确使用数词表述。	1. 进行 100 以内的唱数。 2. 学习运用接数计数、按数群计数、目测数群等多种方法计数。 3. 可以对基数进行正数与倒数。 4. 理解单数与双数的含义并会区分。
认识序数		学习 10 以内的序数,能从不同方向指出某一物体在序列中的位置。	区分基数与序数,并尝试两者之间的转换。
数运算		进行 5 以内的分解与组合,体验分解与总和的关系。	1. 理解"加""减"的实际意义。 2. 体验数的多种分合方式。进行 10 以内加减运算。 3. 可以尝试用数的分合加减来解决生活中实际问题。

续　表

教育内容与要求	小班	中班	大班
数符号教育	可以用非正式的方法表述 5 以内的数量。	1. 认读个位阿拉伯数字。 2. 建立数字与量的对应关系并能用数符号加以表示。	1. 理解数学表达式。 2. 可以对数学表达式进行表征。

考核页 2

序号	评价项目	评分标准	满分	评价			综合得分
				自评	互评	师评	
1	阅读知识量	1. 对知识的掌握 2. 阅读知识的态度	20				
2	对工作页上任务的理解及完成情况	1. 书写的准确性 2. 完成的态度 3. 完成的内容	60				
3	逻辑思维能力及创新能力	1. 逻辑思维能力 2. 创新能力	20				

任务二(3)　幼儿量概念教育活动的目标与内容

任务单 3

任务描述：

　　量是指客观世界中物体或现象所具有的可以定性区别或测量的属性。在量概念的教育活动中主要包括学习量的比较、量的测量、量的排序(模式)等内容。本小节主要任务有两个：一是找到幼儿学习量概念的阶段特点、具体内容及要求、阶段目标三个内容之间的连接点，用思维导图的形式呈现出来；二是针对幼儿学习量概念的目标及内容创编两个小游戏。

任务要求：

1. 思维导图要逻辑清晰、节点鲜明、内容完整。
2. 创编的小游戏要能体现教育内容，能够完成教学目标。

任务考核：

1. 绘制与幼儿学习量概念特点、具体内容及要求、阶段目标相关的思维导图。

2. 针对幼儿学习量概念的目标及内容创编两个小游戏。

工作页 3

阅读理解任务单，填写完成任务要求：

1. 幼儿量概念教育活动的内涵及内容是什么？

2. 幼儿学习量概念的特点有哪些？

3. 幼儿学习量概念的总目标及具体要求是什么？

4. 幼儿学习量概念的年龄阶段目标分别是什么？

5. 请找到以上四个小任务之间相关联的点，用思维导图的形式呈现出来。

6. 根据具体的量概念教育目标及内容，创编两个相关的小游戏（形式不限）。

意见与反馈：

信息页 3

一、量概念的内涵

量既可以用来表示测量物体体积的器物,也可以指事物存在和发展的规模、程度、速度等。量分为不连续的量和连续的量两种。不连续的量是表示物体的集合元素多少的量;连续的量是表示物体属性的量,如长度、面积、体积等。量概念的具体内容主要包括量的比较、量的测量、量的排序(模式)等内容。

二、幼儿学习量概念的特点

幼儿在学习量的比较、量的测量、量的排序等量概念内容时,因为年龄特点会呈现出不同的阶段特点。

（一）幼儿学习量的比较的特点

量的比较主要是幼儿通过生活中接触的一些大小、长短、高矮、粗细等各种不同的量,感知量的差异性,并且理解这种差异是相对的。幼儿在学习量的比较时,会因为年龄差异出现阶段性特征,主要表现在以下几个方面。

1. 从明显差异到不明显差异

幼儿学习量的比较是从最明显的差异区分开始的。低年龄的幼儿只能感知最大的或最小的,对差异性较小的量很难做出比较。随着年龄的增长,幼儿开始逐渐注意到差异不太明显的量,能够根据物体量的差异进行数量的正、逆排序,其认识、区别量的精确性也有所提高。

2. 从绝对到相对

幼儿对量的比较最初是一种绝对化的认识,比如,幼儿在比鞋子的大小时,只能考虑到自己的鞋子和同年龄幼儿的鞋子的绝对比较,不能考虑到自己的鞋子再和爸爸的鞋子比较的相对性。只有当幼儿从对两个物体的选择、比较,逐渐过渡到对三个或是更多物体的选择和比较的过程中,他们才开始逐步理解量的相对性。

3. 从视觉判断到量的可逆性

幼儿在开始进行物体量的比较时往往是依赖于视觉的判断。往往是判断数量多的会比较重,数量少的会比较轻。随着年龄的增长,生活知识的丰富,生活经验的积累,幼儿才会逐渐建立起有关量的可逆性。

4. 从不守恒到守恒

幼儿认识事物的量是从不守恒逐步到守恒。例如,当成人把一样多的水分别倒入不同大小的瓶子里来比较水的多少时,幼儿很难做出正确的判断。或者,成人把两根一样长的绳子,一根折成弧形,另一根拉成直线,让幼儿比较长短,幼儿也很难做出判断。可见幼儿在进行量的比较时是从不守恒逐步发展到守恒。

5. 用来描述量的比较的词语从模糊、不精确到逐渐精确

低龄幼儿在描述量的比较时,使用的词语往往是模糊的、不准确的。比如,幼儿往往把长的说成是大的,把短的说成是小的。幼儿对语言、词汇的运用和表达从不精确到逐渐精确的发展特点,启示成人要在幼儿的知觉活动中帮助他们使用准确的词汇,以促进幼儿

形成与某一变量相一致的概念。

（二）幼儿学习测量的特点

测量就是把一个待测定的量与一个标准的同类量进行比较。其中，用来作为计量标准的量叫量单位。幼儿学习测量一般使用自然测量（非标准测量），即利用自然物（小棒、绳子、手掌、脚）而非标准测量物（尺子）作为量具来测量物体的长短、高矮、粗细等。幼儿学习测量时主要经历以下四个阶段。

1. 游戏与模仿阶段

在这个阶段，幼儿学习测量往往是开始于游戏活动或是源于游戏里的某一情景需要，或是模仿成人的行为，这还不是真正意义上的测量活动。

2. 有了比较意识的阶段

随着年龄的增长及生活阅历的增加，幼儿逐渐开始有了测量的意识。比如，在接触水龙头时开始注意哪边是热水，哪边是冷水。对事物开始有了"掂一掂，量一量"的意识，这个阶段重点要进行通过运用各种感官（目测、触摸）对物体的大小、轻重、长短和冷热进行感知比较的训练。

3. 使用多种单位进行测量的阶段

到了这个阶段，幼儿最明显的表现是喜欢用多种自然工具进行测量，所谓的自然工具包括自己的手、脚、绳、小棍、纸条等。幼儿在自然测量过程中从最初关注用什么来测量（工具），逐步发展到关注用多少个测量个数（单位）来测量，进而渗透正比例和反比例关系的数学知识。

4. 使用标准工具进行测量的阶段

当幼儿使用自然工具进行测量可以达到比较准确的程度时，同时随着日常生活阅历的增加，他们逐渐开始意识到使用标准工具进行测量的必要性。比如，在生活中发现买东西时要用公平秤进行测量、量身高时要用标准尺子才会被认可等等。在这个阶段可以引导幼儿认识和使用各种标准的测量工具。

（三）幼儿学习量的排序的特点

量的排序是将两个以上的物体按照某种特征的差异或一定的规则排序，有时也称为模式。模式大体上可以分为重复性模式和发展性模式。重复性模式是指重复出现某种相同规律，如高矮高矮等；发展性模式是按照某种规律发展性的重复，如高矮高矮矮高矮矮矮等。模式的表现载体可以是视觉的，如图片；可以是动觉的，如动作上的重复，如拍拍头、拍拍肩等；也可以是听觉的，常见的有带有节奏规律的音乐等。幼儿在学习模式时一般要经历六个发展阶段。

第一阶段：模式识别（辨别出模式单元有哪些组成元素，和模式各单元之间的相互关系是怎样的）；

第二阶段：模式复制（复制出与原有模式具有相同结构的模式）；

第三阶段：模式填充或扩展（在模式识别基础上的对模式发展或变化的预测）；

第四阶段：模式创造（对模式结构的新的学习和反应，能自己创造出一种模式结构或序列）；

第五阶段：模式转换（把握住模式结构的本质要素，用不同的表现形式表征同一模式）；

第六阶段：模式描述（使用标准符号、图形等数学语言来表述和表征模式，对模式结构进行确切的概括和更高程度的抽象性表达）。

成人要针对幼儿所处的不同阶段有的放矢地实施有效干预,会有事半功倍的效果。

三、幼儿量概念教育活动的总要求及具体内容

根据《指南》的具体要求,幼儿量概念的教育活动的总要求及具体内容可以分解为以下三个方面。

1. 量的比较

引导幼儿感知和理解事物量的特征,并能熟练运用量的词汇进行描述;引导幼儿通过量的多次比较,逐渐理解量的相对性;结合日常生活,通过有效干预帮助幼儿理解量的守恒及传递性。

2. 量的测量

引导幼儿大量尝试使用自然工具进行测量;认识标准工具并能掌握使用标准工具进行测量的方法;理解测量单位与测量结果之间的关系,建立计量单位的概念,通过有效干预,从而理解正比例与反比例的关系。

3. 量的排序

要求幼儿可以感知模式及由此产生的美;积累模式经验,能认出并延续、复制、填充模式,形成次序概念;掌握模式创造及表征的方法。能自主发现一定的模式,能关注物体之间的关系,能实现模式不同载体的转化,并能用符号准确描述模式。

四、幼儿量概念教育活动的阶段目标

针对幼儿学习量概念的阶段特点,结合教育活动的总要求及具体内容,分解不同年龄班的阶段目标,具体如下。

表 6-4 幼儿学习量概念的年龄阶段目标

教育内容 与要求	小班	中班	大班
量的比较	1. 能感知物体的"大小""多少""长短"等连续量的含义并能进行简单比较。 2. 会使用简单的量词描述物体。	1. 能感知物体"粗细""厚薄""轻重"等连续量的含义并能进行相关的比较。 2. 能使用准确的量词描述物体。 3. 在比较中初步感知量的相对性。 4. 能从不同物体中找出等量的物体,初步感知量的守恒性。	1. 理解量的相对性。 2. 学会量的守恒性,知道在物体的外形、摆放位置等发生变化时,其量不变。
量的测量		1. 初步感知用自然测量工具对物体进行测量,并能掌握一定正确的方法进行测量。	1. 理解使用标准工具对物体进行测量的意义,并掌握一些正确的方法进行测量。 2. 理解测量单位与测量结果之间的关系,建立计量单位的概念。 3. 初步感知正比例与反比例的关系。

续　表

教育内容与要求	小班	中班	大班
量的排序	1. 能够发现规律，按照一定模式进行简单的复制。 2. 发现生活中的规律，并能感受其中的美。	1. 能按物体量的差异，进行正、逆排序。 2. 能对模式进行延续和填充，形成次序概念。	1. 发现事物间的排列规律，并尝试创造新的排列规律。 2. 可以实现模式在不同载体间转化。比如，图片的模式可以用声音来表示等。 3. 能用符号来描述模式。比如，ABAB，ABABB，1212，123123等。

考核页 3

序号	评价项目	评分标准	满分	评价			综合得分
				自评	互评	师评	
1	阅读知识量	1. 对知识的掌握 2. 阅读知识的态度	20				
2	对工作页上任务的理解及完成情况	1. 书写的准确性 2. 完成的态度 3. 完成的内容	60				
3	创新能力及逻辑思维能力	1. 创新能力 2. 逻辑思维能力	20				

任务二(4)　幼儿几何形体概念教育活动的目标与内容

任务单 4

任务描述：

　　几何图形一般也称几何形体，是对客观物体形状的抽象和概括，具有普遍性和典型性。在几何形体概念教育活动中主要包括幼儿对几何形体的认知及学习图形组合知识等内容。本小节的任务有两个，一是把幼儿学习几何形体概念教育的特点、具体内容及要求、阶段目标三个内容结合起来，找到连接点，用思维导图的形式呈现出来；二是针对幼儿几何形体概念教育活动的目标及内容创编两个小游戏。

任务要求：

1. 思维导图要求逻辑清晰、节点鲜明、内容完整。
2. 创编的小游戏要能体现教育内容，能够完成教学目标。

任务考核：

1. 绘制幼儿学习几何形体概念特点、具体内容及要求、阶段目标相关的思维导图。
2. 针对幼儿几何形体概念教育活动的目标及内容创编两个小游戏。

工作页 4

阅读理解任务单，填写完成任务要求：

1. 幼儿几何形体概念教育活动的内涵是什么？

2. 幼儿学习几何形体概念的特点有哪些？

3. 幼儿几何形体概念教育活动的总要求及具体内容有哪些？

4. 幼儿几何形体概念教育活动的阶段目标有哪些？

5. 请为以上四个小任务找到相关联的点，用思维导图的形式呈现出来。

6. 根据具体的几何形体概念教育活动的目标及内容,创编两个相关的小游戏(形式不限)。

意见与反馈:

信息页 4

一、幼儿几何形体概念教育活动的内涵

　　幼儿的几何形体概念教育活动主要包括两个方面:一个是对几何形体的认知,包括平面图形和立体图形的认知,另一个是对几何形体的分解与组合的学习。幼儿学习这些几何形体概念知识具有非常重要的意义,它既能帮助他们对客观世界中形形色色的物体做出辨认和区分,又能发展他们的知觉和空间想象力,逐渐引导幼儿学会利用数学知识找到处理日常生活问题的简单方法。

二、幼儿学习几何形体概念的特点

　　幼儿在学习几何形体知识及几何形体组合知识时,由于年龄的差异会呈现出不同的特点,具体如下:

　　(一)幼儿认知图形的特点

　　幼儿学习图形认知既包括平面图形的认知,又包括立体图形的认知。平面图形是指由同一平面的点、线、面所构成的图形,如圆形、正方形、三角形、长方形、梯形等。立体图形是由空间中非同一平面内点、线、面及其组合而成的图形,如球体、圆柱体、长方体等。幼儿在学习这些数学知识时会出现一些阶段性特征,总结如下:

　　1. 感知图形要经历匹配—指认—命名三个阶段

　　幼儿在进行图形认知学习过程中要经历匹配—指认—命名三个阶段。匹配是指幼儿可以根据提示找到对应图形,是认识这些图形的基础考验。匹配有同位匹配和异位匹配两种形式。同位匹配是指幼儿得到的信息提示与所要求找到的图形在大小、形状上完全一样,可以实现完全重合的效果。异位匹配是指幼儿得到的信息提示在大小上和所找图形不能实现完全重合的匹配。可见,异位匹配的难度明显要大于同位匹配。但幼儿积累了有关图形匹配的感性经验之后就进入了指认图形阶段。指认是指在没有任何信息提示下,幼儿可以对图形进行辨认并指出。幼儿经历了指认阶段后,到了认知图形的最后一个阶段——命名阶段。命名是指幼儿要开口说出这个图形的名称。

　　2. 幼儿对图形的认知从整体笼统的感知到对图形特征的认识

　　幼儿在学习图形特征时总是先从整体上笼统感知图形特征,再到图形个体特征的认识。比如,让小班幼儿说出圆形与三角形的区别,幼儿可能会说圆形不扎手、三角形扎手。

再让中班幼儿说出两者的区别,幼儿可能会说圆形没有棱角、三角形有三个角等。可见,小班的幼儿在认识图形时只是整体笼统的感知,并没有关注到图形本身的角等属性特征,而到了中班,幼儿已经逐渐开始有了对图形本身特征的感知。

3. 幼儿认识图形从典型的样例到多样化的变式

幼儿在认知图形时从另一个角度看主要是从典型的样例认识开始,逐步发展到认识多样化的变式。主要表现在幼儿开始只能认识老师最初出示的典型样例图形,如最初只能辨认正立的三角形,逐渐才能对不同角度的三角形进行辨识,最后达到图形的守恒。

（二）幼儿学习图形组合的特点

几何形体的组合是指把多个图形组合起来,形成一个更大的图形或者形成一个复杂的几何图案。幼儿学习图形组合有利于帮助他们感知和理解图形特征;通过拼图发现图形之间的关系;形成图形以及图形组合过程的心理表征;为学习分数、面积、几何等复杂数学概念打下基础。幼儿图形组合能力的发展大体要经历以下三个阶段。

1. 从尝试错误到通过心理表征来预期图形的组合

开始时期,幼儿的图形组合拼接常常是在不断尝试和纠错中完成的。他们对图形组合的认知完全是一种动作试误,还不具备在头脑中思考图形关系的能力。随着年龄的增长及试误经验的丰富,幼儿逐步形成了图形组合的心理表征,他们开始从心理上预期图形组合的形状特征了,主要表现为能依据已经拼好的部分来寻找备选图形材料。

2. 从根据图形的整体视觉来判断到考虑图形边和角的特征

幼儿在学习图形组合知识时,开始的时候是从图形的整体视觉来判断图形的,之后才开始注意到图形的具体属性特征,认识到所缺图形的具体边和角的特征。但这个阶段的幼儿对图形组合的认知只停留在平面的旋转层面。

3. 从旋转到翻转

幼儿在学习图形组合知识时,从动作角度看,先学会旋转,再学会翻转。当幼儿学会了从不同角度来判断要选择的图形时,说明幼儿已经具备了形状组合的能力,并且向替代组合阶段发展。

三、幼儿几何形体概念教育活动的总要求及具体内容

结合幼儿几何形体概念发展的特点及《指南》中涉及的教育要求,将几何形体概念教育活动的具体内容分解为以下两个部分。

（一）对图形认识的教育

感知物体的形状特征,认识并能命名常见的几何形体（平面的、立体的）;能用准确的语言描述物体特征;理解图形的守恒性。

（二）对图形组合的教育

理解图形之间的简单关系,能够运用图形组合知识自由拼搭或按要求拼搭;能对日常生活中的常见物体进行图形组合与分解,理解其中的组合替代关系;初步感知等分概念。

四、幼儿几何形体概念教育活动的年龄阶段目标

根据幼儿几何形体概念教育活动总要求及具体内容,结合幼儿几何形体概念发展特点,分解各个年龄班的阶段目标,具体如下。

表6-5　幼儿几何形体概念教育活动的年龄阶段目标

教育内容与要求	小班	中班	大班
图形认识教育	1. 能注意物体明显的形状特征,并能用自己的语言进行描述。 2. 能够匹配和指认简单几何形体。	1. 能够发现周围物体的形状特征,并能用准确的语言进行描述。 2. 能够命名简单图形。 3. 认识图形的各种变式,达到图形的守恒。	1. 能识别物体特征,并从周围环境中找出相似物体。 2. 能够命名立体图形,并能理解平面图形与立体图形的联系,如长方体的横截面是长方形等。
图形组合教育	能借助分割线的提示进行简单的图形组合。	1. 不用借助分割线的提示,进行简单图形组合与分解。 2. 能感知物体的形体结构特征,理解图形之间的简单关系,画出或拼搭出该物体的造型。	1. 能运用图形组合知识从周围环境中找到实物与之对应,理解其中的组合替代关系。 2. 感知整体与部分的关系,初步建立等分概念。

考核页4

序号	评价项目	评分标准	满分	评价			综合得分
				自评	互评	师评	
1	阅读知识量	1. 对知识的掌握 2. 阅读知识的态度	20				
2	对工作页上任务的理解及完成情况	1. 书写的准确性 2. 完成的态度 3. 完成的内容	60				
3	逻辑思维能力及创新能力	1. 逻辑思维能力 2. 创新能力	20				

任务二(5)　幼儿空间与时间概念教育活动的目标与内容

任务单5

任务描述:
　　客观世界里的任何物体都存在一定的时空之中,幼儿掌握一定的时空概念对其日后培养良好的时间概念、养成良好的作息习惯、掌握较好的空间概念,进而学会辨别方位等都非常重要。本小节主要任务有两个：一是把幼儿学习空间与时间概念教育的特点、具体内容及要求、阶段目标三个部分结合起来,找到连接点,用思维导图的形式呈现出来；二是针对幼儿空间与时间概念教育活动的目标及内容创编两个小游戏。

任务要求：
1. 思维导图要求逻辑清晰、节点鲜明、内容完整。
2. 创编的小游戏要能体现教育内容,能够完成教学目标。

任务考核：
1. 绘制与幼儿学习空间与时间概念发展特点、具体内容及要求、阶段目标相关的思维导图。
2. 针对幼儿空间与时间概念教育活动的目标及内容创编两个小游戏。

工作页 5

阅读理解任务单,填写完成任务要求：
1. 空间与时间概念的内涵是什么?

2. 幼儿空间与时间概念发展的特点有哪些?

3. 幼儿空间与时间概念教育活动的总目标及具体要求是什么?

4. 幼儿空间与时间概念教育活动的年龄阶段目标分别是什么?

5. 请为以上四个小任务找到相关联的点,用思维导图的形式呈现出来。

6. 根据具体的空间与时间概念教育目标及内容,创编两个相关的小游戏（形式不限）。

意见与反馈：

信息页₅

一、空间与时间概念的内涵

　　空间概念作为一种反映空间特有属性的思维形式,是人们在长期的生活实践中,从空间的许多属性中,抽出特有属性概括而成的。任何客观物体在空间中均占有一定的位置,并且同周围的物体存在着空间上的相互位置关系,这就是物体的空间方位,也称为物体的空间位置。空间方位以上下、前后、左右等空间方位词汇表示。空间方位关系具有相对性、可变性和连续性。

　　时间是物质运动变化过程的持续性和顺序性,任何客观物质都要经过一个持续发展的过程,时间具有流动性、不可逆性、连续性、均匀性、无直观性和相对性。空间和时间是事物之间的一种次序。空间用以描述物体的位形;时间用以描述事件之间的先后顺序。空间与时间构成物质世界整体。

二、幼儿空间与时间概念发展的特点

　　幼儿的空间概念和时间概念的发展,由于年龄的差异,呈现出不同的阶段特点。

　　(一)幼儿空间概念发展的特点

　　1. 先上后下,再前后,最后是左右

　　幼儿对空间方位的认识和判断的难易顺序是:上下—前后—左右,这是由方位本身的复杂程度决定的。上、下位置的区别最为明显,不会因为方向的改变而改变,所以幼儿最先接受。前后、左右的位置都具有方向性、相对性,会随着参照物不同而发生改变,给幼儿造成辨别障碍。前后又要比左右相对容易些,因为前后容易有参照,所以左右对于幼儿来说最难把握,甚至到了大班还很难掌握。

　　2. 从以自我为中心逐渐过渡到以客体为中心

　　辨别空间方位要有一定的参照物,幼儿在辨别空间方位时一般都以自己为参照物,然后逐步过渡到以客体为中心。主要表现在低年龄段的幼儿在辨别空间方位时只能以自我为参照物,他们能说出"我的上面有幅画,这棵树在我的前面"等,中大班的幼儿才开始逐步把客体作为参照物来辨别物体方位,如"那幅画在妈妈的上面,妈妈的后面有纸篓"等。

　　3. 从绝对化逐渐过渡到相对化

　　幼儿开始学空间方位关系时常常把方位概念当作永恒不变的方位来理解,随着年龄的增加,生活经验的丰富,他们逐渐开始理解空间方位概念的相对性、可变性、连续性。如,幼儿意识到:我在桌子的后面,但又在凳子的前面,那我的位置是随着参照物的不同而变化的。可见幼儿在学习空间方位关系的顺序是从绝对化逐渐过渡到相对化。

　　(二)幼儿时间概念发展的特点

　　1. 易受生活实际经验的影响

　　幼儿对时间概念的感知是建立在感性经验的基础上的,如对早晨的理解,会与"跑步、做早操、吃早饭"等事件联系起来,而不是以抽象的标准时间单位为依据来确切感知时间的。

　　2. 更易理解较短的时间周期

　　幼儿往往比较容易理解短的时间周期,如一天中的早晨、中午、晚上等,再逐渐发展到理解更长的时间周期,如一个星期、一个月、一年等。

3. 幼儿时间言语的发生与发展是一个过程

在幼儿的言语中，表示时间的词汇出现得既晚又少，幼儿首先使用的不是表示确定时间阶段的词汇，而是表示时间顺序的词汇，如"先、然后、后来"等，随着语言的丰富慢慢出现表示时间的词汇，但是可能不准确。所以，在这个阶段要给予幼儿大量接触和理解时间词汇的机会，以帮助幼儿逐步准确表达时间概念。

三、幼儿空间与时间概念教育活动的总要求及具体内容

结合幼儿空间与时间概念发展的特点及《指南》中涉及的教育要求，将幼儿空间与时间概念教育活动的总要求及具体内容分解如下：

（一）幼儿空间概念教育活动的总要求及具体内容

1. 感知和判断方位

感知并能正确判断上下、前后、里外、中间、旁边、左右等方位；能按语言指示或根据简单示意图正确取放物品；理解空间方位的相对性、可变性、连续性。

2. 运用方位词描述位置和方向

理解上下、前后、里外、中间、旁边、左右等方位词的含义；能正确使用这些方位词，对物体位置和运动方向进行描述（包括单纯地描述物体位置和描述物体相对位置）。

3. 符号再现空间关系

初步理解空间方位示意图中的空间位置关系；尝试用图像、符号等抽象方式对空间位置进行再现。

4. 理解并重现三维物体的不同视角

幼儿可以从不同的空间视角观察人、位置和物体，尝试用不同的方式对不同空间视角的三维物体进行再现。

（二）幼儿时间概念教育活动的总要求及具体内容

1. 认识理解不同层面的时间

理解早上、中午、晚上、白天、黑夜、昨天、今天、明天等时间的含义及它们之间的关系；认识钟表，学会看整点和半点。

2. 理解时间词汇的含义，并能正确使用时间词汇

掌握一定量的时间词汇，能用这些时间词汇对具体时间进行准确的描述。

四、幼儿空间与时间概念教育活动的年龄阶段目标

结合幼儿空间与时间概念发展特点及相应的教育要求与教育内容，分解不同年龄班的阶段目标，具体如下。

表 7 - 6　幼儿空间与时间概念教育活动的年龄阶段目标

教育内容与要求	小班	中班	大班
空间概念教育	1. 感知和判断空间方位：能感知物体上下、前后、里外等空间位置。	1. 感知和判断空间方位：能感知物体中间、旁边等空间位置；初步理解物体空间位置的可变性。	1. 感知和判断空间方位：能感知物体左右空间位置；理解物体空间位置的相对性、连续性；能按语言指示或根据简单示意图正确取放物品。

续 表

教育内容与要求	小班	中班	大班
空间概念教育	2. 运用方位词描述位置和方向：理解上下、前后、里外等方位词的含义。	2. 运用方位词描述位置和方向：能使用上下、前后、里外、中间、旁边等方位词单纯地描述物体的位置和运动方向。 3. 符号再现空间关系：初步理解空间方位示意图中的空间位置关系。 4. 理解并重现三维物体的不同视角：可以从不同的空间视角观察人、位置和物体。	2. 运用方位词描述位置和方向：能使用上下、前后、里外、中间、旁边、左右等方位词描述物体的相对位置。 3. 符号再现空间关系：尝试用图像、符号等抽象方式对空间位置进行再现。 4. 理解并重现三维物体的不同视角：尝试用不同的方式对不同空间视角的三维物体进行再现。
时间概念教育	1. 认识理解不同层面的时间：初步理解早上、晚上、白天、黑夜的含义。 2. 使用时间词汇：能正确使用早上、晚上、白天、黑夜这些时间词汇。	1. 认识理解不同层面的时间：理解昨天、今天、明天的含义，知道它们之间的关系。 2. 使用时间词汇：能理解和运用昨天、今天、明天等时间词汇，并能表达它们之间的关系。	1. 认识理解不同层面的时间：理解星期、月、年、四季的含义及它们之间的关系；认识钟表，学会看整点和半点。 2. 使用时间词汇：使用标准的整点和半点时钟词汇对实际时间进行描述，并初步理解它们之间的关系。

考核页 5

序号	评价项目	评分标准	满分	评价			综合得分
				自评	互评	师评	
1	阅读知识量	1. 对知识的掌握 2. 阅读知识的态度	20				
2	对工作页上任务的理解及完成情况	1. 书写的准确性 2. 完成的态度 3. 完成的内容	60				
3	逻辑思维能力与创新能力	1. 逻辑思维能力 2. 创新能力	20				

任务三　幼儿数学教育活动的方法及途径

学习情境描述

在大班数学教育活动"数字球赛"中,教师带着大班的孩子到操场上,大家一起摆好小球门、计分黑板和装着球的球筐。教师让大家自动分成两队,每队选出一名裁判;两个球门分别贴上数字6和7,队员必须找到球上数字相加之和对应球门上的数字方可射门,射门成功得1分,队员射门后回到队伍中,下一名队员再出发,依次进行。[①]

思考:此次活动中主要运用的教育方法有哪些?采用哪种途径组织的活动?如果还有改进空间,请提出你的改进措施和方法。

学习目标

1. 掌握幼儿数学教育活动的方法、途径及各自的优缺点。
2. 能运用所学知识分析和改进实践教学中存在的问题;能结合实际选择及运用相应的方法及途径,实现优势互补。
3. 培养总结概括的能力、培养举一反三的能力、培养分析解决问题的能力。

任务单

任务描述:
幼儿数学教育活动具有鲜明的学科特点,主要体现在逻辑性较强、比较抽象、不易理解等,所以在组织教育活动时采用的方法与途径就尤为重要。本小节主要任务有:一是绘制一份不同途径采用、不同教育方法的思维导图,体现优势互补、取长补短;二是利用所学知识分析和改进实践教学中存在的问题。
任务要求: 1. 思维导图要逻辑清晰、层次分明、节点脉络明确。   2. 能对所学知识融会贯通,综合考虑解决现实中的教育问题。   3. 书写完成工作页时要字迹工整、清晰,体现良好的总结概括能力及分析问题的能力。
任务考核: 1. 绘制不同途径采用、不同教育方法的思维导图。   2. 分析实践教学问题,完成工作页上的小任务。

---

① 赵娟,沈永霞,王玉.幼儿园教育活动案例评析[M].保定:河北大学出版社,2019.

工作页

阅读理解任务单,填写完成任务要求:

1. 幼儿数学教育活动的方法有哪些? 每种方法的注意事项有哪些?

2. 开展幼儿数学教育活动的途径有哪些? 其优缺点又分别是什么?

3. 结合幼儿数学教育活动开展的途径,总结相应的教育方法,用思维导图的形式表现出来。要求优势互补、取长补短。(另附页)

意见与反馈:

信息页

一、幼儿数学教育活动的方法

　　基于数学学科自身的特点,幼儿数学教育活动有其独特的方法,下面介绍几种常用的方法,这些方法都遵循着尽量使抽象的概念形象化、使抽象的理论实际化的原则,旨在帮助幼儿一方面掌握一定的数学知识,另一方面能将数学知识与现实生活联系起来,重点培养幼儿能用简单的数学知识解决实际问题的能力,进而有效促进幼儿思维的发展。

　　(一)操作法

　　数学知识本身具有抽象性和逻辑性特点,结合幼儿学习数学的特点,幼儿学习数学知识不能从客体本身获得,只能从改变客体的动作中获得。因此,操作法就显得尤为适宜了。操作法主要是强调让幼儿亲手操作材料,在实际的操作中通过创设情景、摆弄材料让幼儿探究和学习,获得有关数学概念的感性经验。

　　运用操作法时,要注意几个问题:要明确操作的目的;操作的时间要充分;操作材料要合理;操作的方法要简单适用;操作过程要注重教师的角色;操作结果要注意与实际相结合。

（二）游戏法

幼儿数学教育活动中的游戏法是一种运用游戏的方式，让幼儿通过探索游戏中的规则、动作实现学习与巩固数学知识的方法。常见的数学游戏有情节性的数学游戏、操作性的数学游戏、竞赛性的数学游戏、运动性的数学游戏以及数学智力游戏等。

运用游戏法要注意的问题有：游戏内容既要贴近幼儿生活又要渗透着数学知识；游戏的规则要符合幼儿年龄特点，注重个体差异；游戏的情节要符合幼儿的兴趣。

（三）比较法

比较法是通过对两个或两个以上物体的比较，让幼儿找出它们在数、量、形等方面的相同与不同，获得相应的数学知识，进而提升幼儿的观察力、分析力、判断力等思维能力的一种最普遍的教育方法。按比较的排列形式可以分为对应比较和非对应比较，对应比较主要有重叠式比较、并列式比较、连续式比较等，非对应比较主要有单排比较、双排比较、不同排列形式比较等。

运用比较法要注意几个问题：比较的材料要适宜，比较的方法要多样，比较的形式要充分调动感官，比较的内容要体现综合性。

（四）讨论法

讨论法是通过教师与幼儿、幼儿与幼儿之间的相互交流、相互启发、共同探究的形式获得数学知识的一种重要教学方法。讨论法最有利于教师了解孩子，拉近与孩子距离。讨论法通常按讨论的时机可以分为有计划的讨论和随机的讨论；按功能可以分为辨别性讨论、修正性讨论、交流性讨论、归纳性讨论等。

运用讨论法需要注意的问题有：讨论话题的选择要适宜；讨论的内容要突出重点；讨论要以操作体验为基础；讨论要注重过程，注意因材施教。

（五）讲解演示法

讲解演示法是教师通过向幼儿展示直观教具并配以口头讲解，把抽象的数、量、形等知识具体地呈现出来的一种传统教学方法，特点就是边讲边演示。

运用讲解演示法要注意的问题有：讲解的语言要简洁、生动、通俗易懂、重点突出；讲解的问题要贴近幼儿生活，容易让幼儿产生共鸣；演示的直观教具要适宜，不可太新奇，分散幼儿注意力。

二、幼儿数学教育活动的途径

幼儿数学教育活动的途径是指具体实施教育所采取的活动组织形式。幼儿数学是系统性的教育活动，要遵循数学的逻辑性进行教育，但幼儿数学也具有一般数学的抽象性，所以幼儿开展数学教育活动还要体现其生活化。总结起来实施幼儿数学教育活动的途径主要有：

1. 幼儿数学集体教育活动

这种活动是教师有目的的、有计划地组织全体幼儿开展，采用一定的教学方法，开展的一种教育活动，是对幼儿进行数学教育的主要活动形式和途径，比较适用集体教学的开展。

2. 幼儿数学区角活动

幼儿数学区角活动是指由教师为幼儿创设一个宽松和谐的区角，投放各种数学活动设备和丰富的学具、玩具,引导幼儿通过自由选择、摆弄材料,实现自主探索数学知识的活动。

3. 一日生活中的幼儿数学知识渗透

教师通过一日生活的各个环节有意识地渗透数学知识,一方面可以对平时获得的数学知识进行巩固与加深,另一方面还能使幼儿随时随地感知到数学的存在、数学的价值,引导幼儿尝试用数学知识去解决现实中的问题,让幼儿体验学习数学的乐趣。

考核页

序号	评价项目	评分标准	满分	评价			综合得分
				自评	互评	师评	
1	阅读知识量	1. 对知识的掌握 2. 阅读知识的态度	20				
2	对工作页上任务的理解及完成情况	1. 书写的准确性 2. 完成的态度 3. 完成的内容	60				
3	总结概括、举一反三及分析解决问题的能力	1. 总结概括的能力 2. 举一反三的能力 3. 分析解决问题的能力	20				

任务四　幼儿数学教育活动的设计与实施指导

学习情境描述

请以"快乐超市"为主题,设计一份完整的幼儿数学教育活动方案;完成一份与活动方案对应的说活动设计文稿;根据完成的活动方案模拟开展幼儿数学教育活动。

要求:1. 体现年龄班特点。

2. 活动目标明确、主题突出、积极向上,符合幼儿年龄特征及相应的教育要求。

3. 活动内容选择得当,能够有效地实现目标,并能体现数学教育源于生活并为生活服务的理念。

4. 活动方法及途径选用得当,可以进行优势互补。

5. 活动过程环节完整、具体可操作、难易程度适中、层次鲜明。

学习目标

1. 掌握幼儿数学教育活动设计的策略,掌握活动设计方案的撰写要点及说活动设计的要点。

2. 能够设计幼儿数学教育活动及完成相应设计方案的撰写,并组织实施活动;能够开展教师间的说幼儿数学教育活动,会撰写说活动设计文稿。

3. 培养语言运用能力及组织协调能力。

任务单

任务描述:
幼儿数学教育活动的设计与实施指导是把幼儿教学活动呈现给幼儿之前的最后一个环节,这个环节体现着教师的个性化智慧。这个环节准备得充分与否直接影响着教育的结果与效果。本小节主要任务有三个:一是独立撰写幼儿数学教育活动方案;二是独立开展幼儿数学教育活动;三是进行相关内容的说活动。
任务要求: 1. 设计的幼儿数学教育活动方案要具体可行、目标适宜、准备充分、过程严谨,能体现幼儿的主体性。 2. 说活动要体现教育理念及教育策略,内容完整,具有可操作性。 3. 模拟开展幼儿数学教育活动时要注意语言的表达及整体的把控。
任务考核: 1. 设计一份完整的幼儿数学教育活动方案。 2. 完成一份与活动方案对应的说活动设计文稿,并在同学面前尝试说一说。 3. 根据完成的活动方案模拟开展幼儿数学教育活动。

工作页

阅读理解任务单,填写完成任务要求: 1. 谈谈自己关于幼儿数学教育活动设计的教育策略。

2. 设计一份幼儿数学教育活动方案。

3. 完成一份相应的说活动设计文稿。

4. 组织开展一次幼儿数学教育活动。

意见与反馈：

信息页

一、幼儿数学教育活动设计的教育策略

　　幼儿数学教育活动是教师有目的、有计划地组织和指导幼儿进行数学学习的活动，是一项创造性的工作。教师在进行活动设计时一方面要结合幼儿数学教育的目标、幼儿学习数学的阶段特点选择教育的具体内容；另一方面还要考虑活动过程的安排、活动形式的种类、操作材料的准备、教学方法的选用及幼儿习得这些经验后的现实意义，等等。

　　（一）要符合幼儿学习数学的阶段特点

　　教师在进行教育活动设计时，一定要弄清楚幼儿学习该内容的阶段发展特点及相应的敏感期。针对幼儿的特点采取积极的教育策略，教育才是有效的。如幼儿在学习基数概念时，如果幼儿处于唱数阶段，教师则应该为幼儿提供大量的唱数材料，帮助幼儿积累唱数经验，当这种经验积累得足够多的时候，教师才可以进行幼儿点数及手口一致的点数训练；如果幼儿在唱数阶段，教师却在积极地训练幼儿说出总数，或是按数取物，幼儿是达不到预期教育目标的。

　　（二）要充分利用日常生活中的学习机会

　　数学本身就源于生活，教师在开展相应数学活动时，一定要充分挖掘日常生活中的教育契机。将数学知识蕴含在日常生活的学习中，这样也会让幼儿理解学习数学知识可以解决现实中的一些问题，体现学习数学的意义。例如：两点之间直线最短，可以引导幼儿从教室四周各个方位走到教室中央，总结出哪条路线最节省时间，再通过量一量、测一测的方法得出结论，等等。

（三）要实现多样化的活动形式

幼儿数学教育活动由于学科的特点,教师要采用多样化的教学活动形式效果才好。要综合运用集体活动、分组活动及个别活动等形式。例如:在"量的测量"活动中教师可以先用集体教学活动的方式引导幼儿学习的兴趣及相关操作要点,之后用小组合作的形式完成测量的任务,最后用个别展示的形式巩固活动所需要掌握的要点。

（四）要提供生动形象、能体现多维度的操作材料

数学本身就是一个抽象的学科,让幼儿充分理解和体验这些抽象的知识,进而培养探索的欲望、逻辑思维的能力,本身就是一件不易的事情。教师要尽量使抽象的概念具体化、空洞的知识形象化,所以要提供一些符合幼儿生活经验的材料,让幼儿容易接受、容易理解。此外,还要体现多维度,要综合考虑再现二维、三维空间。

（五）要综合运用多种教学方法

常用的数学活动教学方法有讲解法、操作法、比较法等,但每一种方法都有适用的范围及注意事项,都有各自的优缺点,所以教师在运用时要考虑到多种方法的综合使用,以此来达到取长补短、优势互补的良好效果。例如:在运用讲解法时可以配合操作法、讨论法等加以巩固和强化,体现幼儿的主体性等。

二、幼儿数学教育活动设计举例

（一）教学活动方案举例

幼儿大班数学活动:认识硬币

活动目标	1. 认知目标:认识 1 角、5 角和 1 元硬币,了解它们之间的换算关系。 2. 技能目标:在日常购物中会使用 1 角、5 角和 1 元,并积极探索以不同的组合方式进行付款。 3. 情感目标:感受成功的喜悦。
活动准备	1. 经验准备 (1) 活动前幼儿对人民币有初步认识,有"超市购物"的经验。 (2) 幼儿认识数字 1 和 5 及汉字"角"和"元"。 2. 物质准备 (1) 幼儿游戏的场所及相应的情境的材料。 (2) 相当数量的硬币及课件、存钱卡等。

活动过程				
活动环节	主要任务	教师活动	幼儿活动	设计意图
导入活动,认识硬币。	让幼儿感知、发现硬币特征。	教师分发准备好的礼物盒给每个幼儿。	幼儿打开礼物盒子,观察盒里硬币的特点。	引起幼儿的好奇心,为后续活动作铺垫。
出示课件,介绍硬币。	幼儿识别硬币。	通过图片、视频把硬币的特点介绍给幼儿,并带着幼儿做活动,巩固幼儿对硬币的认识。	观察硬币的特点、听教师指令做动作,认识 1 角、5 角和 1 元的硬币。	通过形象的材料帮助幼儿学习认识硬币。

续　表

活动环节	主要任务	教师活动	幼儿活动	设计意图
情境教学，幼儿第一次购物游戏。	幼儿探索1角、5角和1元的换算关系。	教师通过扮演收银员的角色，启发幼儿理解5个1角合起来是5角，两个5角合起来是1元，10个1角合起来也是1元。	幼儿开始玩购物小游戏，根据超市情境中货物的价值来付钱。	以生活小游戏的形式引导幼儿学习1元＝10角的换算关系。
情境教学，幼儿第二次购物游戏。	幼儿探索多种付款方法。	教师通过扮演收银员的角色，引导幼儿学习1角、5角和1元的多种组合方式。	幼儿学会多种付款方式。如：6角的商品付钱方式可以是用6个1角，用1个5角和1个1角，等等，可多次尝试。	通过购物游戏，让幼儿自己探索出1角、5角和1元的多种组合方式，进而熟悉10以内的加法。
情境教学，幼儿第三次购物游戏。	完成存钱卡的小任务。	教师出示准备好的存钱卡，介绍存钱卡的使用方法。存钱卡是用来粘贴幼儿发现不同付款方式的。	幼儿自由购物，将发现的付款方式一一粘贴在存钱卡上，最后比赛谁的存钱卡上粘贴得多。	通过存钱卡的方式，再次巩固幼儿已有的经验，使幼儿体验到成功的喜悦。
分享商品，结束活动。	把自己买来的商品与同伴进行分享。	教师引导幼儿结束活动。	幼儿分享自己购买的商品，活动结束。	增添活动的情趣，使幼儿愉快地结束活动。
活动延伸	鼓励幼儿把今天的购物经历及收获分享给家长			

（二）说活动设计举例

幼儿大班数学活动：认识硬币

1. 说活动设计意图

幼儿对于钱币并不陌生，因为他们在日常生活中经常接触钱币。设计"认识硬币"的教学活动，主要是从大班幼儿的认知特点出发，帮助幼儿了解硬币在具体生活中的使用，进而巩固幼儿10以内数的分和能力。

2. 说活动目标及重难点

活动目标是教育活动的起点和归宿，对活动起着导向的作用，根据幼儿的年龄特点，确立了以下三维目标：

认知目标：认识1角、5角、1元硬币，掌握它们之间的换算关系。（活动的重点）

技能目标：能够在生活中使用1角、5角、1元硬币，并积极探索不同的组合方式进行付款。（活动的难点）

情感目标：体验成功的喜悦。

3. 说活动准备

知识准备：活动前幼儿对硬币有初步的认识，有去超市购物的经验，幼儿认识汉字

"角"和"元"。

物质准备："超市"场景的布置,硬币的盒子及硬币若干、存钱卡、课件等。

4. 说教法与学法

（1）说教法

本次活动主要采用了游戏法、观察法、操作法等。

（2）说学法

本次活动主要采用的学法有：视、听、讲相结合的方法,体验法,等等。

5. 说活动过程

本次活动主要分为四个环节。

第一个环节：问题导入,激发幼儿参与活动的兴趣。

教师通过小礼物的形式,引出问题,引导幼儿主动观察礼物,总结硬币的特点。

第二个环节：认识硬币。

本环节通过观察法、操作法等教学方法让幼儿感知硬币。体验1角、5角和1元的特征,通过师幼互动的形式,检验和加深幼儿对硬币的认知。

第三个环节：购物游戏。

本环节通过三次购物游戏经历,分别让幼儿掌握1角与5角的换算关系；探索1角、5角、1元多种组合关系；利用存钱卡再次巩固幼儿所学知识。

第四个环节：分享商品,总结活动。

幼儿的数学教育活动要贯穿于生活中,最后采用互相分享商品的方式,愉快地结束本次活动,让幼儿体验到了成功的喜悦的同时,也教育幼儿学会分享。

6. 说活动延伸

幼儿的教育活动要体现一定的融合性与延展性,本次活动的延伸可以延展到社会领域及家园共育等方面的内容。

考核页

序号	评价项目	评分标准	满分	自评	互评	师评	综合得分
1	阅读知识量	1. 对知识的掌握 2. 阅读知识的态度	20				
2	对工作页上任务的理解及完成情况	1. 书写的准确性 2. 完成的态度 3. 完成的内容	60				
3	语言运用及组织协调能力	1. 有效运用语言的能力 2. 组织协调能力	20				

思政园地

扫码阅读并思考：什么是数学精神？在龙以明教授身上可以看出什么数学精神？在幼儿期开展数学教育的意义是什么？作为幼教工作者，如何把握幼儿数学教育的度，培养幼儿的数学精神？谈谈自己的看法。

思政园地 7

项目总结

本项目通过任务分组的形式，主要介绍了幼儿数学教育活动的内涵、特点和意义，幼儿数学教育活动的目标、内容、方法、途径等基础理论。通过情境创设、案例解析、岗位工作等把理论知识融入现实工作中，加强理论联系实际的能力，努力使学习者掌握幼儿数学教育活动组织实施的一些教育教学技巧，且重视全面提升学习者综合职业素养。

项目拓展

1. 如何把握幼儿数学教育与小学数学教育的区别？如何在日常的活动中加以体现？
2. 如何在预设的幼儿数学教育活动中预留生成课程的空间？

项目八 幼儿美术教育活动的设计与实施

学习目标

知识目标

1. 了解幼儿美术教育活动的内涵、特点、意义。
2. 明确幼儿美术教育活动的目标及内容。
3. 掌握幼儿美术教育活动设计与实施的方法、途径及相关策略。

能力目标

专业能力目标：

1. 能够设计幼儿美术教育活动及完成相应设计方案的撰写。
2. 能够根据设计的方案对幼儿组织实施美术教育活动。
3. 能够开展教师间的说幼儿美术教育活动。

非专业能力目标：

1. 培养总结概括能力及结构化思考能力。
2. 培养逻辑思维能力及全局思维能力。
3. 培养有效调动运用知识能力。

思政目标

树立审美意识，培养社会主义审美情感，增强国家民族文化认同感。

知识导图

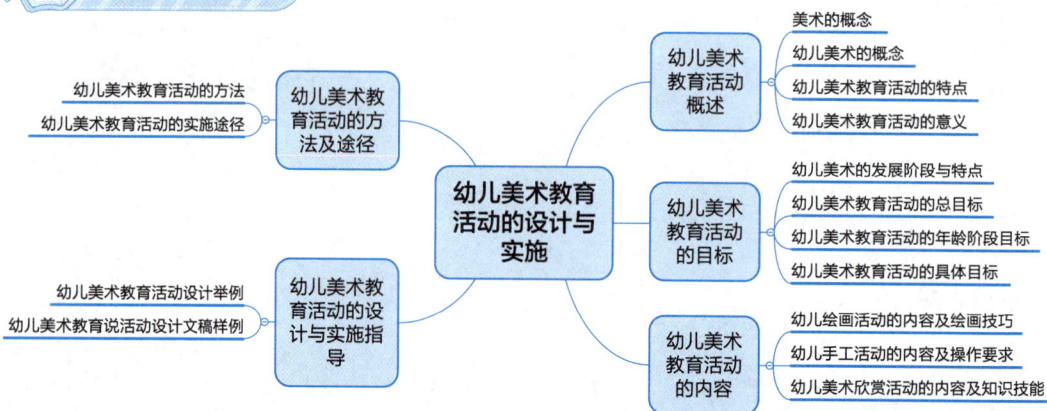

任务一 幼儿美术教育活动概述

学习情境描述

幼儿美术与成人美术有着本质的区别,其训练与学习的方法及重点也大不相同,谈谈自己的想法,怎样在日后的幼儿美术教育活动中体现幼儿美术教育的特点? 实现其开展美术教育活动的意义? 制定一份详细的计划。

学习目标

1. 了解美术、幼儿美术的概念;理解幼儿美术的特点;掌握幼儿美术教育活动的特点和意义。
2. 能够制定体现幼儿美术教育活动特点、实现其教育意义的教学计划。
3. 培养全局意识及理论联系实际的能力。

任务单

任务描述:
幼儿美术教育活动是幼儿五大领域教育中艺术领域活动内容之一。本小节内容包括了解美术的概念、幼儿美术的概念,清楚两者的区别及幼儿美术的特点;掌握幼儿美术教育活动的特点和意义,以便日后能有效地开展幼儿美术教育活动。本小节主要任务是制定一份能够体现幼儿美术教育活动特点、体现其意义的教学计划。
任务要求: 1. 认真完成工作页上的工作内容,书写准确、字迹清晰。 2. 活动计划要有条理性,有可操作性,并有相应的理论作为支撑。体现全局意识及理论联系实际的能力。
任务考核: 制定一份能够体现幼儿美术教育活动特点、体现其意义的教学计划。

工作页

阅读理解任务单,填写完成任务要求:

1. 幼儿美术教育活动的内涵是什么? 幼儿美术教育活动的主要内容有哪些?

2. 幼儿美术教育活动的特点有哪些?

3. 幼儿美术教育活动的意义是什么?

4. 怎样在日后的幼儿美术教育活动中体现幼儿美术教育活动的特点,体现开展美术教育活动的意义? 制定一份详细的计划。

意见与反馈:

信息页

一、美术的概念

《中华人民共和国著作权法实施条例》明确规定:"美术作品是指绘画、书法、雕塑等以线条、色彩或其他方式构成的有审美意义的平面或立体的造型艺术作品。"美术是艺术的一个分支,泛指一切以物质材料为媒介,创作占有一定平面或立体空间,表达创作者对客观世界具体事物的情感和美化生活的一种艺术形式。主要有:绘画艺术、雕塑艺术、工艺艺术、建筑艺术、书法艺术、摄影艺术等多个门类。

二、幼儿美术的概念

幼儿美术反映的是幼儿对周围世界的认识、情感和思想。幼儿美术是幼儿把握世界、发现自我、表现自我的一种独特方式,是幼儿进行情感表达与交流的工具,也是幼儿个性的表现。幼儿的美术活动主要有绘画、手工、美术欣赏等三个大类。

（一）绘画

幼儿绘画指幼儿运用简单的笔墨等绘画工具，通过不同的点、线、面、色彩、构图、透视等造型手段，塑造出平面艺术形象，反映幼儿对客观世界认识和感受的初步造型艺术活动。绘画活动从性质上分，可分为命题画、想象画、故事画和填充画等；从使用的材料及表现形式上分，可分为蜡笔画、铅笔画、油画、粉笔画、棉签画和水彩画等；从内容上分，可分为物体画、情景画、装饰画等。

（二）手工

幼儿手工是指幼儿运用一定的操作材料如剪刀、纸、泥等，通过剪、折、插、贴、捏等手段，完成的具有一定平面、立体或可活动的艺术形式，表达和反映幼儿对客观世界的认识和审美感受。幼儿手工对发展幼儿视觉、触觉、动觉及它们之间的配合，锻炼手部小肌肉动作的协调性、灵活性，提高幼儿的形象思维能力和形成立体概念有着重要的作用。其主要形式有泥工、纸工和自制玩具等。

（三）美术欣赏

幼儿美术欣赏是指幼儿通过对美术作品、自然景物和周围环境中的美好事物的认识和观赏，从而受到艺术的感染，精神上得到愉悦的活动。不同年龄、不同经历、不同文化背景和生活环境的幼儿对同一欣赏对象会有不同的欣赏认识和感受，所以教师要尊重幼儿的个体差异及年龄特征，才能有效培养幼儿的美术欣赏能力。幼儿美术欣赏的分类，从美术主题上可分为自然景物、节日环境、美术作品等；从欣赏的方法上分为随意欣赏和主题欣赏；从表现形式上分为随堂欣赏、专题欣赏和参观欣赏等。

三、幼儿美术教育活动的特点

在成人的世界里，往往用"像不像""美不美""对不对"来评判幼儿的美术作品。但对于幼儿而言，美术是一种自我表现的形式，是可以抒发内心世界情感的一种途径，是自我与外界、梦与清醒、现实与幻想、昨日与明日、概念与迹象、思想与感觉的综合体。

（一）幼儿美术教育活动是幼儿发展的一种表现

美术能反映幼儿的发展水平和个体差异。由于受幼儿动作和认知水平、情绪情感和个体自身发展特点的制约，幼儿美术可以在一定程度上反映幼儿动作、认识情感和人格发展水平。

（二）幼儿美术教育活动是幼儿自我表现的一种方式

幼儿不能自如地运用语言文字表现自我、与人交流时，会运用一些其他的符号来表现自己、满足自己，美术就是其他符号中的一种。美术可以满足幼儿表述思想、宣泄情绪，是想象和创造个人世界的一条有效途径。

此外，由于幼儿不受时空关系的束缚，没有技法的要求，不受客观情理的限制，幼儿美术作品可以自由自在地流露出自己的情绪、意愿、思想和对未来的希望，可以表现出幼儿心灵的纯真和直接的欲求，也是一种自我肯定。

（三）幼儿美术教育活动是对幼儿实施审美教育的一条重要途径

美术最容易与德、智、体等活动相互融合和渗透，有着其他学科不能替代的作用。对幼儿实施美育教育，不能简单说教灌输，应该以直观的视觉艺术形象去感染幼儿，打动幼儿的内心，唤起幼儿内在的审美情感，使幼儿在美的感受和熏陶下，受到潜移默化的审美教育。

四、幼儿美术教育活动的意义

幼儿美术教育活动没有功利的目的,旨在满足幼儿身心发展需要,提高幼儿审美修养和艺术素质,是全面发展教育的重要组成部分。幼儿美术教育活动对幼儿发展的意义可归纳为以下三点。

(一) 满足幼儿自我表达与交流的需要

《纲要》指出:"艺术是幼儿的另一种表达认识和情感的语言。幼儿艺术教育应在引导儿童接触生活中的美好事物,丰富幼儿的感性经验和情感体验的基础上进行。"幼儿可以利用绘画、手工等形式尽情、自由地表达和抒发自己的观点、内心情感,感受用美术与别人交流的乐趣,从而获得精神上的满足,还可以泛化到生活的其他领域,丰富和发展他们的情感世界。

(二) 实现幼儿的综合能力协调健康发展

幼儿美术教育可以让幼儿在教师的预设环境中,更好地发挥他们对美的感受力、理解力和表现力,以及对客观世界的观察力、记忆力、想象力和创造力。此外,幼儿美术教育活动是一种手、眼、脑并用的活动,在活动中可以锻炼幼儿手、眼、脑的协调能力及良好的操作能力,实现多种能力的综合、协调、健康发展。

(三) 促进幼儿良好个性品质的养成

正确实施幼儿美术教育能有效地促进幼儿社会情感的发展,有益于他们接受良好的情感教育,有益于培养他们良好的学习品质,使其在愉快学习的体验中,激发学习兴趣,养成学习能力。还可以引导幼儿建立良好的社会人际关系,培养他们的交往能力,使之富于同情心,善于和勇于帮助同伴解决困难,帮助幼儿形成积极的个性品质。

此外,幼儿美术教育活动和幼儿其他学科教育活动有着密切的内在联系,幼儿美术教育活动还可以促进幼儿学习其他学科。

考核页

序号	评价项目	评分标准	满分	评价			综合得分
				自评	互评	师评	
1	阅读知识量	1. 对知识的掌握 2. 阅读知识的态度	20				
2	对工作页上任务的理解及完成情况	1. 书写的准确性 2. 完成的态度 3. 完成的内容	60				
3	全局意识及理论联系实际的能力	1. 全局意识的能力 2. 理论联系实际的能力	20				

任务二　幼儿美术教育活动的目标

📖 学习情境描述

　　某幼儿园大三班的孩子举行了一次包粽子活动,教师主要为幼儿准备了各色的面泥、盘子和粽子叶。活动的主要过程首先是教师出示面泥,告诉幼儿:"今天,我们要变魔术,一起来捏粽子。"激发幼儿兴趣。其次,引导幼儿学习包粽子(分组合作学习)。之后,幼儿和老师一样,也变出了好看的粽子。最后,教师点评,展览粽子。

　　请结合相关知识,总结上述活动的三维目标,要求层次清晰,表达准确。

🎓 学习目标

　　1. 明确幼儿美术的发展阶段与特点;掌握幼儿美术教育活动的总目标、年龄阶段目标及具体活动目标。

　　2. 能够运用所学知识制定适合幼儿年龄特点的具体活动三维目标。

　　3. 培养总结概括能力及结构化思考能力。

🎈 任务单

任务描述:
有效实施幼儿美术教育活动的第一步就是目标的制定。目标的制定要符合幼儿的年龄特点,还要符合《纲要》和《指南》的要求,要符合最近发展区理论,制定适合的目标,这样才会使教育活动有意义。本小节要求掌握幼儿美术发展的阶段特点、幼儿美术教育活动的总目标、各年龄阶段教育目标,并能将二者相互结合制定出符合幼儿身心发展的教育任务是利用所学知识制定符合幼儿年龄阶段特点的具体活动的三维目标。
任务要求: 1. 认真总结,书写工作页上的内容。 2. 制定的具体活动目标要符合幼儿的年龄特点,体现三个维度,具有可操作性,并体现结构化思考的能力。
任务考核: 制定一份幼儿美术教育具体活动的三维目标。

工作页

阅读理解任务单,填写完成任务要求:

1. 幼儿绘画、手工、美术欣赏的发展阶段性特征有哪些? 请把以上内容用思维导图的形式总结概括出来。(另附页)

2. 幼儿美术教育活动的总目标是什么?

3. 幼儿美术教育活动的年龄阶段目标是什么?(结合幼儿的年龄特点)

4. 幼儿美术教育活动具体活动目标的制定要点有哪些?

5. 制定一份幼儿美术教育活动的具体目标。要求:体现三个维度,三个维度界限清晰,且具有较强的操作性,语言要简练、准确。

意见与反馈:

信息页

一、幼儿美术的发展阶段与特点

了解幼儿美术发展阶段特点是实施幼儿美术教育的前提和基础,它不仅有利于教师科学地指导幼儿的美术活动,同时也有助于教师对幼儿的美术作品做出正确的判断与评价。这里介绍的幼儿美术发展阶段特点仅是一般意义上的,由于个体差异、环境影响等因素可能会出现差异性。

（一）幼儿绘画的发展阶段与特点

1. 涂鸦期（2—3 岁）

一岁半左右,幼儿就会在纸上画出断断续续的不规则线条,看上去线条杂乱无序、长短不一。这种偶然产生的杂乱线条是幼儿的无意识涂鸦,是幼儿缺乏视觉控制的纯肌肉运动。2 岁以后,幼儿的动作已经比较能受视觉的控制,手、眼、脑之间的协调性加强,可以重复画出长短不齐的线条,有的是倾斜的,有的是螺旋的。随着幼儿逐步加深对自己动作和涂画结果的了解,他们开始尝试画出图形。这些图形是重复的各种大小、封口或不封口的圆形,但可以看出是幼儿努力控制动作的方向、力量和幅度,是幼儿有控制的涂鸦。3 岁左右,幼儿开始意识到所画的线条与自己体验的事物有一定的联系。开始给自己画出的线条命名。涂鸦期幼儿开始学会利用绘画与人交流思想,是一个重要的关键时期。

2. 象征期（3—4 岁）

象征期是涂鸦期到图式期的过渡阶段。这一时期的幼儿自我意识不断增强,可以用简单的图形和线条来表现事物的特征,并且可以明确进行表述。但这个时期幼儿的绘画水平是很不稳定的,主要表现在以下四点：（1）造型的目的性不强,经常会在画的过程中改变初衷；（2）构思不稳定,经常是预先想好的构思和随意画穿插进行；（3）绘画的内容不稳定,经常会出现半路转移的情况；（4）比较容易受到他人的影响,经常是看到同伴画什么就会丢弃自己正在画的东西,转而去画别人的东西。这些不稳定性说明幼儿正处于尝试探索中,成人不要因此而产生对幼儿的不理解和随意干预。

3. 图式期（5—6 岁）

幼儿从 4 岁后就可以有意识地利用已掌握的图形和线条来表现自己的经验和表达自己的愿望,这个时期幼儿绘画水平迅速发展。其表现为：第一,构思方面。幼儿在涂鸦期无构思阶段,在象征期是在绘画过程中构思,到了图式期幼儿能够先构思再创作,是真正意义上的构思。第二,造型方面。从形状的发展变化上看,这个阶段的幼儿可以运用简单的几何图形来进行组合造型,开始有了整体和局部的概念。从表现物体深度关系上看,幼儿慢慢察觉到物体的各个面,开始有了立体感,但常常是含糊的。从画面形象上看,幼儿的作品也开始有了装饰,注重细节的展示,可以分清性别和长幼,开始有了人的动作、表情等。第三,构图方面。这时的幼儿开始注意到物体的大小比例、排序关系、遮挡关系等空间概念,并能分清形象主次关系,但还不能很好地把握分寸。第四,情节方面。幼儿的绘画作品中最初是无活动的,随后出现独自的活动、集体共同活动、相互作用的共同活动。第五,色彩方面。4 岁以前幼儿的绘画作品处于涂抹阶段,这个阶段的幼儿多采用单色进行涂抹,不太在乎具体用什么颜色,等幼儿对色彩的认识加深后,开始用自己喜欢的颜色对作品进行装饰。此时幼儿主要是满足自己的审美需要,具有显著的装饰性。随着幼儿的认知水平进一步提升,开始出现了再现事物固有色的想法,比如用绿色来表示大树等。

（二）幼儿手工的发展阶段与特点

1. 无目的的活动期（2—4 岁）

幼儿这个时期的泥工活动以自发性为主,常常无目地用手拍、抓、揉、掰等各种形状的泥块,享受着油泥或黏土的触觉感以及形态的变化感带来的乐趣。在纸工活动中,幼儿的折纸是随意的,很难折出成型的东西。幼儿在贴纸活动中往往贴出的图形主次不分,不太注意图形的位置和顺序,在使用浆糊时不太会把握使用的量,有时会把颜料沾到画纸上,弄脏整个画面。撕纸活动中,幼儿只是拿着纸翻来覆去地玩,或者是将纸一点点撕成碎片。在剪纸活动中,幼儿还不会使用剪刀,不会配合剪刀的动作转动纸张,剪出的图形轮廓不清楚。这个阶段的幼儿还没有明确表现意图,只是单纯满足于手工操作的过程,享受着自主活动的快感,感受手工工具和材料的特性。

2. 基本形状期(4—5岁)

在这个时期幼儿开始了有意图的尝试,往往在开始前先确定要做的东西,然后才开始着手制作。泥工活动中,幼儿开始尝试制作一些熟悉的东西,常常把搓成的泥条当作面条等。纸工活动中,无论是折纸、贴纸、撕纸还是剪纸都有了一定程度的进步。幼儿开始意识到他们所创作的作品与实际中的事物之间的联系,如把撕碎的纸片当成雪花片等。在玩具制作活动中,可以表现出灵活的动手能力,可以用硬纸等手工材料,结合剪、折、插、染等技能制作出简单的房子、小盒子等造型作品。

3. 样式化期(5—7岁)

这个时期的幼儿表现力极强,喜欢用各种工具和材料进行制作,表达自己的意愿。在泥工活动中,幼儿的知觉越来越敏锐,能察觉到的东西越来越多,并且可以注意到物体的细节,还能进行对比,幼儿手部的动作从手掌逐步发展到手指动作,更加精细精准,做出的东西更趋于真实,有时还可以将作品连接赋予简单的故事情节。在纸工活动中,由于幼儿的手指精细动作逐步发展,能够掌握一些折纸、剪纸的技巧,并能完成一些复杂的作品。在玩具制作中,这个阶段的幼儿可以根据自己的意愿制作出自己喜爱的作品,有的还可以填涂简单花纹、色彩来进行装饰。

(三)幼儿美术欣赏的发展阶段与特点

0—3岁的幼儿在审美注意的指向方面更加偏爱与他们日常生活、性格特点接近的东西,比如一些活泼可爱的动物形象等,喜欢清晰、明快、有动感的画面。在审美的认识方面对作品内容的感知先于对作品形式美的感知,比如幼儿更关注的是作品中画了什么,而不会在意作品表现形式的审美特征。此外,这个时期的幼儿对美术作品的欣赏往往受情绪影响很大,在积极情绪下易对事物产生美感,在消极情绪下就会产生反感。

3—5岁的幼儿在审美注意的指向方面对美术作品范围逐渐扩大了,开始喜欢描写幼儿生活的作品,但还是局限在幼儿身边的经历。在作品的形式上幼儿喜欢偏写实手法的作品,会让他们产生联想。在审美认识方面,幼儿对美术作品形式的感知开始渐进式发展。比如,可以开始理解作品中线条与形状所表达的情感。对色彩的视觉效果、情感和象征意义等开始有了不同层面的感受,但这个时期的幼儿对色彩的视觉效果感受较强。此外,幼儿的审美趋于客观化,表现较为表浅,且对美的感受倾向于动作的表现。

5—7岁的幼儿,随着生活和知识经验的扩展,他们所欣赏的作品范围更加广泛了,开始喜欢一些日常生活、神话、科幻等方面内容,并能引起共鸣。正常情况下,幼儿不喜欢过于抽象的表现手法,对泼墨大写意的中国画形象感知困难。在审美认识方面,幼儿对美术作品形式的感知越来越深刻,对线条与形状的感知更加深刻,对色彩的情感与象征意义开始能逐渐感知。有了一定的情感体验,到后期可以达到情感的联想。此外,幼儿对美感开始有了比较客观的认识,但还是会受个体情绪的影响,鉴赏性美感逐渐发展,对美感的表现仍多表现为动作特点。

二、幼儿美术教育活动的总目标

《纲要》中把幼儿园教育划分为健康、语言、社会、科学、艺术五个领域,明确界定了艺术领域的总目标:"能初步感受并喜爱环境、生活和艺术中的美;喜欢参加艺术活动,并能大胆地表现自己的情感和体验;能用自己喜欢的方式进行艺术表现活动。"幼儿美术教育是幼儿艺术教育活动的重要内容之一,幼儿美术教育活动的总目标可以据此总结如下。

（一）审美感知

培养幼儿可以初步感受、发现和欣赏周围环境和美术作品中不同形式的美,培养其对美的敏感性。

（二）审美情感

引导幼儿大胆地表达自己对周围环境和不同美术作品及造型的感受,培养幼儿对不同美术活动的兴趣,积累审美情感体验,促进其人格健康发展。

（三）审美创造

引导幼儿尝试用不同的美术表现形式,表现自我情感和事物的变化,培养幼儿初步的审美表现力及审美创造力。

幼儿只有具备了审美的感知力才能获得一定的审美情感,当幼儿积累了丰富的审美情感时才能发挥出审美的表现力及创造力。反之,审美创造力的获得又会进一步促进幼儿审美感知的敏锐和审美情感的丰富。三个目标是相辅相成、相互促进的,共同促进幼儿健全的人格发展。

三、幼儿美术教育活动的年龄阶段目标

（一）小班(3—4 岁)幼儿美术教育活动目标

审美感知目标:初步具备对周围环境的感知力,可以发现、感受身边事物或美术作品中的美,对绘画、泥塑有兴趣,开始关注不同表现形式的美术作品并表现出喜悦。

审美情感目标:能够辨别一些颜色、形状、形态并能准确地说出名称,可以大胆地表达自己对周围事物、环境的感受,对美术作品也有了不同的情感体验。

审美创造目标:喜欢涂涂画画、粘粘贴贴,开始尝试用自己的绘画语言表达自己的情感,初步具有了一定的表现力。

（二）中班(4—5 岁)幼儿美术教育活动目标

审美感知目标:逐步掌握一些绘画技巧并能理解形状符号的象征意义,能够开始欣赏一些艺术作品,了解其主题及内容。掌握一些其他美术表现形式的基础技巧,如:泥工、纸工及简单玩具的制作工具和方法等。

审美情感目标:逐步表现出对周围事物有不同的喜好,在欣赏美术作品时有模仿参与的愿望,并能反映出对作品相应的情感及情绪,可以对美术作品做出简单评价。

审美创造目标:可以运用绘画、捏泥、手工制作等多种方式表现自己的所见所想或抒发自己的心理情绪。逐步开始有了一定的想象力及创造力。

（三）大班（5—6 岁）幼儿美术教育活动目标

审美感知目标：可以深入理解美术要素，掌握美术相关基本技能，包括整体布局、线条组合、配色方法等。了解各种纸张的性质，开始自制玩具，并开始对收集、选择各种材料产生兴趣和意识。通过欣赏，能很好地理解美术作品的表现手法及创作意图。

审美情感目标：开始聚集个体对美术作品的独特情感，能够感受不同作品中的形式美、抽象美，并且可以和同伴积极分享、交流自己的审美体验。

审美创造目标：能将图形融合，创造属于自己的图式，并能综合运用多种表现手法表达自己的感受和想象；能独立或与他人配合设计制作玩具；在欣赏和评价他人的作品时，能讲述自己独特的观点。

总之，结合幼儿美术发展阶段特点，在绘画方面，小班阶段侧重幼儿对美术的初步感知及兴趣培养；中班阶段侧重幼儿对各种美术工具的识别及绘画基本技能的掌握；大班阶段侧重对幼儿综合美术素养的提高，及综合美术表现手法的运用。在手工方面，小班阶段重在培养幼儿对手工活动的兴趣及日常常规的培养；中班阶段重在培养幼儿手工技能及表现美的情感；大班阶段重在培养幼儿的创造力，并能用自己的美术作品布置环境、美化生活。在欣赏方面，小班阶段重在培养幼儿发现美的能力；中班阶段重在培养幼儿表现美的能力；大班阶段重在培养幼儿创造美的能力。

四、幼儿美术教育活动的具体目标

幼儿美术教育的具体活动目标是最具体、最基本的目标，所有目标最终都要通过具体活动目标才能得以落实。因此，幼儿美术教育具体活动必须具备现实可操作性，且要和总目标及幼儿各个年龄阶段目标保持一致。具体可以分解为以下三维目标。

（一）认知目标

认知目标体现各个年龄阶段需要掌握的基本理论及方法，是年龄目标的具体操作目标。比如：中班通过制定学习基本线条的画法、形状结构等内容来实现其审美感知目标等。

（二）技能目标

技能目标是在认知目标基础上实现的内化目标，常常表现为幼儿把知识和方法转化为操作或实际运用能力。比如：中班制定学会运用图形组合及恰当的配色方法表现物体特征，并达到疏解内心情绪等技能目标，来实现此阶段的审美创造目标等。

（三）情感目标

情感目标是建立在认知目标与技能目标基础上形成的关于兴趣、态度、习惯等方面的目标。比如：中班制定让幼儿体会美术作品中线条、色彩、质地等的不同，表现出与其作品相一致的情感体验，培养幼儿对美术作品欣赏的兴趣等情感目标，实现此阶段的审美情感目标等。

考核页

序号	评价项目	评分标准	满分	评价			综合得分
				自评	互评	师评	
1	阅读知识量	1. 对知识的掌握 2. 阅读知识的态度	20				
2	对工作页上任务的理解及完成情况	1. 书写的准确性 2. 完成的态度 3. 完成的内容	60				
3	总结概括能力及结构化思考能力	1. 总结概括能力 2. 结构化思考能力	20				

任务三　幼儿美术教育活动的内容

学习情境描述

幼儿美术教育活动的总目标要求幼儿能初步感受并喜爱环境、生活和艺术中的美;喜欢参加艺术活动,并能大胆地表现自己的情感和体验。近日,幼儿园要组织全体幼儿参观一次公益美术画展活动。该美术画展主要是以宣传中国传统文化、弘扬民族精神为主题。请结合所学知识,以此次活动为契机,收集整理、归纳总结适合幼儿开展具体美术教育活动的相关素材。

学习目标

1. 掌握幼儿绘画、手工、美术欣赏活动的具体内容及相关要点。
2. 能够结合幼儿特点及教育目标,选取恰当的教育内容。
3. 培养合作、协调能力、培养整合思维能力及创新能力。

任务单

任务描述:
　　幼儿美术教育活动的内容是实现幼儿美术教育目标的重要因素,是完成幼儿美术教育任务的关键。幼儿美术教育活动的内容根据对《纲要》与《指南》的解读,一般包括绘画、手工和美术欣赏,这三个方面内容相互独立又相互联系,构成一个整体。本小节要求掌握幼儿绘画活动的内容及绘画技巧、幼儿手工活动的内容及操作要求、幼儿美术欣赏活动的内容及知识技能。主要任务是能够根据既定目标选择相应的教育内容,设计具体活动方案。

任务要求:
1. 完成工作页上的工作要书写准确,字迹清楚、安排合理。
2. 能体现合作意识,分工明确,合作完成,且有良好的组织协调能力。
2. 根据既定目标选择教育内容时要求整合思维,从全局出发综合、全面考虑问题。

任务考核:
能够根据既定目标选择相应的教育内容安排活动。(口述)

工作页

阅读理解任务单,填写完成任务要求:

1. 幼儿绘画的范围有哪些?幼儿需要掌握的技巧有哪些?

2. 幼儿手工活动的范围及相应的操作要求有哪些?

3. 幼儿美术欣赏活动的范围及相关的知识技能有哪些?

4. 幼儿绘画活动、手工活动、美术欣赏活动三种教育活动内容各自的侧重点是什么?它们分别可以促进幼儿哪些方面的发展?(可以结合幼儿年龄特点以图表形式呈现)

5. 简要说明幼儿绘画活动、手工活动、美术欣赏活动的目标。(结合幼儿年龄特点,采用图表形式呈现)

6. 尝试设计一个融合绘画、手工、美术欣赏于一体的幼儿美术教育活动内容。（口述）

意见与反馈：

信息页

幼儿美术教育活动的内容主要包括绘画、手工和美术欣赏三个方面。

一、幼儿绘画活动的内容及绘画技巧

（一）绘画的工具和材料及其使用方法

绘画工具和材料是幼儿绘画活动不可缺少的媒介，幼儿不仅要认识一些绘画工具和材料，而且还要掌握一些绘画工具和材料的使用方法，才能实现运用绘画手段来感受、表现与创造美的教学目标，所以帮助幼儿认识并且掌握一些绘画工具和材料的使用方法是幼儿绘画活动的重要内容之一。

幼儿绘画活动常用的画笔有蜡笔、水彩笔、水粉颜料、马克笔、彩色铅笔、毛笔、水墨、油墨、棉签、印章等常见的绘图纸张有白纸、宣纸、卡纸、铅画纸、彩色纸等。学生应正确使用这些绘画工具和材料，并掌握蜡笔画、水彩画、水粉画、印画、吹画、喷洒画等绘画类型。

（二）绘画的各种形式语言及运用技巧

绘画的形式语言主要有线条、形状、色彩、构图、造型等美术要素，是绘画表现手段。[①]

1. 线条

线条主要有直线、曲线和折线。通过线条的变化（方向的变化，如：平行、交叉；长度的变化，如：长、短及两者的搭配；质感的变化，如：粗、细、疏、密等）及线条的组合来表现审美感知，体现审美情感，发挥审美创造。

2. 形状

形状是由线条构成的轮廓和结构，主要有几何形状及自然形状。当幼儿能够用越来越复杂的形状组合表现事物及情感时，表明幼儿的绘画水平在不断地提高。

3. 色彩

色彩主要包括对色彩的辨认、复合色的组合及色彩的明暗度、饱和度的运用。

4. 构图

构图是对自己想要的表现形式进行安排和处理。主要有人、物的关系和位置的布局，体现个别与局部、局部与整体的结构、形式，构图是造型艺术的形式结构。

（三）绘画的多种题材及选择方法

绘画的题材是创作者创作艺术形象而选取的生活场景或现象，幼儿绘画的题材大多

---

① 蒋跃.绘画形式语言［M］.北京：人民美术出版社，2012.

来源于生活,主要有自然景物、人物、日常用品和幼儿想象中的人、事、物等。其主要表现形式有物体画、情节画、图案画、意愿画与色彩画等。

二、幼儿手工活动的内容及操作要求

幼儿手工活动主要是指教师引导幼儿直接用双手操作简单工具,对各种可塑性物质材料进行加工、改造、制作。主要有以下内容:泥工活动、纸工活动、玩教具制作活动等。

（一）泥工活动

泥工活动主要是以黏土、橡皮泥、面团等为原料,采用揉圆、搓条、压扁、捏、挖、拉等技法来表现物体立体创意造型的艺术活动。主要目的在于引导幼儿学习用手和简单工具、材料塑造各种物体形象的方法,帮助幼儿形成空间概念,锻炼手指精细动作,发展手眼协调能力。

（二）纸工活动

纸工活动的内容很多,常见的有剪纸、折纸、撕纸及其他和纸有关的活动,还包括对纸工材料及工具的认识及使用方法的掌握等。通过纸工活动可以训练幼儿手指肌肉及动作的灵活性,发展手眼协调能力及手指精细动作。通过折纸的对角折、对边折、组合折,剪纸的目测剪、沿线剪、折叠剪等可以帮助幼儿发展目测能力及感知几何图形的特点与变化。

（三）玩教具制作活动

玩教具制作活动是教师引导幼儿利用废旧物品或水果、蔬菜、树叶等自然物品通过联想进行建构,制作出符合教学要求的玩具或教具。它可以培养幼儿节约和环保的观念,对于幼儿想象力、创造力的发展都有非常重要的意义。此外,也可以结合绘画活动与手工活动进行资源整合,引导幼儿进行创造,比如:剪贴画、布贴画、种子贴画;还可以结合泥塑活动进行综合创造。

三、幼儿美术欣赏活动的内容及知识技能

幼儿美术欣赏活动是教师引导幼儿感受美术作品、自然景物和周围环境中的美好事物、主动发现美、增强幼儿审美趣味和审美能力的活动。对幼儿形成良好的艺术素养,开阔幼儿的审美视野,发展想象力、创造力、语言表达能力及积极的情感态度都有重要的意义。它主要有绘画作品欣赏、工艺美术欣赏、雕塑作品欣赏、建筑艺术欣赏、自然景物欣赏、环境布置欣赏等方面的内容。

（一）绘画作品欣赏

幼儿的绘画作品欣赏的对象主要有油画、水粉画、水墨画、沙画、年画、刮画、儿童画等类型,但也不局限于此,只要是符合幼儿年龄特点、贴近生活、积极向上的绘画作品都可以。教师可以从作品的内容和作品的表现形式两个方面引导幼儿欣赏,进而启发幼儿用语言、表情、动作来表达自己的审美感受,调动幼儿用多种感官欣赏、感受和表达自己的思想情感。

（二）工艺美术作品欣赏

工艺美术作品包括日用工艺品和陈设工艺品。它们的特点是将工艺与美术有机结合,既有审美意义,又有实用价值。日用工艺品主要有美化了的餐具、茶具、服饰、玩具等。陈设工艺主要以摆设、观赏为主,如:雕刻、挂件等。教师主要从贴近幼儿生活、生动有趣

或是具有民族传承的工艺品欣赏中引导幼儿对其造型、趣味、情调及文化历史方面的探究。

（三）雕塑作品欣赏

雕塑是用石头、木头、黏土等可雕刻材料制作的具有可视可触摸的具体实体形象，以表达思想感情的一种艺术形式，属于造型艺术的一种。它包括圆雕和浮雕两种类型。教师在引导幼儿进行欣赏的时候，可以分别从立体的多维角度或是平面的正面进行欣赏，着重引导他们对雕塑作品的形体所体现出来的生命力进行感知，并学习表达自己的情感。

（四）建筑艺术欣赏

建筑艺术主要是以建筑物的造型、布局、装饰和色彩来表现美学意识的艺术，是一种实用与审美相结合的艺术。教师在引导幼儿进行建筑艺术欣赏时要照顾到幼儿的心理特征，从他们比较熟悉、喜欢的建筑物开始欣赏。着重引导幼儿对建筑物的造型、色彩和结构方面进行感受，进而增强他们对对称、均衡、规律性、稳定性等建筑美学特征的理解。

（五）自然景物欣赏

自然界中贴近幼儿生活中的所有景物都可以作为幼儿美术欣赏的内容。如：花、草、树、日、月、海滩、鸟、兽等。通过对自然界中的美的发现，可以启发幼儿的探索欲望及创造美的能力。教师可以用形象的文学语言或是实地参观欣赏等方式，引导幼儿观察自然物千姿百态的美丽造型和姹紫嫣红的艳丽色彩等不同形式的美，更重要的是欣赏其中所蕴含的生命力，进而加深他们对自然美的领会。

（六）环境布置欣赏

环境布置主要是对人工创设的环境和装饰的欣赏，具体有幼儿园环境、家庭环境、社区环境、节日装饰等。教师在引导幼儿对其进行欣赏时，要把欣赏的重点放在整体色调、布局及其所烘托的气氛上，让幼儿体会特定环境展现的情趣，以及人类创设环境的自然美。

考核页

序号	评价项目	评分标准	满分	评价			综合得分
				自评	互评	师评	
1	阅读知识量	1. 对知识的掌握 2. 阅读知识的态度	20				
2	对工作页上任务的理解及完成情况	1. 书写的准确性 2. 完成的态度 3. 完成的内容	60				
3	合作、协调能力及整合思维能力	1. 合作协调能力 2. 整合思维能力	20				

任务四　幼儿美术教育活动的方法及途径

学习情境描述

　　在小班美术活动"小鱼逃走了"中,教师引导幼儿尝试以画圆和添加线条组合画成小鱼等图像和符号。幼儿运用绘画的方式大胆想象找朋友的情景,通过了解小鱼逃走的有趣经历体会回到朋友中间的快乐。①

　　请你用所学知识,预设一下,此次活动可以运用的教学方法有哪些? 分别应怎么开展活动?

学习目标

　　1. 掌握幼儿美术教育活动的方法、途径及各自的优缺点。

　　2. 能够结合实际选择及运用相应的方法及途径,实现优势互补。

　　3. 培养逻辑思维能力及总结概括的能力、培养语言表达及沟通能力、培养整体布局规划能力。

任务四(1)　幼儿美术教育活动的方法

任务单 1

任务描述:

　　幼儿美术教育活动的实施依赖于教学方法的选用,方法选用得当,直接影响活动的效果。所以本小节要求学生掌握幼儿美术活动的几种教学方法的特点、适用性及各自的优缺点。能够根据活动内容及幼儿的年龄特点、个性品质及能力差异等灵活机动地选择运用各种方法组织活动,使活动达到最佳效果。主要任务是绘制幼儿美术教育常用教学方法优缺点的思维导图。

任务要求:

1. 绘制的幼儿美术教育活动常用的教学方法优缺点的思维导图要逻辑清晰、内容准确。

2. 工作页书写要字迹工整,表达要有条理性。

---

① 赵娟,沈永霞,王玉.幼儿园教育活动案例评析[M].保定:河北大学出版社,2019.

任务考核：
绘制一份幼儿美术教育常用教学方法优缺点的思维导图。

工作页 1

阅读理解任务单，填写完成任务要求：
1. 幼儿美术教育活动的常用教育方法有哪些？

2. 绘制幼儿美术教育的常用教学方法的优缺点的思维导图。

意见与反馈：

信息页 1

　　幼儿美术教育活动的教学方法是教师为了完成幼儿美术教育活动的目标，根据所选内容，结合幼儿的特点，运用的所有呈现教学内容的方法和策略组合。幼儿美术教育活动的教学方法种类繁多，形式多样，一般有以语言传递信息为主的方法，有以直接感知为主的方法，有以游戏练习为主的方法，和引导探究为主的方法，共四大类，教师可以根据活动需要灵活机动地进行选择或是综合运用各种方法。具体常见的有以下五种方法。

一、语言分析法

　　语言分析法主要是教师通过语言来描述和解释，或是通过谈话、讨论的方式向幼儿传递信息，使幼儿获得美术知识与技能的教育方法。此种方法可以充分实现教师活动设计的意图，有利于教师控制活动的发展，呈现教学内容，但教师在采用此种方法时使用的语言要有计划性、启发性,要符合幼儿的理解能力和已有的认知水平,切记使用模棱两可、不准确的词汇及语义,以免使幼儿形成错误的理解,或是产生负面情绪。

二、观察演示法

美术的特点是直观形象,主要靠视觉来感知,此种教学方法最能体现美术学科的特点,是幼儿美术活动采用频率最高的一种教学方法。观察演示法主要是引导幼儿有意识、有目的地通过视觉感官感知事物,发现物体特征,形成鲜明的表象,或是通过观察教师演示的绘画方法、握笔姿势和绘画材料的运用等直观感知,来获得美术技能的教学方法。此种方法可以最大限度地激发幼儿绘画和手工制作的兴趣,培养专注力,促进师幼互动。运用此种方法时教师要注意选取观察对象的适宜性,引导幼儿运用多种观察方法,鼓励幼儿用其他感官去感知,如用手摸、用嘴尝或是以动作模仿等方式感知事物特征。在操作演示时教师要做到绘画手法准确、动作熟练,演示节奏适中并配上恰当的语言讲解,效果更佳。

三、游戏练习法

游戏练习法是指主要以娱乐或玩耍的方式进行幼儿美术教育,引导幼儿通过反复练习和操作,熟练掌握各种美术知识与技能的方法。它包括添画游戏、涂色游戏、构图游戏、智力游戏。添画游戏即教师画出主要的形象,然后和幼儿一起添画,共同完成创作;涂色游戏即教师先画好轮廓,然后由幼儿根据已有知识及对色彩美的感受力根据自己的理解进行涂色;构图游戏即教师为幼儿提供多个有关形象,让幼儿进行组合创造,并把组合好的画面情节讲出来;智力游戏即通过观察找出相同或是不同,提高幼儿的观察力及思考能力。游戏练习法具有趣味性和挑战性,是幼儿最喜欢的活动形式,但采用此种方法时教师要注意:选择的游戏方式主题要突出,切忌本末倒置;另外,游戏的内容也要符合幼儿的认知特点,能结合语言训练效果更佳。

四、情境激励法

情境激励法是指在幼儿美术教学过程中教师为幼儿选择或是创设一定色彩的背景、环境,尽量使幼儿有身临其境的感觉,激发他们表现事物的主动性、积极性和创造性的方法。运用此种方法要注意:在整个情境中要尊重幼儿对美术作品的感受与反应,鼓励幼儿用各种方式大胆地表达自己的感受。

五、引导探究法

引导探究法是在教师的指导下,由幼儿自己发现问题、探索问题和解决问题的教学方法。此种方法的主要特点是相关美术技能不是由教师直接教给幼儿的,而是在教师的启发下,由幼儿自己尝试探索并获得的,以此培养幼儿的探索能力及创造力,这种方法对发展幼儿的美术构图能力,不断丰富其作品内容具有重要意义。

考核页 1

序号	评价项目	评分标准	满分	评价			综合得分
				自评	互评	师评	
1	阅读知识量	1. 对知识的掌握 2. 阅读知识的态度	20				
2	对工作页上任务的理解及完成情况	1. 书写的准确性 2. 完成的态度 3. 完成的内容	60				
3	逻辑思维能力及总结概括能力	1. 逻辑思维能力 2. 总结概括能力	20				

任务四(2) 幼儿美术教育活动的实施途径

任务单 2

任务描述:

  幼儿美术教育活动的实施可以通过正规的美术教育活动和非正规的美术教育活动来进行。本小节要求学生掌握幼儿美术教育不同实施途径的组织策略及指导要点,并能够根据活动目标、内容合理进行选择。此外,学生还要掌握家庭及社会美术教育活动的引导方法,有效实现家园共育,集合社会各界力量发展幼儿的美术教育,促进幼儿全面发展。主要任务是设计一份融合多种途径开展幼儿美术教育活动的实施方案。

任务要求:
1. 设计的幼儿美术教育活动的实施方案要体现多种途径,实现效果最优化,体现整体布局的能力。
2. 与同伴分享时语言要清晰、流利、有层次性、有亲和力。

任务考核:
设计一份融合多种途径开展幼儿美术教育活动的实施方案。(口述)

工作页 ⅼ

阅读理解任务单,填写完成任务要求:

1. 幼儿美术教育活动的实施途径有哪些?其各自的特点又有哪些?

2. 总结不同实施途径的组织策略及注意事项。

3. 在小班美术活动"彩色噗噗车"中,主要教师展示教具汽车,对幼儿说:"今天有好多玩具到咱们班聚会,看,它们跳起舞来了。"展示汽车用车轮跳舞。引导幼儿以更多的方式让汽车跳舞:直行、拐弯、转圈、扭来扭去……只要动作好看,让它怎么跳都行。之后用玩具车轮子蘸上颜料在纸上滚动,看会出现什么效果。教师引导幼儿到美术角继续体验不同车轮画出的效果,和同伴分享,并把自己的作品带回家,与父母一起探索更多的画法。①
找一找,以上案例中都用了哪些有效实施途径?也可以结合自己所学知识为上述的活动提出改进意见。

4. 设计一份融合多途径实施的幼儿美术教育活动实施过程设计方案,并分享给同伴。

意见与反馈:

---

① 赵娟,沈永霞,王玉.幼儿园教育活动案例评析[M].保定:河北大学出版社,2019.

信息页 ②

一般来说,幼儿美术教育活动的实施途径主要有专门的美术教育活动和非专门的美术教育活动。

一、专门的美术教育活动

专门的美术教育活动是指教师有目的、有计划地组织安排全体幼儿参与活动,为幼儿提供丰富的材料,并采用一定的教学方法,使幼儿掌握一定的美术知识及技能的一种教学活动。根据活动内容的不同,活动可以围绕某一具体的艺术作品而开展,也可以围绕某一专门的美术技能或美术知识而开展,或是围绕某一个特定主题开展,活动可以采用多种形式开展,可以是集体教学形式,也可以是小组学习和个别化学习形式,还可以同时融合以上三种组织形式。

此外,还可以融合其他领域课程来共同开展,如语言、科学、社会、健康等学科或领域中的美术活动。

二、非专门的美术教育活动

非专门的美术教育活动主要是指通过幼儿在活动区的自由活动或是教师的引导进行的随机的集体或个体的美术指导活动,主要可以从以下四个渠道组织开展。

（一）美术环境创设

美术环境创设的目的是让幼儿在其中能得到潜移默化的熏陶,使环境更适合幼儿的成长与发展。因此,在进行美术环境创设时要考虑到幼儿自身的发展特点,要遵循教育的总体要求,美术环境的装饰要讲究形式美,色彩要鲜明、协调,有一定的规律性,让幼儿可以从环境的各个部分感受到美,能形成初步的审美能力。更重要的是美术环境创设的内容与主题要生动、有趣,且能让幼儿参与,能够让幼儿主动、自发地参与活动,发展幼儿的主动探究能力。

（二）美术角和美术活动室

美术角是一个给幼儿提供自由欣赏和创作的美术活动空间,空间的位置大小不受限制,有的是在教室一角,有的是在过道或是室外,是常见的美术教育形式之一。美术角的材料投放要多样化,以满足不同幼儿的需要。美术角活动的内容要根据幼儿美术教育活动的要求和目标,结合幼儿年龄特点进行选择和安排,并且要定期更新。美术活动室是专门的美术活动教室,活动室的创设、内容的安排、使用规则都要统筹安排,并由教师进行指导。

（三）家庭美术教育

家庭美术教育对幼儿的美术兴趣的培养、美术情趣的熏陶都起着至关重要的作用。所以,幼儿美术教育一定要有家长的参与与配合,积极开展家园共育,才能收到事半功倍的效果。主要可以从以下两个方面入手,一个是加强与家长的沟通。例如,创设家园联系栏,展示幼儿的作品,让家长随时了解幼儿的具体活动;定期开展家长开放日活动,通过参观幼儿美术活动,让家长加深对幼儿活动的了解;准备家园联系手册,定期记录幼儿的表现,以加强家园沟通联系。另一方面是加强家长对幼儿美术活动的协助与参与。例如:请家长协助幼儿收集材料,如废弃的包装盒、彩色糖纸等物品,丰富创作材料;还可以布置一些亲子活动,让家长与幼儿共同完成美术活动中的创作与欣赏,等等。

（四）社会美术教育

社会美术教育是幼儿美术教育在幼儿园和家庭以外的延伸与补充,其内容、形式都具有较大的灵活性。幼儿园可以与美术教育机构合作开展多种形式的美术教育活动,主要有组织幼儿参观美术馆、博物馆和整合社会各界美术优势资源,实现联合办学,如举办美术兴趣班、美术技能培训班等,从培养幼儿观察力、想象力、创造力着手进行美术教育活动。

考核页 2

序号	评价项目	评分标准	满分	评价			综合得分
				自评	互评	师评	
1	阅读知识量	1. 对知识的掌握 2. 阅读知识的态度	20				
2	对工作页上任务的理解及完成情况	1. 书写的准确性 2. 完成的态度 3. 完成的内容	60				
3	语言表达及沟通能力、整体布局规划能力	1. 语言表达沟通能力 2. 整体布局规划能力	20				

任务五　幼儿美术教育活动的设计与实施指导

学习情境描述

以"中秋节"为主题,为小班的幼儿设计一份具体美术活动方案,并进行模拟组织开展。

要求：（1）结合幼儿的年龄特点制定相应具体活动的三维目标。

（2）选择至少涉及两个教学内容组织开展。

（3）运用的教育方法及实施途径要综合考虑,做到优势互补,取长补短。

（4）模拟开展活动时,注意教师的仪容仪表,要大方得体,语言要清晰流畅。

2. 撰写一份与上题内容相同的说活动设计文稿。

要求：体现教育理念及教育策略,内容完整,可操作,其他要求同上。

学习目标

1. 掌握幼儿美术教育活动设计的策略,掌握活动设计方案的撰写要点及说活动设计的要点。

2. 能够设计幼儿美术教育活动及完成相应设计方案的撰写,并组织实施活动;能够开展教师间的说幼儿美术教育活动,会撰写说活动设计文稿。

3. 培养语言运用能力、仪态表现力、培养全局思维能力。

任务单

任务描述:

幼儿美术教育活动的设计与实施指导是每个幼儿教师必备的能力之一。本小节要掌握美术教育活动的设计与实施指导的全过程,如活动目标的制定、活动相关准备、活动过程的开展、活动结束策略、活动延伸安排等内容。学生不仅要懂得从全局把握活动的设计,每个局部也要章法有度地安排,不仅要实现教育整体目标,还要懂得分解目标,选择合适的教育活动内容和方法,采取有效的实施途径,循序渐进地实现幼儿美术教育活动的目的。本小节主要任务有三个:一是独立撰写一份幼儿美术教育活动设计方案;二是撰写一份相关幼儿美术教育活动的说活动设计文稿;三是独立开展一次幼儿美术教育活动。

任务要求:

1. 设计的幼儿美术教育活动方案要具体可行、目标适宜、准备充分、过程严谨,能体现幼儿的主体性。

2. 说活动设计文稿要体现幼儿美术教育的理念及教育策略,内容完整、可操作。

3. 模拟开展幼儿美术教育活动时,语言表达要清晰流畅,层次要分明,重点要突出,内容要完整。

任务考核:

1. 设计一份完整的幼儿美术教育活动方案。

2. 完成一份与活动方案对应的说活动设计文稿,并在同学中进行分享。

3. 根据完成的活动方案模拟开展一次幼儿美术教育活动。

工作页

阅读理解任务单,填写完成任务要求:

1. 大班手工活动:"汽车"

制定的目标如下:(1)引导幼儿想象用彩泥塑造汽车。

(2)引导幼儿恰当地使用辅助材料和工具。

(3)培养幼儿团结合作的精神。

请分析以上活动有哪些不恰当的地方并进行调整。

2. 结合之前所学的知识,总结选择幼儿美术教育活动内容的依据和策略。

3. 大班美术教育活动"民族服装欣赏"主要活动过程如下:
   (1) 出示各民族服装,让幼儿摸一摸,看一看。
   (2) 让幼儿轮流穿上民族服装进行表演。
   (3) 教师和幼儿一起随着音乐跳舞或时装表演,活动结束。
   该活动采取的主要教育方法有哪些? 是通过哪些途径组织实施的?

4. 以"中秋节"为主题,为小班幼儿设计一份美术活动方案,并模拟组织开展活动。
   要求:(1) 结合幼儿的年龄特点制定活动的三维目标。
   　　　(2) 至少选择两个教学内容组织开展活动。
   　　　(3) 综合运用教育方法及实施途径,做到优势互补,取长补短。
   　　　(4) 模拟开展活动时,教师的仪容仪表要大方得体,语言要清晰流畅。

5. 撰写一份与上题内容相同的说活动设计文稿。
   要求:体现幼儿美术的教育理念及教育策略,内容完整,可操作,其他要求同上。

意见与反馈:

信息页

一、幼儿美术教育活动设计举例

小班美术活动:下雪了[①]

活动目标:

1. 掌握手指点画的技巧,手、眼、口的协调能力。

---

① 陈秉龙,高培仁.幼儿园美术教育活动设计与指导[M].武汉:华中师范大学出版社,2014.

2. 能够运用手指点画的方法进行创作。

3. 感受用手指点画的乐趣,并能发挥想象力大胆创作。

活动准备:

1. 音乐《冬》《我是小雪花》。

2. 白色颜料、碟子、毛巾。

3. 绘图、雪景、背景图一幅。

活动过程:

1. 以舞蹈形式进场,音乐结束后幼儿回位置

2. 引导幼儿了解下雪的季节,认识雪的颜色

3. 演示点画方法

(1)教师示范,让幼儿一起练习

指导语:下雪了,我们来玩一个点雪花的游戏吧! 伸出你的食指,蘸一蘸,点一点,点雪花。(可以重复几次)

(2)教师示范蘸颜料点画

指导语:看雪姐姐是怎么点出雪花的,先蘸白颜料,在纸上点一下,变出一朵小雪花,再点一下,再变出一朵小雪花,点,点,点,变出许多小雪花。

引导幼儿点画雪花,让幼儿知道点画的要求。

(3)带领幼儿作画,巡回指导(伴音乐《我是小雪花》)

指导语:蘸点白颜料,小手指在纸上点一点,变出一朵雪花来,雪姐姐看见有一朵雪花飘到了房顶上,你们的雪花飘到哪儿了?

(4)完成作画,小结,欣赏作品

4. 以舞退场,结束活动

　　雪姐姐还要带你们去玩更好玩的游戏,和观众们说再见,配合音乐,出场,结束。

活动延伸:

　　想一想,做一做,用点画的方式,还可以画些什么?

二、幼儿美术教育说活动设计文稿简略样例

小班美术活动:下雪了

说活动结构	简述要点	设计意图
说活动设计意图	幼儿美术不仅具有趣味性,还具有情感性,又直观又形象,是最为幼儿喜爱和接受的艺术形式之一。但小班的幼儿手指精细动作的发展还有待提高,因此设计了本次活动。	一是培养幼儿对绘画的兴趣;二是培养幼儿的创作意识;三是促进幼儿手指精细动作的发展。
说活动目标及重难点	知识目标:掌握手指点画的技巧,手、眼、口的协调能力。(重点) 技能目标:运用手指点画的方法进行创作。(难点) 情感目标:感受用手指点画的乐趣,并能发挥想象力大胆创作。	以美术内容为载体,融合多领域教学内容开展活动,促进幼儿全面发展。

续　表

说活动结构	简述要点	设计意图
说活动准备	经验准备：幼儿对自然环境的感知,对美术工具的初步认知。 物质准备：1.音乐《冬》《我是小雪花》。2.白色颜料、碟子、毛巾。3.绘图、雪景、背景图一幅。	为活动的开展提供保障。另外,注意活动中前身活动和延伸活动的衔接。
说教法与学法	观察演示法、游戏练习法、情境激励法等	方法优势互补
说活动过程	1.以舞蹈形式进场,音乐结束后幼儿回位置 2.引导幼儿了解下雪的季节,认识雪的颜色 3.演示点画方法 (1)教师示范,让幼儿一起练习 (2)教师示范蘸颜料点画 (3)带领幼儿作画,巡回指导(伴音乐《我是小雪花》) (4)完成作画,小结,欣赏作品 4.以舞退场,结束活动	运用恰当的教学方法和途径展开教学,通过幼儿喜欢的情境法、游戏法等突破重难点,帮助幼儿掌握本小节的知识,进而培养幼儿的创造力。
说活动延伸	想一想,做一做,用点画的方式,还可以画些什么?	以问题形式,巩固本节的知识,并为下次课的拓展打下伏笔。

考核页

序号	评价项目	评分标准	满分	评价			综合得分
				自评	互评	师评	
1	阅读知识量	1.对知识的掌握 2.阅读知识的态度	20				
2	对工作页上任务的理解及完成情况	1.书写的准确性 2.完成的态度 3.完成的内容	60				
3	语言运用、仪态得体及全局思维能力	1.语言运用能力 2.仪态得体的表现能力 3.全局思维能力	20				

思政园地

扫码阅读并思考：从上文中可以总结出开展幼儿美术教育的目标和意义是什么？开展幼儿美术教育应该采用什么方式最合适？作为幼教工作者应该如何有效地开展幼儿美术活动，提升幼儿的审美意识，增强国家民族文化认同感？谈谈你的看法。

思政园地 8

项目总结

本项目通过任务分组的形式，主要介绍了幼儿美术教育活动的内涵、特点和意义，幼儿美术教育活动的目标、内容、方法、途径等基础理论。通过情境创设、案例解析、岗位工作等把理论知识融入现实工作中，加强理论联系实际的能力，努力使学习者掌握幼儿美术教育活动组织实施的一些教育教学技巧，且重视全面提升学习者综合职业素养。

项目拓展

1. 通过阅读文献、查阅资料、实地调查等多种方式收集民间幼儿美术的素材。
2. 思考幼儿美术活动课程开发的路径。

项目九　幼儿音乐教育活动的设计与实施

学习目标

知识目标

1. 了解幼儿音乐教育活动的内涵、特点、意义。
2. 明确幼儿音乐教育活动的目标及内容。
3. 掌握幼儿音乐教育活动设计与实施的方法、途径及相关策略。

能力目标

专业能力目标：

1. 能够设计幼儿音乐教育活动及完成相应设计方案的撰写。
2. 能够根据设计的方案对幼儿组织实施音乐教育活动。
3. 能够开展教师间的说幼儿音乐教育活动。

非专业能力目标：

1. 培养理论联系实际的能力。
2. 培养结构化思考能力。
3. 培养组织协调能力以及视听歌舞联动的能力。

思政目标

树立审美意识,培养社会主义审美情感,增强国家民族文化认同感。

知识导图

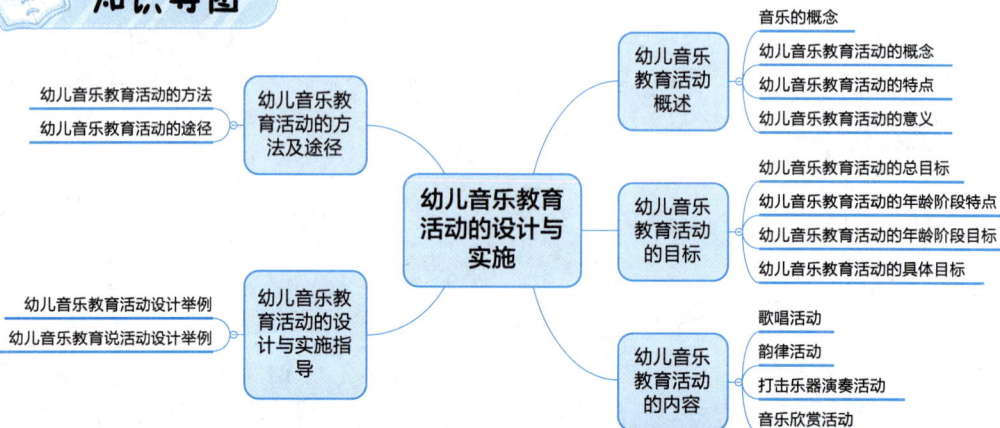

任务一　幼儿音乐教育活动概述

学习情境描述

在小班音乐活动"水果歌"中,教师让幼儿排成弧形两排,教师先进行示范唱歌,并出示准备好的小黑板,之后拿出道具苹果、桃子、橙子和梨对应的卡片,对应着音符和节拍把卡片贴在黑板上,教师带领着幼儿一起唱起了水果歌。最后,教师又出示了菠萝、香蕉、荔枝和樱桃的对应卡片,这回让幼儿对应着音符和节拍分小组贴在黑板的对应位置,引导幼儿唱出水果歌。活动结束,教师总结音符与节拍的规律,并带着幼儿连续歌唱两遍不同的水果歌。在活动延伸环节,教师给幼儿布置小任务,请幼儿回家再找些不同水果进行替代,创编不同内容的水果歌。

思考:以上案例体现了幼儿音乐教育活动的哪些特点和意义?请简单分析一下,并提出自己的观点。

学习目标

1. 理解幼儿音乐教育活动的内涵、特点、意义。
2. 能运用所学知识分析、解释一些教学现象并能为幼儿音乐教育活动提供适当指导。
3. 培养理论联系实际的能力。

任务单

任务描述:
　　幼儿艺术领域中除了美术教育以外,还有一个重要内容就是幼儿的音乐教育,本小节需要理解幼儿音乐教育活动的内涵,幼儿音乐与成人音乐的异同,进而总结出幼儿音乐教育活动的特点及幼儿音乐教育活动在幼儿成长中的重要意义,为日后组织实施幼儿音乐教育活动做好准备。主要任务有:为开展幼儿音乐教育活动找到理论依据,也能对现有的一些幼儿音乐教育活动案例进行分析与点评。

任务要求:
1. 完成工作页上的任务,书写要清晰、工整、论述要有理有据。
2. 收集列举的幼儿音乐教育活动案例要能体现其教育的特点及意义,分析要条理清晰,有理有据。

任务考核：

收集已有活动案例，从中分析幼儿音乐教育活动的特点及现实教育意义。（也可以是反例）

工作页

阅读理解任务单，填写完成任务要求：

1. 说说你是怎么理解幼儿音乐教育活动的内涵的？

2. 谈谈幼儿音乐教育活动的特点，你还能总结出其他特点吗？

3. 幼儿音乐教育活动的意义有哪些？

4. 谈谈你对日后开展幼儿音乐教育活动有什么计划？你将如何实现其在幼儿成长过程中的意义？

5. 收集一些实例，分析其中可以体现的幼儿音乐教育活动的特点及意义。（也可以是反例）

意见与反馈：

信息页

音乐是一门艺术,具有潜移默化、美化心灵的作用。良好的音乐教育不仅能给幼儿带来欢乐,还可以培养他们良好的品质和行为,对幼儿身心全面发展起着不可替代的作用。

一、音乐的概念

音乐是通过声音这一媒介来反映人们的思想、情感以及社会生活的一门听觉艺术。音乐具有自由性和不确定性,在众多艺术形式中,音乐是最擅长于抒发情感、最能拨动人心弦的艺术形式,音乐在传达和表现情感上,优于其他艺术形式。

二、幼儿音乐教育活动的概念

幼儿音乐教育活动是教师有目的、有计划地设计和组织多种形式的音乐活动,让幼儿感知音乐,体验音乐,以培养和发展幼儿的音乐能力,以促进幼儿身心全面发展为目标的教育活动。

三、幼儿音乐教育活动的特点

幼儿音乐教育活动主要是通过音乐的情感性、感染性和愉悦性的特点来引发幼儿的情感体验,从而获得审美感受。其主要特点如下。

（一）幼儿音乐教育活动的形象性

幼儿的思维主要依赖事物的具体形象、表象以及表象的联想而进行的,所以幼儿音乐教育活动就更加注重其表现形式的形象性。如,歌曲《走路》,通过"小兔子走路,跳跳跳"等歌词和旋律,形象地再现了小兔子走路的样子。此外,幼儿对音乐的理解离不开幼儿本身认知、思维发展水平。所以,幼儿音乐教育活动的内容、形式较多地体现形象性的特点且要贴近幼儿的日常生活。

（二）幼儿音乐教育活动的游戏性

幼儿音乐本身就具有娱乐的特点,也是其备受幼儿喜爱的原因之一。幼儿音乐教育的游戏性直接体现在"音乐游戏"上。幼儿音乐游戏更加侧重幼儿在游戏活动中的节奏感、动作的协调性、促进幼儿音乐能力的提高等方面,如音乐游戏"猫和老鼠""老狼老狼几点了""颠倒歌"等。此外,幼儿音乐教育的游戏性还体现在音乐教育的内容、形式和方法上。

（三）幼儿音乐教育活动的综合性

幼儿音乐教育活动的综合性主要体现在音乐教育活动内容的综合性、形式的综合性、方法的综合性、过程的综合性。

音乐教育活动内容的综合性主要表现在教师在进行活动设计时常常是融合多领域的教育内容开展,以促进幼儿全面发展。幼儿在感受、表现音乐的过程中,常常是伴有"唱唱跳跳""载歌载舞"等多种表现形式,可见,幼儿的音乐教育活动并不是单纯选择音乐表现形式,而是以综合的形式,让幼儿在歌、舞、乐密切相融的音乐活动形式中,体验音乐的快乐。幼儿音乐教育活动的方法也是灵活、丰富多样的:既有教师的亲身示范,又有幼儿的操作练习;既有语言讲解,又有艺术欣赏,可见幼儿音乐教育活动的方法也是综合的。在幼儿音乐教育活动过程中,既有运用一定的音乐技巧进行的表演活动,也有以引导幼儿感受和理解音乐为主的欣赏活动,还有鼓励幼儿自由探索、表达音乐的创作活动,因此,在幼儿音乐教育活动的过程中,体现出了融合表演、欣赏、创作的综合性特点。

四、幼儿音乐教育活动的意义

音乐教育是以音乐为内容和艺术手段的审美教育活动,是美育的重要组成部分。幼儿音乐教育活动对幼儿的身心发展有着重要意义,主要体现在:

（一）促进幼儿认知能力的发展

（1）促进幼儿感知能力的发展。音乐活动是借助听觉器官来进行的,又主要以动作、声音等形式表现出来,由此,幼儿音乐活动能促进幼儿的感知觉的发展。教师应该为幼儿提供更多参与音乐活动的机会,并在活动中有意识地引导他们集中注意力进行听觉探索、动作探索、声音探索等感知觉的发展。

（2）促进幼儿记忆力的发展。幼儿进行音乐活动时不仅要听,而且要记。他们要记住歌词、曲调,记住律动动作、舞蹈动作的顺序、音乐游戏的规则、欣赏过的以及打击乐作品中的节奏型等,幼儿的音乐记忆正是在这一系列活动中得到发展的。

（3）促进想象、联想能力和思维能力的发展。想象、联想能力是思维活跃的创造性人才必不可少的一种能力。幼儿通过对音乐的感知,体会音乐中表达的情感,以想象和联想的形式创造性地表现出来。可见,幼儿音乐教育活动是促进幼儿的想象、联想及思维能力发展的重要途径之一。

（二）促进幼儿情感和意志品质的发展

学前期的幼儿社会交往范围不断扩大,情感体验日趋丰富和复杂,情感自我调节能力不断提高,富有情感性的音乐活动正好能较好地满足幼儿此阶段情感发展的需要。幼儿通过参加或是接触各种音乐活动、音乐作品,逐步体会和懂得爱、温柔、同情、自豪、集体精神,憎恨丑恶和追求美善,进而陶冶情操、启迪心灵。

（三）促进幼儿心智及动作的发展

良好的音乐教育活动可以促进幼儿大脑右半球发展,增进大脑功能。人类大脑有两个半球,左半球主要掌管语言学习、数字理解、概念构成等以及分析性思维活动,右半球则主要掌管音乐、图形感知、空间知觉、距离判断以及综合性思维活动。大脑两个半球的机能同时高度发展并能够很好地协同活动时,才能更好地发挥其整体功能。良好的音乐教育活动可以促进幼儿语言的发展。幼儿通过大量接触优秀歌曲和有节奏的朗诵行为,不仅积累了音乐词汇,而且也扩大了语言词语的积累,增强了对文学语言的理解和运用能力。此外,良好的音乐教育活动还可以促进幼儿动作的协调和运动能力的发展。

考核页

序号	评价项目	评分标准	满分	评价			综合得分
				自评	互评	师评	
1	阅读知识量	1. 对知识的掌握 2. 阅读知识的态度	20				
2	对工作页上任务的理解及完成情况	1. 书写的准确性 2. 完成的态度 3. 完成的内容	60				
3	理论联系实际的能力	理论联系实际的能力	20				

任务二　幼儿音乐教育活动的目标

学习情境描述

在大班音乐活动"快乐的森林舞会"中,首先,教师分发森林里不同小动物道具头饰,幼儿按不同头饰道具找到好朋友进行分组。之后,教师播放背景音乐和图片,示范舞蹈动作,引导幼儿发现乐曲的结构,理解节拍变化。最后,幼儿理解、领会乐曲结构及节拍的变化,以小组为单位结合不同动物的特性,创编动作。共同展示每个小组创编的舞蹈,进行森林舞会的分享。

请结合所学知识,归纳总结以上活动的三维目标,要求层次清晰、定位准确。

学习目标

1. 掌握幼儿音乐能力发展的阶段特点,掌握幼儿音乐教育活动的总目标、年龄阶段目标及具体活动目标。

2. 能够结合幼儿年龄的特点制定具体活动三维目标。

3. 培养总结概括能力及结构化思考能力。

任务单

任务描述：

　　幼儿音乐教育活动的目标是指对幼儿实施音乐教育活动后所能得到的一个预期。确立幼儿音乐教育的目标要符合幼儿音乐发展的特点和规律,符合《纲要》和《指南》的要求,同时也要符合音乐教育学科本身的特点。本小节要掌握幼儿音乐发展的阶段特点;幼儿音乐教育活动的总目标;幼儿音乐教育活动的年龄阶段目标;幼儿音乐教育具体活动目标的要点等内容。主要任务有两个:一是结合幼儿对音乐发展的阶段特点对幼儿音乐教育活动年龄阶段目标进行分解;二是制定一份能体现三维目标的幼儿音乐教育具体活动目标。

任务要求：

1. 分解的年龄阶段目标要层次鲜明,重点突出,体现结构化思考能力。
2. 确立的具体活动目标要体现三维目标,层次鲜明,具有可操作。

任务考核：

1. 结合幼儿的音乐发展阶段特点对幼儿音乐教育年龄阶段目标进行详细分解。
2. 制定一份体现三维目标的幼儿音乐教育具体活动目标。

工作页

阅读理解任务单,填写完成任务要求：

1. 幼儿音乐教育活动的总目标包括哪些?

2. 针对不同幼儿音乐教育活动内容呈现的幼儿的音乐发展阶段特点有哪些?

3. 幼儿音乐教育活动的年龄目标有哪些?

4. 结合幼儿的音乐发展阶段特点,对幼儿音乐教育活动年龄目标进行详细分解。

5. 幼儿音乐教育的具体活动目标有哪些？要点是什么？

6. 根据幼儿音乐教育具体活动目标的要点，制定幼儿音乐教育具体活动的三维目标。
　　要求：三维目标要层次鲜明，重点突出，体现年龄特点，具有可操作性。

意见与反馈：

信息页

一、幼儿音乐教育活动的总目标

　　根据《纲要》和《指南》的要求，结合音乐学科本身的特点，可以把幼儿音乐教育活动的总目标概括为：音乐感受能力、音乐的节奏感、音乐的记忆和表现创造能力。

　　（一）音乐感受能力

　　音乐感受能力包括音乐听觉和情绪感受两部分。学前期幼儿要求能初步感受并喜爱周围环境、生活和音乐中的美；能感知声音的高低、长短、强弱等变化；能对音乐作品的构成要素、表现形式等有初步的感知与认识。

　　（二）音乐的节奏感

　　音乐的节奏感是指客观事物和艺术形象中合规律的周期变化的运动形式引起的审美感受，是音乐的核心要素之一，是音乐生命力的源泉。唱歌、跳舞、乐器都离不开节奏感。[1] 学前期幼儿要求能掌握音乐节拍速度的变化、音量强弱对比、音符疏密搭配等内容。

　　（三）音乐的记忆和表现创造能力

　　音乐的记忆力包括对乐曲旋律、伴奏、结构及词语的识记、保持、再认识和重现的能力，也包括对某一动作、行为或技能等具体行动的回忆能力。音乐的表现创造力是指用乐曲或是乐器来创造性地表达自己情绪情感的能力。学前期幼儿要求能够通过亲身实践，在与作品相互激发、融合的过程中，能够利用语言、动作、简单乐器进行相应的外部行为表现。

二、幼儿音乐能力发展的年龄阶段特点

　　幼儿音乐能力的发展受年龄、环境等多因素影响，主要呈现以下阶段特点。

　　（一）幼儿歌唱能力的发展特点

　　唱歌是幼儿的一种自然活动，也是幼儿最喜爱的音乐形式，幼儿通过愉快的歌唱活动

---

[1] 朱立元.美学大词典[M].上海：上海辞书出版社，2014.

可以表达自己的情感,丰富自己的节奏感,进而发展音乐的记忆力及表现创造力。

1. 歌唱中的歌词、音准和节奏的发展特点

歌词。3岁前的幼儿对歌词含义的理解十分有限,只是把歌词当作一种声音加以重复,很难实现对音乐的真正感知,但由于语言的快速发展,这阶段的幼儿已经具备了初步的音乐记忆能力。4—6岁的儿童掌握词汇的能力进一步提高,这个阶段幼儿对歌词的听辨、理解、记忆能力都有了较大提高。教师应根据不同阶段幼儿发展的特点,为幼儿提供难度适中的歌曲进行试唱练习,并结合语言发展的敏感期实施有效干预,来发展提升幼儿对歌曲、歌词的理解辨别能力。

音区和音准。学前期幼儿发音器官处于生长发育阶段,声带短而柔嫩,音量较小,音色比较清澈透明。2岁左右的幼儿可以唱出3—4个音(d^1—g^1)范围;3—4岁幼儿可以唱出5—6个音(c^1—a^1);4—6岁的幼儿稍有扩展,向上一般可以达到b^1或c^2,向下可以达到b或a。此外,幼儿的音准受年龄影响较大。3岁幼儿在没有乐器伴奏的情况下,独立歌唱时"跑调"现象相当严重,4—6岁幼儿把握音准的能力有了一定的进步,如有琴声伴奏,大多能够基本唱准音高。另外,下行音程比上行音程容易被幼儿掌握。

节奏。3岁左右的幼儿对二分音符、四分音符、八分音符所构成的歌曲节奏是比较容易接受的。4—6岁的幼儿在唱歌的节奏表现能力方面可以有较大的发展,可以掌握带附点和切分音节奏。在正确的方法指导下,大班幼儿可以逐步掌握3拍子歌曲的节奏、弱起乐句的节奏等。

2. 歌唱中的姿势、呼吸和表情的发展特点

歌唱中的姿势、呼吸和表情等方面是唱歌技能中最重要的体现。首先是姿势。坐着唱歌时要求幼儿身体坐直,两手自然放在腿上;站着唱歌时身体应该直立,两手自然下垂。这个可以结合乐曲的旋律及幼儿的身体发展状况进行训练。其次是呼吸。3岁前,幼儿的肺活量很小,呼吸很浅,唱歌时不能根据乐句的需要进行换气,常常出现一字一顿的歌唱。3岁后,通常是根据自己使用气息的情况来换气,会出现因为换气而中断句子、中断词义的情况,所以速度太快或太慢的歌曲都唱不了,节奏过于密集或过于舒缓的歌曲也难以胜任。4—6岁的幼儿经过训练,一般在呼吸时自然而迅速,能有节制地消耗气息,能按照音乐的意思来换气,不中断音乐中的句子。最后是表情。与声音表情有关的歌唱技能主要有速度、力度及音色变化等。4—6岁的幼儿,在良好的教育影响下,能具有一定的表现意识,能较熟练地应用一些简单的表现技能。同时,对歌曲的形象、内容、情感的体现理解能力也在一定程度上增强了。

3. 歌唱中的音乐表现创造力的发展特点

3岁幼儿在唱他们所熟悉和理解的歌曲时,大多可以用速度、力度、音色的明显变化来表现歌曲中的不同形象和情绪,并且具备了初步的创造性表现意识,创造性表现技能逐步获得发展。4—6岁幼儿经过良好的教育影响,可以表现一些比较细腻和复杂的音乐形象,创造性表现的兴趣和自信心也逐步增强了。教师应该结合幼儿音乐能力发展的特点,多设计一些幼儿自编动作的活动,引导启发幼儿多观察、多思考,大胆地表现自己的情感。

4. 歌唱中的合作协调能力的发展特点

正常情况下,幼儿在3岁后期基本上能做到音量、音色、音高和速度上与集体相一致,

能够与集体同时开始和结束。小班幼儿可以掌握简单的对唱和接唱,并能从合作歌唱活动中初步体会到协调一致的快乐。4—6岁的幼儿,在良好的音乐教育活动影响下,在歌唱时能注意到声音表情的整体协调性,而且能产生较多的情感默契和共鸣。同时,他们还能掌握独立的对唱、齐唱、轮唱及简单的二声部合唱等合作的歌唱表演形式。

(二)幼儿韵律能力的发展特点

幼儿韵律能力是指幼儿在进行韵律活动时使身体动作与音乐协调一致的能力。韵律活动能力的发展依赖于一定的动作技能,又需要一定的音乐感受能力、理解力和表现力。

1. 幼儿身体协调能力的发展特点

幼儿的动作是从整体到局部、从粗糙到精细、从非移位动作到移位动作、从单纯动作到联合动作发展的。3岁初期,幼儿的平衡及自控能力还较差,只能较好地掌握幅度较大的肢体活动,如上肢动作等,而对细小的、上、下肢联合的动作掌握起来有一定的难度。能单脚连续向前跳不超过2米,连续行走的距离大约在1米左右,途中需要适当的休息。4—5岁左右的幼儿,下肢连续动作能力增强,下肢的联合动作也逐渐得到发展,能单脚连续向前跳5米左右,能快跑20米左右。5—6岁左右的幼儿,动作进一步精细,可以做身体、躯干动作到精细的手臂—手腕—手指动作,如模仿成人缝衣服的动作等。上、下肢配合协调,能做上下肢联合的较复杂的动作,且开始发展身体腾空过程的移位动作等。

2. 幼儿随音乐律动能力发展特点

3岁初期的幼儿听到自己喜爱或熟悉的音乐时,往往会自发地跟着音乐拍手、踩脚,但不能与音乐合拍,音乐常常是一种背景。3岁后期幼儿逐渐能根据音乐的特点,努力使动作与音乐节奏相一致。大多数幼儿能运用手、臂、躯干做单纯动作,如拍手、摆肩、点头等。4—5岁的幼儿能自如地随着音乐的变化调节自己的动作,如:快、慢、轻、重等。5—6岁的幼儿能随着音乐的速度和力度的变化较灵活地做动作,同时能自如地表现音乐的节奏、节拍,如八分音符、十六分音符、切分音及三拍子的节奏等。

3. 幼儿合作及创造性表现能力发展特点

3岁的幼儿在韵律活动中的动作表现往往是以自我为中心的,他们不善于运用动作与同伴配合,交流共享。在创造性表现能力上,这个时期的幼儿能随着音乐用自己想的动作模仿和表现日常生活中熟悉的具体事物,能用动作来初步表现自己的情感体验。4—5岁的幼儿开始注意运用动作与同伴合作、交流。如在集体韵律活动中,他们会自动调整位置,不与他人碰撞而共享空间,会和同伴合作表演,会主动邀请同伴共舞等。在创造性表现方面,他们开始尝试进行简单的创编活动,表达情绪。5—6岁的幼儿创造性表现音乐的能力进一步增强。他们不仅可以创编活动,并且开始追求姿态与动作的美感。

(三)幼儿音乐欣赏能力的发展特点

人们欣赏音乐,既要有欣赏的兴趣和愿望,又要有感知音乐的音响并从中获得积极体验的能力。学前期幼儿由于其年龄的不同、生理和心理的差异等,欣赏音乐的能力也各有特点。

1. 对声音感知能力的发展特点

3—4岁幼儿可以从周围生活环境中获得较多的倾听体验和习惯,有较大的欣赏积极性,音乐能引起他们情绪上的共鸣。但对音乐的理解力有限,往往只能注意一些特征性因素,如模拟音色等。在感知音乐中的力度的变化上有一定困难,对音区的变化只能大致听出高音区和低音区的不同。4—5 岁的幼儿听辨音的分化能力有所提高,逐渐能辨别音的细微变化,在对音的速度、力度、节奏、结构把握上也进一步提高了。能区别音乐中明显的速度变化,能较轻松地指出音乐力度的变化,但对强音和高音、弱音和低音很难区分。5—6 岁的幼儿对音乐的感受和理解能力有了更大的进步,听觉分化能力更加精细,听辨能力更强,能感知、辨别较为复杂的器乐曲结构,音色及情绪风格上的细微差别。

2. 对音乐作品感知能力的发展特点

3—4 岁幼儿能初步感知音乐作品中所带来的情绪体验,可以理解一些内容简单的音乐作品。4—5 岁幼儿能欣赏一些内容较为广泛、性质风格多样的音乐作品,如舞曲、进行曲等。能感知作品中情绪性质上的明显差异,并由此产生一定的想象和联想,但一般是结合幼儿的生活经验的。5—6 岁幼儿可以借助语言表达对音乐作品的体验和感受,进一步理解作品的内容及情感,并能产生共鸣,此外还能感知作品中的各个细节部分,对于类似音乐形象的作品进行归类。这个阶段的幼儿音乐记忆力和审美能力有所发展,并能表现出自己对某类音乐作品的爱好等。

(四) 幼儿打击乐器演奏能力的发展特点

幼儿打击乐器演奏需要有一定的使用不同乐器的能力、对音乐感知和理解的能力,还需要有一定的运用节奏和音色进行创造性表现的能力。此外,在集体的演奏活动中,还需要有一定的合作协调能力等。幼儿打击乐器演奏能力除了受后天的教育影响外,与其自身的生理、心理发育情况密不可分。

1. 打击乐器操作与控制能力发展特点

3—4 岁的幼儿开始有了探索声音高低、强弱、长短、音色的欲望。但受年龄的限制,这个阶段更易掌握一些简单的、音色纯正的、主要用大肌肉动作来演奏的打击乐器,如铃鼓、串玲、碰玲、圆舞板等。4—6 岁的幼儿,在良好的教育影响下,可以掌握更多种类的打击乐器和相应的演奏方法,并可以逐步使用小肌肉动作来演奏乐器,喜欢探索同一种乐器的不同演奏方法。

2. 打击乐器中幼儿随乐能力的发展特点

随乐能力是指在演奏打击乐器的过程中,幼儿奏出的音响与音乐协调一致的能力。这里的协调一致是指在奏乐活动中,按照音乐的节拍、旋律、速度等要求,熟练地运用打击乐器演奏,并与音乐的变化协调一致。3—4 岁的幼儿随乐意识和随乐能力都很差,大多数的幼儿基本都做不到合拍地随音乐演奏打击乐器;5—6 岁的幼儿,在良好的教育影响下,演奏打击乐器的随乐能力会有比较明显的提高。这个阶段的幼儿不但能够运用简单的节奏跟随音乐合奏,还能自觉地注意倾听音乐,使自己的演奏能够与音乐的速度、力度变化相一致。能够学会随着节奏较复杂的音乐演奏乐器,甚至还能学会看指挥手势的即兴变化随乐演奏。

3. 打击乐器中幼儿合作及创造性表现能力的发展特点

乐器演奏活动中的协调合作是指在演奏过程中注意倾听自己、同伴、集体的演奏,并努力使每一个人、每一声部的演奏都能服从于整体音乐形象塑造的效果。演奏打击乐器时的创造性表现力是指进行打击乐器演奏的过程中运用节奏、音色、速度、力度的变化设计配器方案和进行演奏表现的活动。3—4 岁幼儿的自控能力较差,演奏技能和随乐水平尚不完善,在演奏过程中的协调合作能力比较困难,但却能初步表现出奏乐活动中的创造性。如为表现下大雪的音乐选择铃鼓,为表现下小雨的音乐选择串玲等。5—6岁的幼儿在打击乐器演奏活动中的合作协调能力有了很大提高,他们可以准确地演奏出自己的声部,同时还能主动关注其他声部的影响效果,并努力保持整体的协调性。这个年龄段的幼儿还可以为鲜明的作品选择打击乐器,其创造性表现力大大提高。

三、幼儿音乐教育活动的年龄阶段目标

根据幼儿音乐教育活动总目标的要求结合幼儿音乐能力发展的年龄阶段特点,分解出具体的年龄目标如下:

(一)小班(3—4岁)幼儿音乐教育目标

音乐的感受力目标:容易被大自然界的鸟鸣、风声、雨声等好听的声音吸引,喜欢听音乐或观看舞蹈、戏剧等表演,初步体验对音乐的感受力。

音乐的节奏感目标:能够辨别声音中的强弱、高低变化,可以模仿老师歌唱等,初步感受音乐中的节奏感。

音乐记忆和表现创造能力目标:随着幼儿语言敏感期的发展,幼儿对音乐有了一定的记忆能力,可以记住一些简单的韵律感强的歌词及动作。经常自哼自唱或模仿有趣的动作、表情和声调,可以跟随声音做一些身体动作,并能用动作、姿态模拟自然界的事物和生活情境。

(二)中班(4—5岁)幼儿音乐教育目标

音乐的感受力目标:对音乐的感受力进一步加强,欣赏艺术作品时会产生相应的联想和情绪反应,能感受歌曲中的前奏或引子,初步理解不同曲子的表现风格。

音乐的节奏感目标:能够辨别声音中的长短、轻重、快慢及渐快、渐慢,能独立地基本准确地歌唱,开始尝试二声部的歌唱,能比较准确地把握音乐中的节拍及节奏。

音乐记忆和表现创造能力目标:音乐的记忆力进一步提高,可以独立地歌唱一些具有较长歌词的歌曲,并且能做到音量、音色、音调基本准确,可以记住一些舞蹈、律动、表演的动作,并能运用这些动作进行合拍配乐。此外,还可以即兴创编歌词或动作进行表演来表达自己的心情等。

(三)大班(5—6岁)幼儿音乐教育目标

音乐的感受力目标:乐于模仿自然界和生活环境中有特点的声音,并能产生相应的联想,能够运用自己的表情、动作、语言等方式表达自己的理解,愿意与别人分享、交流美感体验。

音乐的节奏感目标:能对歌曲、乐曲的音区、速度、力度、节拍等的性质和变化做出直接判断,进一步掌握音乐的结构,能分辨乐段、乐句中明显的变化。能掌握多种打击乐器的基本奏法,初步体会各种演奏方案中的音色、音量和节奏型配置的表现规律。

音乐记忆和表现创造能力目标:能够比较准确地按音乐的节奏做各种稍复杂的动作、舞蹈动作的组合。进一步丰富舞蹈动作词汇、了解创编韵律动作组合的规律,学会跳一些含有创造性成分的稍复杂的集体舞。

四、幼儿音乐教育的具体目标

幼儿音乐教育具体活动目标是最具体、最基本的目标,是对总目标及年龄目标的具体解读。具体可以分解为以下三维目标。

（一）认知目标

认知目标是幼儿在具体活动中需要掌握的有关音乐方面的基础乐理知识,如音高、音量、音名、音域、调式、音符等知识。举例：小班通过欣赏适宜的歌曲,帮助幼儿感受音乐中声音的高低、强弱,进而增强小班幼儿的音乐感受力及节奏感等。

（二）技能目标

技能目标是利用音乐的基础乐理知识来进行一些表现性或创造性活动。如：利用一些音乐的记忆力及旋律中的音色、节奏知识,进行的舞蹈及随乐律动活动等。

（三）情感目标

情感目标是通过具体活动培养幼儿的情感态度方面的目标。如通过音乐欣赏、歌唱、律动等活动让幼儿体验乐曲中的情感,进而发展幼儿的自我意识、增强协调合作能力,形成健康的人格等。

考核页

序号	评价项目	评分标准	满分	评价			综合得分
				自评	互评	师评	
1	阅读知识量	1. 对知识的掌握 2. 阅读知识的态度	20				
2	对工作页上任务的理解及完成情况	1. 书写的准确性 2. 完成的态度 3. 完成的内容	60				
3	总结概括能力及结构化思考能力	1. 总结概括能力 2. 结构化思考能力	20				

任务三 幼儿音乐教育活动的内容

学习情境描述

为了发展幼儿音乐感受力,培养其能感知声音的高低、长短、强弱等变化的能力,请结合幼儿小班的特点,设计一个幼儿小班音乐教育活动方案,并口述进行分享。

学习目标

1. 掌握幼儿音乐教育活动的具体内容和相关要点及所要培养的音乐能力。
2. 能够结合幼儿年龄特点及教育目标，选取恰当的教育内容。
3. 培养合作协调能力及资源整合的能力。

任务单

任务描述：
要想实现幼儿音乐教育活动的目标，选择适宜的教育活动内容是至关重要的。幼儿音乐教育活动的内容主要包括 4 个相对独立又相互联系的活动，主要有歌唱活动、韵律活动、打击乐器演奏活动和音乐欣赏活动。本小节要掌握每种活动的内容范围和相应要点及培养的音乐能力。本小节主要任务是能根据目标结合幼儿特点选择适宜的活动内容。

任务要求：
1. 分解的活动内容与音乐能力对应，体现整合思维，从全局出发综合、全面考虑问题且具有可操作性，有现实意义。 2. 能体现合作意识，分工明确，合作完成，且有良好的组织协调能力。 3. 认真书写工作页，字迹工整、清晰。

任务考核：
以年龄班为横轴，以具体教学目标为纵轴，对具体活动内容进行分解。

工作页

阅读理解任务单，填写完成任务要求：
1. 总结幼儿歌唱活动、韵律活动、打击乐器演奏活动、音乐欣赏活动等对幼儿的教育要求。   2. 总结幼儿歌唱活动、韵律活动、打击乐器演奏活动、音乐欣赏活动分别能培养幼儿的哪些音乐能力，结合幼儿的特点进行分析。   3. 设计以幼儿年龄班为横轴、以音乐能力目标为纵轴的表格，填写反映不同年龄班幼儿的音乐活动具体内容。

音乐能力及要求	小班	中班	大班
音乐感知能力	1. 歌唱活动：_____ 2. 韵律活动：_____ 3. 打击乐器演奏活动：_____ 4. 音乐欣赏活动：	1. 歌唱活动：_____ 2. 韵律活动：_____ 3. 打击乐器演奏活动：_____ 4. 音乐欣赏活动：	1. 歌唱活动：_____ 2. 韵律活动：_____ 3. 打击乐器演奏活动：_____ 4. 音乐欣赏活动：_____
音乐节奏感	1. 歌唱活动：_____ 2. 韵律活动：_____ 3. 打击乐器演奏活动：_____ 4. 音乐欣赏活动：_____	1. 歌唱活动：_____ 2. 韵律活动：_____ 3. 打击乐器演奏活动：_____ 4. 音乐欣赏活动：_____	1. 歌唱活动：_____ 2. 韵律活动：_____ 3. 打击乐器演奏活动：_____ 4. 音乐欣赏活动：_____
音乐记忆及创造表现能力	1. 歌唱活动：_____ 2. 韵律活动：_____ 3. 打击乐器演奏活动：_____ 4. 音乐欣赏活动：_____	1. 歌唱活动：_____ 2. 韵律活动：_____ 3. 打击乐器演奏活动：_____ 4. 音乐欣赏活动：	1. 歌唱活动：_____ 2. 韵律活动：_____ 3. 打击乐器演奏活动：_____ 4. 音乐欣赏活动：_____
意见与反馈：			

信息页

　　幼儿音乐教育活动的内容是实现幼儿音乐教育活动目标的媒介，是目标转化为幼儿发展的中间环节，也是教育活动设计与具体实施的主要依据。幼儿音乐教育活动的内容应关注学科内容与幼儿已有生活经验的结合，选择既具有文化内涵，又符合幼儿自身特定生活经验、愿望与情趣的作品,尤其要让幼儿关注对周围自然环境和生活中美的事物的欣赏与感受,并特别强调尊重幼儿自发的、个性化的表现与创造,倡导幼儿用自己的创造来表达思想感情、美化生活。主要包括以下四个活动内容。

一、歌唱活动

唱歌是幼儿音乐启蒙教育的一个重要手段,也是幼儿音乐教育活动的核心内容。在唱歌活动中培养幼儿对音乐的感知力、理解力、创造力、合作能力,使每一个幼儿都能享受到唱歌所带来的欢欣和愉悦。

(一)幼儿歌唱的要点

1. 姿势

有人说:"姿势是呼吸的源泉,呼吸是发声的源泉。"唱歌,首先要有正确的歌唱姿势,姿势的正确与否是直接关系到发声时各个器官配合的协调性,姿势对了,发声各部分才能正常工作。正确的姿势主要有:在唱歌时要保持身体和头部的正直、放松;两臂自然下垂或放在腿上;两眼平视,两肩放松;口形保持长圆形,嘴唇动作自然。

2. 呼吸

自然吸气,均匀用气。在吸气时要用口、鼻垂直向下吸气,将气吸到肺的底部,不抬肩,背部挺立,小腹收缩,不扩张。吐气时也要保持吸气的状态,控制住气息慢慢吐出,均匀吐气。此外,还要结合着乐句的规律来吸气和换气。

3. 咬字、吐字

在唱歌活动中咬字与吐字也是很关键的。一般歌声的延长主要依靠韵母,韵母能使歌曲流畅并富有色彩变化。声母的发音部位和发音方法要根据歌曲性质来区别对待。总之,声母要准确灵巧,韵母形体要保持好,自然适时归韵。

4. 协调一致

在集体歌唱活动中,幼儿需要掌握一些正确地与他人合作的行为习惯。如如何把自己的声音融入到大家的声音中去,在接唱、轮唱、合唱等不同表演活动中,能够做到准确地与他人、他声部相衔接,保持在音量、音色、节奏等方面的协调。

5. 嗓音保护

不大声喊叫、歌唱,不在剧烈运动时或运动后大声地歌唱,不长时间连续歌唱,不在咽喉发炎、嗓子红肿时唱歌。此外,还要注意一些关于嗓音生理方面的保护知识。

(二)幼儿歌唱的基本形式

1. 独唱

指单独一个人歌唱或表演唱。

2. 齐唱

指多个人在一起整齐地唱同一首歌曲。

3. 对唱

指将一首歌曲分成几个乐句,由幼儿分组唱或一个一个轮流唱。

4. 轮唱

指两个声部按一定间隔先后开始唱同一首歌曲。

5. 合唱

指两个不同声部相配合的集体演唱。

二、韵律活动

幼儿韵律活动是指幼儿随音乐进行的各种有节奏的身体动作活动。幼儿韵律活动是通过动作来感受音乐作品的节奏美,体验不同音乐风格、特点及情感体验,幼儿在随乐做动作时,头脑会出现相关事物的思维和想象,进而促进幼儿的想象力、表现力和创造力的发展。

韵律活动的总体要求:首先,要求幼儿能够感知、理解韵律动作所表现的内容、情感和意义。其次,要求幼儿能够随乐律动,并能与他人合作。最后,要求幼儿能够自如地运用自己身体动作进行再现性和创造性表现。具体的韵律活动的教育内容有以下四个方面:节奏活动、律动活动、集体舞活动、音乐游戏。

(一)节奏活动

韵律活动主要是通过语言或动作来发展幼儿的节奏感,进而提高幼儿的音乐能力的。

1. 语言节奏

语言节奏一般是指通过语言活动来进行的节奏训练。常见的有名称节奏、儿歌、童谣节奏、古诗词节奏等。

名称节奏主要有人名节奏、水果名称节奏、动物名称节奏、日常用品名称节奏等。通过人名这种方式来练习不同节拍、不同音符和弱起小节的音,不仅能增强幼儿的兴趣,调动幼儿的积极性,还培养了幼儿的节奏感,增进了幼儿之间的友谊,增强自信心,此外运用水果名称、动物名称、日常用品名称进行节奏练习还可以丰富幼儿的社会常识、科学常识等认知水平。利用名称还可以进行多声部的节奏练习活动,但要根据幼儿的年龄水平以及能力发展水平,要由易到难、由简到繁、循序渐进地进行。

儿歌、童谣节奏通常是选用一些节奏鲜明、形象生动、朗朗上口的儿歌或童谣来进行练习。

如童谣《小松鼠》:一二三四五,上山打老虎,老虎打不到,打到小松鼠,松鼠有几只,让我数一数,数来又数去,一二三四五。

如儿歌《洋娃娃和小熊跳舞》:

洋娃娃和小熊跳舞

通过对儿歌、童谣的口诵等方式加强幼儿的节奏感，有些儿歌还可以采用音乐中的"变奏"手法加以变化，来进一步训练幼儿的节奏感。

古诗词节奏。我国的古诗词本就是讲究韵律的文学体裁，诗歌的语言特点决定了诗句之间韵律的协调和联系，进而表现出整齐多变的节奏感。通过简单的诗朗诵及诵读不仅增强了幼儿对传统文化的理解，还可以培养幼儿韵律、节奏的感知。

2. 身体动作节奏

在音乐活动中，幼儿常常用身体动作来表现音乐作品，表达自己的情绪和情感。在幼儿韵律活动中，可以引导幼儿通过身体动作来进行节奏练习。如拍手、拍肩、拍腿、跺脚、弹舌等。此外，最常用的身体节奏活动还有节奏模仿和节奏应答。节奏模仿是幼儿模仿教师的人体节奏动作，或幼儿之间的相互模仿。节奏应答是由教师拍出一个节奏，幼儿以拍出相同的另一种节奏来"应答"的活动。人体节奏动作还可以相互配合进行多声部的节奏练习，如把拍手、拍腿、跺脚、弹舌等不同的动作按声部结合起来，效果也是非常好的。

（二）律动和舞蹈

1. 律动

律动是在音乐的伴奏下进行的身体动作，一般以基本动作和模仿动作为主。律动是舞蹈的基础，只有通过律动的训练，才能发展舞蹈动作的正确性、连贯性、协调性、优美性。

律动常用的基本动作有：头、肩、臂、手指、腿、脚的活动，以及由走、跑、跳跃等组成的各种简易步法。

律动常用的模仿动作有动物的动作，如鸟飞、兔子跳等。人们的动作，如开汽车、划船等。自然界的现象，如风吹、下雨等。游戏中的动作，如拍球、荡秋千等。日常生活中的动作，如洗脸、刷牙等。

2. 舞蹈

幼儿舞蹈主要包括一些基本的舞步、简单的上肢舞蹈动作，以及简单的队形变化所构成。基本的舞步常见的有踮步、踏点步、踏跳步、后踢步、滑步等；简单的上肢舞蹈动作有两臂的摆动、手腕的转动等；队形变化有纵队、列队、插队等造型的变化。

幼儿常见的舞蹈形式有：

集体舞。大家按一定的队形，在音乐的伴奏下，整齐、有表情地协调动作。此种活动有助于幼儿培养团结友爱、集体合作等情怀。

邀请舞。邀请舞是集体舞的一种变形，通常是先由一部分人作为邀请者，与被邀请者跳完一遍后，双方互换角色继续跳舞。

幼儿自己创编的舞蹈。幼儿在已掌握的舞蹈动作基础上，根据对音乐的情绪、性质的感受而创造性地编出各种舞蹈动作，以表达自己的情感。

小歌舞或童话歌舞。这是一种综合性的舞蹈形式，可以有一定的情节、角色，也可以是说、唱、跳等综合在一起的舞蹈。此种舞蹈活动最能发挥幼儿的潜力，教师应该多鼓励与肯定。

独舞。幼儿独舞指是指一个人独立进行的一种舞蹈形式，即使是许多幼儿一起表演，也是各自单独地跳，相互间没有任何协调和交流的舞蹈形式。

（三）音乐游戏

音乐游戏是在歌曲或乐曲的伴奏下，按照音乐的内容、性质、节奏、乐曲的结构等做游戏,并且有一定的规则和动作要求。幼儿在听听、唱唱、跳跳等自然愉快的游戏中,发展音乐的感受力、表现力、创造力。音乐游戏主要分为以下几类。

1. 按游戏的内容和主题可以分为有主题的和无主题的音乐游戏

有主题的音乐游戏:一般有一定的内容、角色和情节,幼儿在游戏中可以扮演不同的角色,模仿角色的形象,来发展其音乐能力。

无主题的音乐游戏:没有情节,只是随乐做动作,但这种动作有一定的游戏性,如"抢凳子""丢手绢"等。

2. 按游戏形式可以分为歌舞游戏、表演游戏和听辨反应游戏

歌舞游戏一般是按歌词、节奏、乐句和乐段的结构做动作并做游戏。一般游戏的规则在歌曲结束处出现,比较侧重于幼儿的创造性动作表现。

表演游戏是按专门设计、组织的不同音乐来做动作或变化动作而进行的游戏。

听辨反应游戏侧重于对音乐和声音的分辨、判断能力的要求,以培养幼儿对音乐的高低、强弱、快慢、音色等的分辨能力。

三、打击乐器演奏活动

打击乐器演奏主要是以身体大肌肉动作活动为主,运用一定的节奏和音色,通过打击乐器操作来表现音乐的一种活动。打击乐教学是幼儿音乐教育活动的重要组成部分,既能培养幼儿对音乐的兴趣、对音乐的探究能力,又能发展幼儿的节奏感以及幼儿对音色、曲式结构、多声部组合表现力的敏感性。

幼儿打击乐器演奏能力发展总要求:第一,要求幼儿初步具备操作简单打击乐器的能力。第二,要求幼儿能够掌握按照节拍、旋律、速度等要求,运用打击乐器演奏并能与音乐变化协调一致,即随乐能力。第三,要求幼儿在乐器演奏活动中能倾听自己、同伴、集体的演奏,并努力使每一个人、每一声部的演奏都能服从于整体音乐形象塑造的效果,即协调合作能力。第四,要求幼儿可以在打击乐器演奏活动中运用节奏、音色、速度、力度的变化设计配器方案和进行演奏表现的能力。

具体的幼儿打击乐器演奏活动的教育内容主要有:打击乐曲、打击乐器演奏的知识技能、打击乐器演奏的常规等三个部分内容。

(一)打击乐曲

幼儿常用的打击乐曲一般可以分为两类:一类是纯粹的打击乐曲,即专门为打击乐器创作或仅由打击乐器来演奏的乐曲;另一类是指特定的歌曲或器乐曲。第二类又由两个部分组成:一个部分是歌曲或器乐曲,另一个部分是专业音乐工作者或教师创作的专门配器方案。

(二)打击乐器演奏的简单知识技能

1. 乐器和乐器演奏

幼儿常接触的打击乐器主要有以下几种:

强音乐器:大鼓、单面鼓、锣、钹等。

弱音乐器:串铃、碰铃、腰铃、三角铁、沙锤、沙筒、棒镲等。

特色乐器:铃鼓、双响筒、圆弧响板、手拍板、木鱼等。

旋律乐器:铝板琴、木琴、电子琴和一些自制乐器等。

与演奏打击乐器相关的技能主要有：用自然协调的动作演奏，奏出适中的音量和美好的音色；注意倾听音乐和他人的演奏，并能使自己的演奏与整体音响相协调。

2. 配器

配器主要是指选择合适的乐器以及节奏为歌曲或乐曲设计伴奏的一种活动形式。该种活动需要掌握的基本技能有如下几个方面：(1)学会按乐器的音色给乐器分类。如圆弧响板、木鱼、双响筒等音色较干脆、坚实，通常分为一类；碰铃、三角铁等音色较明亮、柔和，分为一类；木琴、电子琴等带有音高的为一类；大鼓音色厚实、锣和钹音色较尖锐、粗糙通常单独使用。(2)学会使用乐器的搭配制造特定音响效果。如知道制造热烈欢快的音乐形象可以使用什么乐器，制造柔和、轻快的效果可以使用什么乐器组合，等等。总之，乐器的选配要考虑乐器的音响特点与音乐形象、情绪、风格相适应，这样才能够更好地表现出乐曲的特点。(3)学会为制定的乐曲或歌曲选配合适的节奏型。具体的节奏可以是二分音符、四分音符、八分音符等。(4)选择配器方案。第一，教师选择的配器方案要符合幼儿年龄特点。第二，所选择的音乐节奏要鲜明，结构要工整，要考虑到乐曲和旋律的风格特点，注意整体音响效果。

3. 指挥

打击演奏活动中的"指挥""看指挥演奏"内容的学习，对幼儿的音乐成长和全面发展有着特殊的意义。不仅可以发展音乐能力，还可以增强幼儿与人合作、相互协调的能力。主要的知识技能如下：

(1)注意"指挥"的姿势要正确。

(2)会运用"指挥"的动作来进行示意。

(3)学会使用动作表现节奏和音色的变化，使自己的动作与音乐协调一致。

(三)打击乐器演奏的常规

1. 活动开始的常规

听从指令整齐地取出乐器；乐器拿出后，不演奏时要按要求放在指定位置，且不发出声响；要能看懂教师准备开始的指令。

2. 活动中的常规

演奏时注意身体的姿势，并能积极用眼神与指挥者进行交流；演奏时要集中注意力，能够倾听音乐和他人的演奏；交换乐器时要注意动作的协调以及不发生音响。

3. 活动后的常规

演奏结束后不慌乱，听指挥；活动结束后，自己收拾乐器和整理场地。

四、音乐欣赏活动

幼儿音乐欣赏活动是让幼儿通过倾听音乐对作品进行感受、理解、鉴赏，进而可以对作品进行相应的再现与表现的一种审美活动。这种活动不仅可以提升幼儿的音乐能力，如节拍、节奏、音色等的感知，还能发展幼儿的想象力、记忆力和思维能力，更大限度地挖掘幼儿的主动性、创造性，促进幼儿独立人格和个性的和谐发展。

幼儿音乐欣赏活动主要教育内容有：倾听周围环境中的音响和欣赏音乐作品两个基本内容。

(一)倾听周围环境中的音响

"音乐源于生活"。音乐的种种表现手段在现实生活中都有着客观的依据。在我们周围的环境中,无论是大自然,还是现实生活中都充满着各种音响:风声、雨声、鸟叫、流水声、脚步声,等等。教师要引导幼儿注意倾听,有意识地利用各种场合、时间,去培养幼儿的听力技能,为音乐欣赏活动奠定基础。

1. 倾听人体声音

人体的声音主要有:走路的声音、呼吸的声音、说话的声音等自然的声响以外,还有拍手声、弹击声、拍腿声、跺脚声、弹舌声和各种噪音等。教师可以通过游戏、模仿等活动让幼儿倾听和感受不同声音。

2. 倾听日常用具发出的声音

教师可以利用日常生活中的用具发出的声响来训练幼儿的倾听能力。如让幼儿辨别不同声音特质的物品(木头和铁锤);让幼儿凭听觉,模仿教师做出相应的发音或是进行与发声用具相一致的配对练习来强化幼儿的倾听能力。

3. 倾听周围的声音

教师要充分利用周围的声音来发展幼儿倾听的能力。可以引导幼儿注意倾听户外环境的声音,如风声、雨声、小鸟叫声等及室内的环境的声音,如翻书的声音、写字的声音,等等。此外,鼓励幼儿尝试用自己的方式表现周围的声音。

4. 记忆声音

在幼儿的音乐能力里音乐的记忆力也是至关重要的一个方面。教师要引导幼儿学会记忆一些声音,进而培养幼儿的音乐记忆力。如教师可以发出几种不同的声音,让幼儿按照顺序进行模仿,还可以将声音信号和一定的动作联系起来做游戏以发展幼儿的音乐记忆力。

(二) 欣赏音乐作品

欣赏音乐作品活动是培养幼儿音乐欣赏能力的主要途径。通过欣赏音乐作品让幼儿体会音乐的元素及模型,掌握一些简单的音乐技能,进而发展幼儿的音乐能力。在欣赏音乐作品中常见的简单知识技能有以下五种。

1. 节奏

教师在音乐欣赏中让幼儿感知音乐中的节拍及关注音符单一的节奏型、先密后疏的节奏型、紧凑与舒展的节奏型及休止符等节奏型的相关内容。

2. 音色

音色通常被理解为声音的特征。不同的发生体由于其材料、结构不同,发出声音的音色也不同,例如大鼓、碰铃和人发出的声音都不一样。幼儿探究音色的活动主要涉及以下几个方面:打击乐器音色、生活中的音色、自然界中的音色、机器的音色、乐器的音色等。

3. 力度

力度通常是指声音的强与弱,是音乐表现的重要手法。对于力度的掌握,要结合幼儿在日常生活中的体验,并鼓励幼儿用控制噪音的方法来表达。

4. 速度

速度也是重要的音乐表现手法。速度主要包括感知与表达两个方面。从感知层面上来说,让幼儿结合日常生活的经验感知速度的快慢、匀速与不匀速;从表达层面上来说,速度的表达与节奏紧密相关,所以对幼儿来说难度较大。

5. 旋律

旋律是音乐的首要要素,通常指若干按一定的音高、时值和音量构成的、有组织、有节奏的序列。幼儿音乐活动中与旋律相关的内容主要有:分辨音的高低、旋律的上行与下行、旋律的级进与跳进。

在音乐欣赏活动中除了让幼儿掌握一些简单的音乐知识技能以外,还要能够体会音乐作品中的内容。每一个音乐作品都蕴含着一个具体的主题,幼儿音乐欣赏活动要培养幼儿理解音乐内容进而增强学习音乐的兴趣。

此外,在幼儿音乐欣赏活动中教师还要培养幼儿表现音乐作品的能力,即通过动作、表情等方式抒发、表现幼儿对音乐作品的理解。

考核页

序号	评价项目	评分标准	满分	评价			综合得分
				自评	互评	师评	
1	阅读知识量	1. 对知识的掌握 2. 阅读知识的态度	20				
2	对工作页上任务的理解及完成情况	1. 书写的准确性 2. 完成的态度 3. 完成的内容	60				
3	合作、协调的能力及资源整合的能力	1. 合作协调能力 2. 资源整合能力	20				

任务四　幼儿音乐教育活动的方法及途径

学习情境描述

在中班音乐活动"五只猴子荡秋千"(合拍做手指游戏)中,教师边念儿歌边合拍做动作,请幼儿模仿学习。幼儿完整学习一遍后,与幼儿讨论整个儿歌的内容及节奏。最后,引导幼儿完整地边念儿歌边做一遍手指游戏,完成整个教学环节。

分析以上案例中教师主要采取了哪些音乐教育活动的方法及途径,还能进行补充和改进吗?谈谈你的意见。

学习目标

1. 掌握幼儿音乐教育活动的方法、途径及各自的优缺点。
2. 能够结合实际选择及运用相应的方法及途径,实现优势互补。
3. 培养理论联系实际的能力及结构化思维能力。

任务单

任务描述:
　　幼儿音乐教育活动能够较好地实施还有赖于方法和途径的选择及运用。本小节要掌握幼儿音乐教育活动的基本方法和组织实施的途径,并能结合实际选择及运用相应的方法和途径组织实施教育活动,以实现教育目标,促进幼儿综合音乐能力的发展。本小节主要任务是绘制幼儿音乐教育活动常用方法的优缺点的思维导图。

任务要求:
1. 绘制的幼儿音乐教育活动常用方法的优缺点思维导图要逻辑清晰、准确,体现结构思维能力。
2. 完成工作页上的工作时,书写字迹要工整,语言流畅,内容层次清晰,具有可操作性,分析案例时能体现相关理论。

任务考核:
绘制一份幼儿音乐教育活动常用方法的优缺点的思维导图。

工作页

阅读理解任务单,填写完成任务要求:
1. 幼儿音乐教育活动有哪些常用方法和途径?

2. 分析以下案例,说出教师采用了哪些幼儿音乐教育活动的方法和途径,并谈谈你的意见。
   (1) 合拍做手指游戏"五只猴子荡秋千":教师边念儿歌边合拍做动作,请幼儿模仿学习。幼儿完整学习一遍后,与幼儿讨论整个儿歌的内容及节奏。最后,引导幼儿完整地边念儿歌边做一遍手指游戏,完成整个教学环节。

（2）体验上行旋律。先与幼儿讨论毛毛虫是怎么样爬的，并用身体动作做出毛毛虫爬的动作；请幼儿随着教师的歌声在地上表演毛毛虫爬的动作，要求合着音乐爬行；出示一张由低到高的台阶图片，请幼儿边唱"爬"字，边指着图片的台阶一格一格往上爬；请幼儿边唱歌边看图片，唱到"爬"字时做往上数台阶的动作；最后，教师歌唱，请幼儿合着音乐做毛毛虫爬行的动作。

（3）教师带领幼儿到户外去倾听大自然的美妙声音，并试着用动作、表情、语言等方式模仿这些声音。

3. 总结幼儿音乐教育活动的常用方法和途径的优缺点，并绘制成思维导图。（另附页）

意见与反馈：

信息页

一、幼儿音乐教育活动的方法

　　教师需要用什么样的方法把教育内容呈现给幼儿，也是决定目标能否顺利实现的关键因素之一。幼儿音乐教育活动常用的方法主要有：教师示范法、操作练习法、游戏法、情境引导法等。相关要点详见表 7-1。

表 7-1

	方法简述	注意事项	运用举例
教师示范法	通过教师现场演唱、演奏、动作表演等方式,向幼儿提供活动的范例。	1. 示范前,要明确目标,考虑到幼儿的特点,注意难度适中。 2. 示范时,要辅助一定的语言讲解和提示,动作要规范,情感要饱满,位置要适宜,形式要多样化。 3. 示范后,要能感染幼儿,提供模仿的榜样。	合拍做动作模仿"公共汽车",教师边歌唱边做如汽车轮子转动的上肢合拍动作,并邀请幼儿跟着做两遍。
操作练习法	通过实际操作反复练习最终记住并再现某一音乐作品或掌握某一音乐技能。	1. 练习前,要明确目标,突出重点。 2. 练习时,要运用简练的语言、动作,指导幼儿,掌握要点;练习的形式要多样,避免机械重复;练习过程要生动,富有趣味性。 3. 练习后,要善于总结,注意循序渐进。	演奏活动:复习用身体来表现小闹钟。全班集体不分组,全班分组徒手演奏乐器,轮换乐器,演奏乐器,体验合作演奏。
音乐游戏法	是在音乐伴随下进行的一种有规律的、以发展幼儿的音乐能力为目标的游戏活动。	1. 音乐游戏的选择要有趣味性,符合幼儿发展的特点。 2. 要明确教育的目标。 3. 教师对幼儿的指导要适度。	1. 节奏训练类游戏"问候歌"让幼儿体验ABB的节奏。 2. 音准训练游戏:让幼儿听到某个声音立刻做出反应。 3. 音乐感受力游戏"丢手绢"。 4. 动作与音乐协调类游戏"数鸭子"等。
情境引导法	教师在组织音乐活动过程中为幼儿创设一定的情境,让幼儿可以身临其境,产生共鸣,体验情感,进而达到丰富幼儿的音乐能力目的。	1. 创设的情境本身要符合幼儿的已有认知,要贴近幼儿的实际生活为宜,要富有趣味性。 2. 要明确教学目标。 3. 对教师的要求较高。	通过播放歌曲"小兔子乖乖",渲染情境,体验故事情感,让幼儿从中获得音乐体验。

　　以上四种方法是音乐教育活动中一些常用的方法,它们相互联系地运用于音乐教育活动中。教师应根据音乐活动的目标、内容,结合活动对象的年龄特点及认知水平,灵活地选择方法组织活动。总之,教师在应用方法时要机智、适度,勇于创新,灵活运用。

二、幼儿音乐教育活动的途径

幼儿音乐教育活动的实施途径主要通过正式的音乐教育活动和非正式的音乐教育活动。具体内容如下。

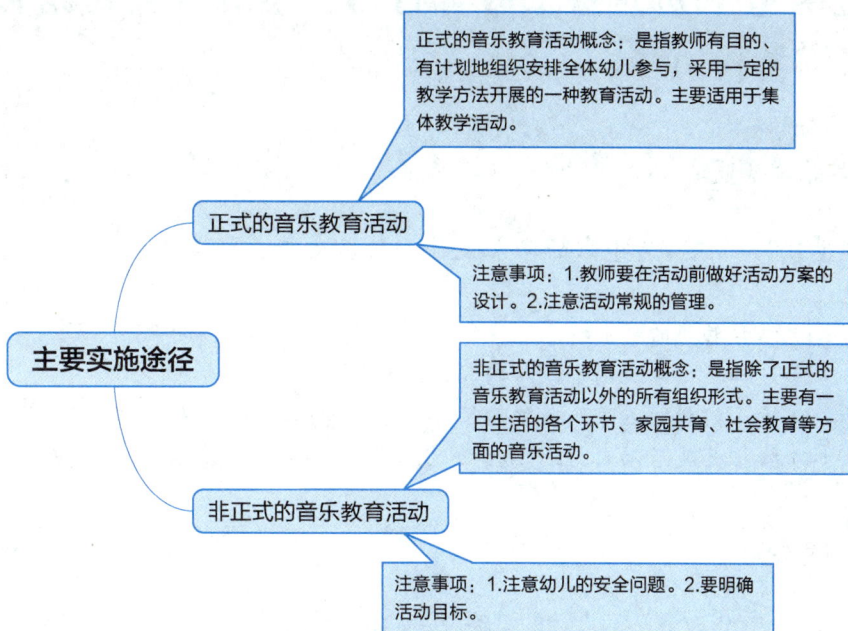

正式的音乐教育活动概念：是指教师有目的、有计划地组织安排全体幼儿参与，采用一定的教学方法开展的一种教育活动。主要适用于集体教学活动。

正式的音乐教育活动

注意事项：1.教师要在活动前做好活动方案的设计。2.注意活动常规的管理。

主要实施途径

非正式的音乐教育活动概念：是指除了正式的音乐教育活动以外的所有组织形式。主要有一日生活的各个环节、家园共育、社会教育等方面的音乐活动。

非正式的音乐教育活动

注意事项：1.注意幼儿的安全问题。2.要明确活动目标。

幼儿音乐教育活动的主要实施途径

幼儿音乐教育活动除了选取一定的途径单独组织实施以外，还可以融合其他领域内容，进行渗透式教育。总之，教师要根据幼儿音乐教育活动的目标、内容及现实条件，灵活地选择方法和实施途径，以确保活动的顺利正常开展。

考核页

序号	评价项目	评分标准	满分	评价			综合得分
				自评	互评	师评	
1	阅读知识量	1. 对知识的掌握 2. 阅读知识的态度	20				
2	对工作页上任务的理解及完成情况	1. 书写的准确性 2. 完成的态度 3. 完成的内容	60				
3	结构思维能力、理论联系实际能力	1. 结构思维能力 2. 理论联系实际能力	20				

任务五　幼儿音乐教育活动的设计与实施指导

学习情境描述

以"过生日"为主题,为小班的幼儿设计一份具体音乐活动方案,并进行模拟组织开展。

要求:(1) 结合幼儿的年龄特点制定相应具体活动的三维目标。

(2) 选择至少涉及两个教学内容组织开展。

(3) 运用的教育方法及实施途径要综合考虑,做到优势互补,取长补短。

(4) 模拟开展活动时,注意教师的仪容仪表要大方得体,语言要清晰流畅。

学习目标

1. 掌握幼儿音乐教育活动设计的策略及活动设计方案、说活动设计文稿撰写的要点。

2. 能够设计幼儿音乐教育活动及完成相应设计方案的撰写,并组织实施活动;能够开展教师间的说幼儿音乐教育活动,会撰写说活动设计文稿。

3. 培养语言运用能力、仪态表现力、培养视听歌舞联动的能力。

任务单

任务描述:

幼儿音乐教育活动设计与实施指导是每个幼儿教师必备的能力之一。本小节要掌握音乐教育活动设计与实施指导的全过程,如活动目标的制定、活动的相关准备、活动内容的选择、活动过程的开展、活动结束策略、活动延伸安排等内容。不仅要懂得从全局把握活动的设计,每个局部也要章法有度地安排,本小节主要任务有三个:一是独立撰写一份幼儿音乐教育活动设计方案;二是独立开展一次幼儿音乐教育活动;三是撰写一份相同教育内容的说活动设计文稿并进行分享活动。

任务要求:

1. 设计的幼儿音乐教育活动方案要具体可行、目标适宜、准备充分、过程严谨,能体现幼儿的主体性。

2. 说活动设计文稿要体现幼儿音乐的教育理念及教育策略,内容完整,具有可操作性。

3. 模拟开展幼儿音乐教育活动时要注意语言的表达及整体的把控。

任务考核：

1. 设计一份完整的幼儿音乐教育活动方案。

2. 完成一份与上述活动方案对应的说活动设计文稿，并在同学之间进行分享。

3. 根据完成的活动方案模拟开展一次幼儿音乐教育活动。

工作页

阅读理解任务单，填写完成任务要求：

1. 小班音乐活动："头发肩膀膝盖脚"①

   活动简述：小班幼儿需要具有初步的艺术表现与创造能力。本活动借助歌曲《头发肩膀膝盖脚》，引导小班幼儿表现韵律，并进一步借助改变韵律的活动，让小班幼儿在创作中体验艺术创作的乐趣，最终促进小班幼儿艺术表现和创造能力的发展。

   请分析以上活动案例，列出相应活动的三维目标。

2. 总结概括出幼儿音乐教育活动所能采用的相关教育策略。

3. 阅读第 1 题中的教育小案例，谈谈该活动可以采取的教育方法有哪些？可以通过哪些途径组织实施？

---

① 赵娟,沈永霞,王玉.幼儿园教育活动案例评析[M].保定：河北大学出版社,2019.

4. 以"过生日"为主题，为小班幼儿设计一份具体音乐教育活动方案，并模拟组织开展活动。

　　要求：（1）结合幼儿的年龄特点制定相应具体活动的三维目标。

　　　　　（2）至少选择两个教学内容组织开展活动。

　　　　　（3）要综合考虑教育方法及实施途径，做到优势互补，取长补短。

　　　　　（4）模拟开展活动时，教师的仪容仪表要大方得体，语言要清晰流畅。

5. 撰写一份与上题内容相同的说活动设计文稿。

　　要求：体现教育理念及教育策略，内容完整、可操作，其他要求同上。

意见与反馈：

信息页

一、幼儿音乐教育活动设计举例[①]

中班韵律活动：数青蛙

活动目标：

1. 让幼儿在游戏中掌握节奏型。

2. 能够运用节奏，准确完成相应的动作。

3. 通过嗓音造型、手指游戏、图谱识记、表演等形式体会"数青蛙"音乐活动的生动有趣，进而培养幼儿对音乐的兴趣。

活动准备：

录音机一台、磁带一盒、节奏卡一张、图谱一幅。

活动过程：

1. 声势活动练习（拍手、跺脚、拍腿……）听老师的鼓声，请小朋友模仿拍节奏，通过拍身体的各部位（手、脚、肩等）及声势练习（跺左脚、右脚、双脚等）巩固节奏型。

2. 嗓音造型练习（节奏朗诵）。引导幼儿创造性地运用小动物的叫声或幼儿的名字进行节奏朗诵活动，进一步巩固节奏型。

① 陈秉龙，高培仁.幼儿园教育活动设计与指导[M].武汉：华中师范大学出版社，2014.（有改动）

3. 动作造型练习(表演手指游戏)。通过谈话的形式,引出童谣"数青蛙",一边一句句分析童谣一边自然配合手指的表演,引导小朋友自己发明手指表演的方法,如四指并拢与拇指对碰表示呱呱叫,用拳头表示青蛙的大眼睛,手腕带动手掌,手心朝下,上下翻,表示青蛙跳等。在玩手指游戏的过程中熟悉歌谣和节奏型。引导幼儿在《数青蛙》的音乐中玩1~2遍手指游戏。

4. 图谱识记练习。教师一边朗诵节奏一边用手指图谱,帮助幼儿识记音乐说表达的乐句顺序。调动幼儿的各个感官参与音乐,如让幼儿一边看图谱一边运用节奏朗诵和声势活动为音乐配伴奏。

5. 游戏练习(个别、分组、集体表演)。让幼儿扮演青蛙围着"池塘"进行配乐表演。

6. 结束活动。幼儿在音乐声中随教师跳出活动室。

活动延伸:

巩固节奏型,让幼儿与父母讨论,探索其他的节奏型音乐,并尝试自己创造表演。

二、幼儿音乐教育说活动设计举例

中班韵律活动: 数青蛙

说活动设计意图:

　　音乐是学习交流的第二语言,通过音乐的训练可以促进幼儿的多种能力协调发展,中班幼儿可以掌握理解一些韵律的动作和知识,因此我设计了此次活动。

说活动目标及重难点:

1. 让幼儿在游戏中掌握节奏型。(这是本次活动的认知目标,也是教学的重点内容)

2. 幼儿能够运用节奏,准确地完成相应的动作,并进行创造活动。(这是本次活动的技能目标,也是教学的难点)

3. 培养幼儿对音乐的情趣及观察感受力。

说活动准备:

物质准备:录音机一台、磁带一盒、节奏卡一张、图谱一幅。

经验准备:幼儿对韵律有一定认知,对节奏型已有一些了解。

说教法与学法:

游戏法、示范法、练习法、情境法等。

说活动过程:

1. 声势活动练习。这个环节主要采用了教师示范法、练习法等,通过听声音做动作,来熟记音乐的节奏型。

2. 嗓音造型练习。这个环节主要采用了教师示范法、练习法等,通过发声训练和诵读的形式,找到规律,巩固音乐的节奏型。

3. 动作造型练习。这个环节主要采用了情境教学法、练习法等,通过故事情境的渲染,鼓励幼儿配合动作,找到韵律节奏型。

4. 图谱识记练习。这个环节主要采用教师示范法、练习法等,调动幼儿各种感官参与音乐活动,体验节奏型。

5. 游戏练习。这个环节主要采用情境教学法、游戏法等,让幼儿进行配乐表演,体验音乐韵律节奏型带来的乐趣。

6. 结束活动。用音乐自然结束活动。

说活动延伸：

巩固节奏型，让幼儿与父母讨论，探索其他的节奏型音乐，并尝试自己创造表演。

考核页

序号	评价项目	评分标准	满分	评价			综合得分
				自评	互评	师评	
1	阅读知识量	1. 对知识的掌握 2. 阅读知识的态度	20				
2	对工作页上任务的理解及完成情况	1. 书写的准确性 2. 完成的态度 3. 完成的内容	60				
3	语言运用、仪态得体及视听歌舞联动的能力	1. 语言运用能力 2. 仪态得体的表现能力 3. 视听歌舞联动的能力	20				

思政园地

　　扫码阅读并思考：如何在幼儿音乐教育活动中体现思政元素？如何利用一日生活的各个环节开展幼儿音乐教育。面对幼儿，如何增强幼儿的音乐审美，陶冶音乐情操，增强幼儿的国家民族认同感？

思政园地 9

项目总结

　　本项目通过任务分组的形式，主要介绍了幼儿音乐教育活动的内涵、特点和意义，幼儿音乐教育活动的目标、内容、方法、途径等基础理论。通过情境创设、案例解析、岗位工作等把理论知识融入现实工作中，加强理论联系实际的能力，努力使学习者掌握幼儿音乐教育活动组织实施的一些教育教学技巧，且重视全面提升学习者综合职业素养。

项目拓展

　　1. 收集不同形式的民间音乐，总结不同题材、不同表现形式的音乐教育元素共性。

　　2. 创编几个具有地方民族特色的音乐小游戏，体现民族文化。

项目十 幼儿整合教育活动的设计与实施

学习目标

知识目标

1. 了解幼儿课程整合的内涵、类型及意义。
2. 领会幼儿整合教育活动的内容和设计原则。
3. 掌握幼儿整合教育活动的设计模式及设计策略。

能力目标

专业能力目标：

1. 能够设计并撰写整合教育活动方案。
2. 能够绘制整合教育活动主题网络图。
3. 能够组织实施幼儿整合教育活动。

非专业能力目标：

培养资源整合能力，提升教育教学能力。

思政目标

不忘教育初心，坚定职业信念，培养教育情怀。

知识导图

```
                              幼儿整合教育活动的内涵
                              幼儿整合教育活动与学科整合教育活动的区别
            幼儿整合教育活动概述  幼儿整合教育活动的类型
                              幼儿整合教育活动设计的原则
幼儿整合教育活动
的设计与实施
                              幼儿整合教育活动设计的模式
            幼儿整合教育活动的设计与实施指导  幼儿整合教育活动设计的内容
                              幼儿整合教育活动的设计与实施指导的策略
```

任务一　幼儿整合教育活动概述

学习情境描述

　　教育只是一个过程,除了这种过程本身,教育并无其他目的,教育的过程和目的是完全相同的东西[①],如果在过程之外设立其他的目的,那么教育过程就失去了意义。批判传统教育以知识为中心的教材和以学科为中心的课程的基础上,提出应当以儿童直接经验组织教材以及课程要以儿童的活动为中心进行整合。基于"从做中学"的原则,认为教学方法最根本的要求是在活动中进行教学。并指出儿童的直接经验活动应当既是教学方法又是教材,提倡通过直接、主动的活动使儿童获得个人直接经验,且儿童所获得的经验应该是全面的。杜威进一步驳斥传统教育的"三中心"理论模式,代之以现代教育的新的"三中心"教育理论。即:以活动教学为中心代替传统教育的课堂教学中心,以儿童经验为中心代替书本教材中心,以学生主动活动为中心代替传统教育的教师主导中心。

　　请你从杜威的主要教育思想中分析幼儿整合教育活动的意义,并列举一些现实中幼儿整合教育活动的实例,分析其内涵,界定其类型。

学习目标

　　1. 理解幼儿整合教育活动的内涵;了解幼儿整合教育活动与幼儿分科教育活动的区别;掌握幼儿整合教育活动的类型及设计原则。
　　2. 能用相关知识解释现实中的一些教育现象。
　　3. 培养资源整合能力。

任务单

任务描述:
　　幼儿整合教育活动可以通过多领域的知识互动、感官经验积累,培养幼儿学习观念和综合实践能力。但如何把握幼儿综合课程的内涵及其开发,是当今幼儿课程理论与实践研究的重要课题。本小节的任务主要有两个,一是可以用本小节相关知识解释现实中的一些教育现象;二是能对现实中的整合教育活动进行类型界定。

[①] [美]约翰·杜威著.民主主义与教育[M].王承绪,译.北京:人民教育出版社,2019.

任务要求：

1. 解释现实中的教育现象时要体现幼儿整合教育活动的内涵及设计原则等相关知识点。
2. 书写工作页时语言要准确、精炼，有层次性，且页面干净整洁。

任务考核：

1. 用相关知识解释现实中的教育现象。
2. 完成工作页上的任务。

工作页

阅读理解任务单，填写完成任务要求：

1. 什么是幼儿的整合教育活动？主要有哪些类型？

2. 案例：某幼儿园以"端午节"为主题，在幼儿园里分别进行了语言领域"讲述屈原故事"、健康领域"大家一起赛龙舟"、艺术领域"画一画美丽的粽子"等活动，请你说一说、议一议，以上活动是采用了幼儿整合教育活动中哪种课程整合方式？

3. 用本小节的相关知识完成学习情境中的小任务。

意见与反馈：

信息页

一、幼儿整合教育活动的内涵

幼儿整合教育活动即在坚持领域教育目标的前提下，同时关注到其他领域的目标，充分利用其他领域的教育方法和手段，以达到活动整合的目的。

整合教育活动体现着师幼之间互助合作以达到课程充分发展的内涵。整合教育活动不只是将有关领域的内容和技能关联起来，还应包含课程与师生的统整、与自我的统整、与社会的统整。它既要考虑幼儿的特点,也要考虑领域知识的性质;既要注重幼儿的认知,也要注重幼儿的情感、态度,强调知、情、意、行的统摄,以及幼儿、知识、社会的统一。教师应站在幼儿的立场,思考如何架构学习内容,让幼儿对它有完整的概念,并与实际的生活结合,使学习与生活经验相互连结产生较大的意义,充分显现出整合教育活动不仅只是将幼儿的学习内容加以统整,更要使幼儿的学习内容与学习经验相结合。

二、幼儿整合教育活动与学科整合教育活动的区别

幼儿整合教育活动的目的在于促进个体全面健康发展,在活动设置上应该以人为中心。以人为中心的活动整合主要表现为两条线索,一条是个体,如身体发育、动作发展、认知水平和认知技能等方面;另一条是社会,如个性发展、社会认知、道德发展、性别认知等方面。

学科整合教育活动的目标是培育能够拓展某一领域知识的人。主要以各领域知识体系为中心。这种教育活动一般是先确定一个活动的知识点,然后由知识点连接成为知识体系,主要让学习者掌握各个知识点。

幼儿阶段的教育不同于其他阶段的教育,幼儿阶段的教育应该以培养幼儿个体健康发展为核心。因此,教师应该把握住整合教育活动的内涵及真谛,在教学实践中,实现每个活动的价值,最终达成以素质教育促进幼儿全面发展的教育目的。[①]

三、幼儿整合教育活动的类型

目前,应用最为广泛的整合教育活动有三种类型,具体详见表 8-1。

表 8-1 幼儿整合教育活动类型

整合活动类型	主要要点	举例
领域的整合	指将两个领域(学科)或者是两个以上领域(学科)进行整合。该种整合活动在形式上以学科或较大的学科为中心来组织活动内容,但学科知识的分类不严格,是把相关知识囊括在一个相对较大的"领域"内。	幼儿活动"各种各样的种子"以科学为主要领域,同时整合了美术、音乐、语言等领域的活动内容,强化种子及种子的生长历程的科学认知。
主题的整合	也可以称为主题教育活动,它打破了学科或领域的界限,具体是指以一个中心内容即主题作为主要线索,追随幼儿的生活和经验,借助于环境及多方资源,师生共同建构一系列预设和生成的活动,共同探索建构新知的一	幼儿主题活动"端午节",可以整合健康、语言、社会、艺术等领域内容,综合引导幼儿多方面的认知。
主题的整合	系列教育活动的统称。主题教育活动为幼儿整合、重组、再现日常知识经验创设了特定的背景,为他们延伸、拓展与整合习得的知识和经验提供了广阔天地。	

① 王怡.幼儿园课程整合研究[D].西北师范大学,2006(6):25—26.

续　表

整合活动类型	主要要点	举例
项目活动整合	主要是指教师与幼儿在生活中围绕大家感兴趣的一个课题共同讨论,在师幼合作研究中发现知识、理解意义,建构知识的一种整合活动。它强调幼儿的兴趣与经验,主张以完整的学习促进幼儿的整体发展。项目活动的主题需在师幼互动中生成并根据幼儿的反应随时调整、修订,弹性较大。	在幼儿园区域建构活动中通过拼搭游戏发现建筑的建构是要遵循一定的规律,需要建立在各种图形组合的认知基础上,以此为项目切入点,如:数学中的图形组织知识、艺术活动中的构图知识等。由此引发一系列的教育内容。

四、幼儿整合教育活动设计的原则

在进行设计与实施幼儿整合教育活动时要遵循以下四个原则。

（一）整合活动要以幼儿为活动的主体

在整个活动设计中要体现以幼儿为活动的主体。所设计的活动要考虑幼儿的年龄特点,要符合最近发展区理论,主要采用自主式、探究式、体验式的学习方法,让幼儿体验做中学、合作学习、游戏学习的乐趣。

（二）整合活动的目标要全面

整合活动的目标是使幼儿成为一个完整的人,在身体、社会性、情感和认知等方面都获得发展,并使这几个方面相互促进,以提高幼儿的整体发展水平。

（三）整合活动的内容要体现整合性

幼儿的整合教育活动要从整体出发,整合同一领域不同方面的内容和不同领域的相同内容。内容的选择要覆盖人、自然与社会、身体、语言、认知、技能与情感等各个方面,把它们作为不可分割的整体,充分挖掘和利用各领域内部及各领域之间的内在联系,通过学科领域的整合、发展方面的整合、专题的整合和幼儿园环境的整合等方式,对活动内容进行合理的、有效的整合。

（四）整合活动的实施途径要多样化

整合活动的实施途径应该是多样化的,各种类别的游戏、集体活动、区域活动、主题活动、幼儿的一日生活活动、社区活动、家园共育等都可以作为整合教育活动的实施途径。但要注意的是教师在运用这些途径组织实施时要尽可能使其相互配合,并能发挥各自的优势。

考核页

序号	评价项目	评分标准	满分	评价			综合得分
				自评	互评	师评	
1	阅读知识量	1. 对知识的掌握 2. 阅读知识的态度	20				
2	对工作页上任务的理解及完成情况	1. 书写的准确性 2. 完成的态度 3. 完成的内容	60				
3	资源有效整合能力	资源有效整合能力	20				

任务二　幼儿整合教育活动的设计与实施指导

学习情境描述

　　说幼儿整合教育活动的实施是体现幼儿教师教育水平及能力的最好手段。请设计一份幼儿整合教育活动方案,绘制相关的主题网图,并在同伴中进行分享。

　　要求：1. 目标明确,层次清晰,符合幼儿的发展特点。

　　　　　2. 内容完整,整合至少三个领域内容,有创新点。

　　　　　3. 方法运用恰当,具有可操作性,能体现以幼儿为主体的教学理念。

　　　　　4. 分享活动时语言流畅、吐字清晰,有感染力。

学习目标

　　1. 理解幼儿整合教育活动设计的模式及要点;掌握幼儿整合教育活动设计的内容;掌握幼儿整合教育活动组织实施的策略及教育活动的要点。

　　2. 能够设计并撰写幼儿整合教育活动的实施方案;能够绘制主题教育活动网络图;能够组织实施幼儿整合教育活动。

　　3. 树立勇于创新、大胆实践的工作意识,提升教育教学水平。

任务单

任务描述：
　　幼儿整合教育活动的设计与实施指导是幼儿教师应该具备的重要技能之一,也是进行幼儿整合教育活动前的最后一个环节。本小节主要任务有三个：一是会设计并撰写幼儿整合教育活动方案；二是会绘制幼儿整合教育活动主题网络图；三是会组织实施幼儿整合教育活动。

任务要求：
1. 撰写的整合教育活动设计方案要体现多领域、多种教育手段及弹性的组织形式，充分发挥幼儿的主体作用。
2. 教育活动网络图必须包含五大领域集体教学活动、区域活动、环境创设、班级管理、游戏活动、家园合作等内容，且要预留一些延展课程的空间。

任务考核：
1. 撰写一篇主题教育活动设计方案。
2. 绘制一份主题教育活动网络图。

工作页

阅读理解任务单，填写完成任务要求：
1. 总结幼儿整合教育活动的主要设计模式，并能举出相应例子。

2. 根据已有信息，把下表中空白的地方补充完整。

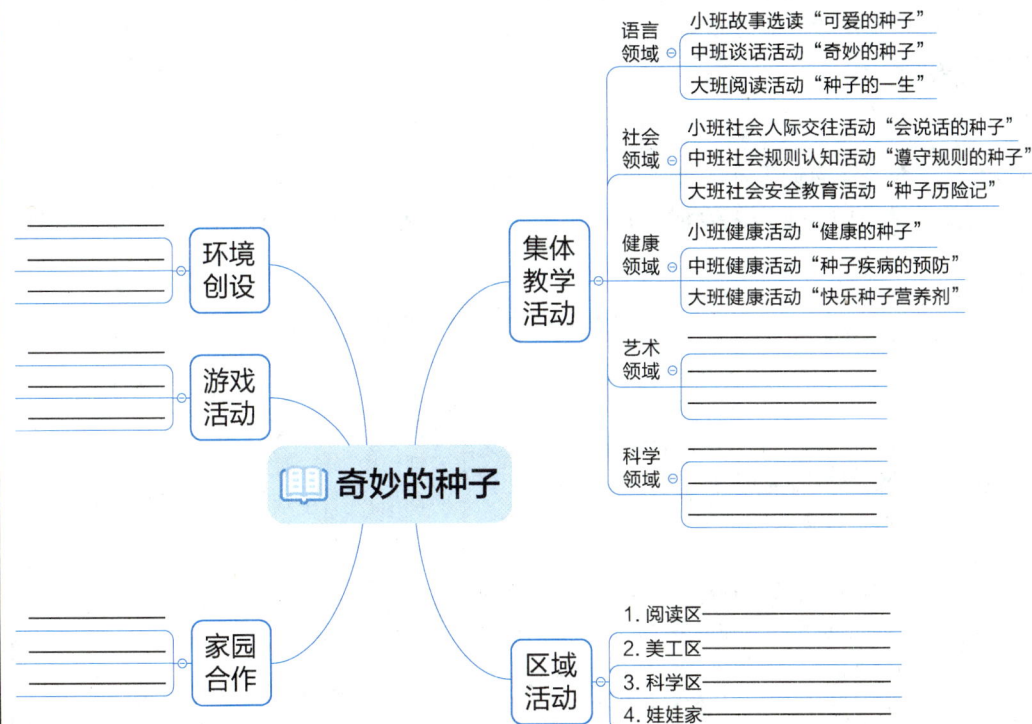

3. 撰写一份主题教育活动设计方案。

要求：(1) 确定一个主题,从五大领域中选取至少三个领域进行融合设计,要有创新点。

(2) 选用的教学手段及组织形式可以多样化,但要重点突出,符合教育的目标。

(3) 引导幼儿采用多种方式进行学习,如探究法、观察、试验、模仿等方法,体现幼儿的主体地位并能进行大胆实践。

4. 绘制上题中主题教育活动的主题网络图。

要求：必须包含五大领域集体教学活动、区域活动,环境创设、班级管理、游戏活动、家园合作等内容且要预留一定的延展课程空间。(另附页)

5. 完成学习情境中的小任务。

意见与反馈：

信息页

一、幼儿整合教育活动设计的模式

　　目前最常采用的整合教育活动设计模式主要有两种：渗透式与网络式。具体内容详见表 8-2。

表 8-2　幼儿整合教育活动设计的模式

设计模式	主要要点	举例
渗透式	指将幼儿需要掌握的知识和技能通过多渠道渗透到幼儿生活中的方方面面,进而达到教育的目的。	幼儿科学活动"蔬菜的种植"不仅在集体教育活动中开展,而且在幼儿的区域活动、体育活动、一日生活的各个环节都渗透有关蔬菜生长的经验认知。
网络式	指透过三棱镜观看事物,不仅针对焦点问题,同时也反映事物的多个层面。它提供了多方面的探究与解说,学习的领域是呈放射状往外延伸的。常见的有主题活动设计。	幼儿开展废旧电池回收的活动,涉及环保知识、物理、化学、生态、社会等多个学科的知识,呈网络式向外延伸。

二、幼儿整合教育活动设计的内容

幼儿整合教育活动设计的内容主要包含教育内容的整合、教育手段的整合、教育过程的整合三个方面。具体内容详见表8-3。

表8-3 幼儿整合教育活动三个方面的整合

整合的方面	简述要点	举例
教育内容的整合	整合活动的内容要贴近幼儿生活,以幼儿认识周围自然和社会生活的内容为基础,结合幼儿的全面健康发展目标,确定每一阶段的教育内容,一般以主题的形式出现较多,尽可能将五大领域中有关或相近内容融合进去,但不强求综合,仍然可以保持各个领域内容的系统性。	幼儿大班主题教育活动"动物的秘密",该活动涉及多方面内容如:动物的皮毛、尾巴的妙用、动物怎样保护自己、动物如何过冬等。
教育手段的整合	整合活动的教育手段应体现以幼儿为主体,以教师为主导,综合运用游戏、集体教学、日常生活的各活动尽可能地相互配合,综合运用。	班级主题墙设计活动,可以让幼儿参与策划、布置、操作并可以使用幼儿的绘画作品等方式,通过整合操作、讨论、讲解等方法,运用现代教育技术加以实现。
教育过程的整合	教育过程的整合即把认知、情感、能力的培养综合在统一的教育活动过程中,以认识周围生活为基础,从情感教育入手,着力培养幼儿的行为习惯,发展语言和思维能力。	幼儿中班主题活动"我们的树朋友"可以涵盖健康活动"给小树浇水"、语言活动"一棵会唱歌的树"、科学活动"认识身边的树"、数学活动"测量小树"、社会活动"树真好"、音乐活动"树妈妈"、美术活动"树叶粘贴画"等,帮助幼儿在主题探究的过程中形成系统性思维、整体性认知,有利于幼儿的终身学习和发展。

三、幼儿整合教育活动的设计与实施指导的策略

幼儿整合教育活动涉及的内容、形式有很多,但平时最常用的就是主题教育活动。因此,以下就以主题教育活动为例来陈述整合活动的设计和实施策略。

表8-4 幼儿整合教育具体活动举例及策略总结

主题教育活动具体要素	设计与实施策略	举例
活动名称	一个主题教育活动通常包括一系列具体的活动,活动名称主要是指这些具体活动的相应名称。确定一个合适的主题内容要考虑以下几个因素: 1. 主题教育活动要考虑与幼儿的生活及兴趣紧密相连,且要符合幼儿的认知特点。 2. 主题教育活动要考虑与各个领域内容有机整合,即要关注幼儿学习与发展的整体性。	幼儿大班主题活动"我们的动物朋友"可以包含科学活动"动物怎样睡觉"、艺术活动"威武的狮子"、健康活动"动物运动会"、语言活动"狐假虎威"、社会活动"小动物交朋友"等内容。这些活动既关注了领域间

续　表

主题教育活动具体要素	设计与实施策略	举例
活动名称	3. 主题教育活动要重视幼儿的学习品质,关注可持续发展。 4. 主题教育活动要尊重幼儿的个体差异,体现出层次性。 5. 主题教育活动的开展需要家庭、社区共同参与。 幼儿主题教育活动的内容一般以自然和社会为主线。自然类主题常见的有:动植物(声、光、电、风、雨等物理和自然现象);季节变化(沙、水、石等自然物质等)。社会类主题常见的有:家庭、幼儿园、社区、节日、家乡、民族、衣食住行、环境保护等。	的衔接与渗透,又关注了教育目标的关联与整合,能够促进幼儿的全面和谐发展。
活动目标	主题教育活动的目标是对主题教育活动所要实现的最终目的预期,即期望幼儿获得哪些方面的发展,它决定着活动的内容选择、制约着活动的进展过程、影响着活动的方式和方法。它应是一个完整的体系,是由多个领域、多种层级有机整合而成的目标系统。主题教育活动目标的确定要结合横向目标与纵向目标,综合考虑而确定。 横向目标主要包括认识、技能、情感三个维度。其中,知识与技能目标包括幼儿不可或缺的核心知识和各领域基础性、启蒙性的知识及收集、获得、分析、处理、运用各方面信息的能力、创新精神和实践能力等。情感态度目标包括学习兴趣、学习责任和学习态度、行为习惯等方面的内容。 纵向目标主要指将五大领域的具体内容按年龄特点划分的若干方面,具体对不同年龄段幼儿应该知道什么、能做什么、大致可以达到什么发展水平提出了合理期望,指明了幼儿学习与发展的具体方向,保障了主题教育活动目标的层次性和递进性。	幼儿主题教育活动"我们的动物朋友"。小班的知识与技能目标是认识常见的动物,知道身边的动物是多种多样的;中班的知识技能目标是能感知并发现动物的生长变化及其基本条件;大班的知识技能目标则是能察觉到动物的外形特征、习性与生存环境的适应关系等。
活动准备	活动准备主要是指为了完成主题教育活动的目标而准备的各种材料,既包括物质环境的准确,也包括精神方面的经验准备。主要包括主题墙的设计、活动区域的设计、玩教具和有关材料的提供、区域活动的指导等。	在主题教育活动"我喜欢老师"中有一节集体教学活动是语言活动"老师像妈妈",活动准备包括:儿歌"老师像妈妈";收集幼儿的照片;设计"教师为幼儿做的事情调查表",由家长在家里和幼儿一起完成并带回幼儿园;教师与幼儿一起活动的照片;自制一棵"爱心树"及幼儿之前有过类似活动的经验准确等。

续　表

主题教育活动具体要素	设计与实施策略	举例
活动过程	活动过程是指一个具体的教育活动的开展过程,一般包括导入、开展和小结等环节,是教师预设的活动方案。在活动过程的设计中要考虑活动目标、内容的衔接、活动方法的选用、活动程序的安排及预设的幼儿反应及可能出现的问题等。	幼儿主题教育活动"四季"中有一节科学领域大班数学活动"认识时间",其活动过程安排如下: 第一步,创设情景导入,引出活动内容。 第二步,师幼探索,尝试解答。 第三步,师幼互动,明确要求。 第四步,充分操作,内化理解。 第五步,游戏练习,深入巩固。 第六步,总结经验,结束活动。
活动延伸	活动延伸是指对一节集体教学活动的拓展和延续,往往是根据主题教育活动的总目标或者是幼儿兴趣点的生成而产生的。可以在区域活动中进行,也可以再设计一节集体教学活动来进行。	在"天气变化"活动结束时,幼儿开始对环境保护产生了浓厚的兴趣,教师此时可以因势利导,继续设计一节环境保护方面的教育活动,也可以在活动区域内投放环境保护方面的图片、照片,引导幼儿在区域游戏中继续讨论环境与天气之间的联系等。

　　此外,幼儿主题教育活动的设计与实施指导除了考虑以上问题外,还要考虑主题教育活动网络图的设计与绘制。主题教育活动网络图是主题活动的纲要,需要综合全面考虑,它是由许多与主题有关的教育活动编织而成的放射状的图形。主题教育活动网络图一般由教师先设定出与主题相关的问题,然后再由教师和幼儿在主题探索的过程中共同完成。主题活动展开的结果便是幼儿新经验的产生和主题教育活动网络图的完成。此外,教师还要根据现实环境中幼儿的兴趣、需要及相关反应预留一些相关主题内容、空间,作为延展或拓展课程生成的准备。

　　幼儿主题教育活动还要充分考虑家园共育的问题。教师要帮助家长和指导家长了解主题教育活动的内容和框架及如何创设适宜的家庭教育环境,如何与幼儿园互相配合进行教育等。

考核页

序号	评价项目	评分标准	满分	评价			综合得分
				自评	互评	师评	
1	阅读知识量	1. 对知识的掌握 2. 阅读知识的态度	20				
2	对工作页上任务的理解及完成情况	1. 书写的准确性 2. 完成的态度 3. 完成的内容	60				
3	勇于创新及大胆实践的工作意识	1. 创新的程度 2. 大胆实践的意识	20				

思政园地

　　扫码阅读并思考：从此次成都成果推广应用研讨会中可以领悟关于幼儿整合教育的重要意义是什么？如何践行社会主义"四有"好老师，为党育人，为国育才，结合地方特色创设、开发一些整合课程的教育资源。

思政园地 10

项目总结

　　本项目是在掌握分领域教育内容的基础上开展的整合教育活动，目的是让学习者有大局意识，能从全局来考虑组织实施幼儿的教育活动，具有整合教育观，以促进幼儿整体、全面、和谐发展。在整合教育活动的学习中培养学习者的创新思维、整合思维，提高教师的综合职业素养。

项目拓展

　　1. 如何才能创新幼儿整合教育活动？谈谈你的思路或想法。
　　2. 如何在坚持文化自信的基础上吸收国外的先进教育思想进行大胆实践、用于创新？举一些具体事例来进行设计。

项目十一　幼儿教育活动的评价

学习目标

知识目标

1. 理解幼儿教育活动评价的作用和原则。
2. 掌握幼儿教育活动评价的内容及方法。

能力目标

专业能力目标：

能选择恰当的评价方法，针对活动过程评价的要素进行教育活动的评价，并能撰写活动评价报告。

非专业能力目标：

培养反思能力。

思政目标

坚守教育初心，做中国特色社会主义的坚定信仰者和忠实实践者。

知识导图

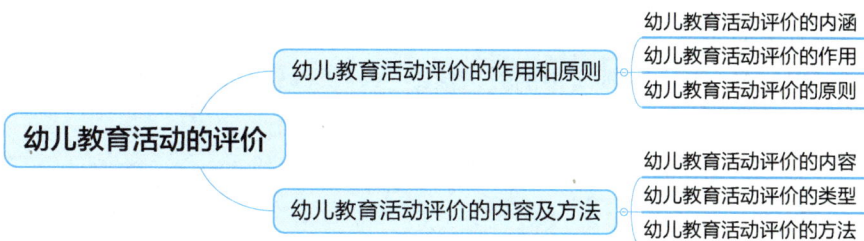

任务一　幼儿教育活动评价的作用和原则

学习情境描述

　　某幼儿园实行奖励绩效工资制度,把对教师组织的幼儿教育活动评价情况作为判定教师教育教学工作绩效工资发放的主要指标。因此,该园的教师特别注重此项工作,下功夫、花力气,把大部分时间用于钻研、琢磨评价的指标,好一一对应地去准备此项活动。

　　对此你有何看法,请说明理由,并提出改进措施。

学习目标

　　1. 明确幼儿教育活动评价的作用;掌握幼儿教育活动评价的原则。
　　2. 能够把幼儿教育活动评价的作用和原则在实践教育活动中加以运用和体现。
　　3. 培养较强的观察力及洞察力。

任务单

任务描述:
能够对幼儿教育活动进行评价是幼儿教师应该具备的专业素养之一。本小节要求学习者能够运用所学知识整合资源对一些教育现象进行解释及分析。
任务要求: 1. 认真阅读工作页,完成相应的内容,注意观察周围事物,细致认真。 2. 学会用整合思维综合考虑问题来解释一些教育现象。
任务考核: 1. 完成工作页上的任务。 2. 用所学知识解释分析一些现实中的教育活动。

工作页

阅读理解任务单,填写完成任务要求: 1. 用自己的语言谈谈幼儿教育活动评价的作用,可以举例说明。

2. 谈谈如何在实践活动中体现评价的原则,可以举例说明。也可以谈谈个人对幼儿教育活动安排的想法。

3. 按要求完成学习情境中的小任务。

意见与反馈:

信息页

一、幼儿教育活动评价的内涵

幼儿教育活动评价主要是以活动目标为依据,按照科学的标准,运用可行的科学手段,通过系统地搜集信息资料和分析整理,对活动过程及结果进行价值判断,从而不断自我完善、提高活动质量、为幼儿教育活动提供决策服务。

根据这个定义可以进一步分析其特点主要有:幼儿教育活动评价是一个过程,是一种有一定程序和系统活动的过程;幼儿教育活动评价以一定教育活动目标为依据;幼儿教育活动评价以对评价对象的功能、状态和效果进行价值判断为核心;幼儿教育活动评价以科学的评价方法、技术为手段;幼儿教育活动评价最终目的在于不断完善评价对象行为,提高教育活动质量,为教育活动决策服务。

二、幼儿教育活动评价的作用

幼儿教育活动评价是幼儿教育活动中不可或缺的环节之一,概括起来主要有以下三个作用,具体内容详见表9-1。

表9-1　幼儿教育活动评价的作用

作用概括	简述要点	具体实例
反馈作用	反馈是将教育教学活动的信息及时而有效地反馈给教师,以便让教师随时了解自己的教学效果,从而调整或改进教育教学进程。通过评价教师可以及时地发现新问题、新情况,判断每一个环节是否有效,验证活动的各个环节是否与幼儿的年龄特点、认知特点以及经验水平相适应。	幼儿小班区域活动"小超市"在活动过程中,通过对活动的评价发现教师提供的玩教具部分与幼儿认知水平不相适应,没有达到预期的效果,教师得到反馈后,及时进行调整,在下次活动时先对幼儿进行了摸底调查,之后重新布置了区域环境。

续　表

作用概括	简述要点	具体实例
诊断作用	诊断就像医生看病一样,通过评价,不仅可以指出现状和了解差异,还能够指出造成现状和产生差异的原因,从而给幼儿教育活动带来改进的可能。	在幼儿中班数学活动"动物的分类"中,教室的环境布置得过于花哨,把幼儿的注意力都集中在头饰等布景中而忽视了分类的核心认知,通过评价反馈,教师认识到了问题,调整了教育策略。
促进作用	促进作用是幼儿教育活动评价的最终目的。通过对活动的评价可以使管理层、教育研究者和教师发现问题,及时改进问题,积极探索不同教育模式的价值和优势,避免或少"走弯路"。再者,经常性的评价也能够作为一种积累,为幼儿园及同行间的交流提供丰富而实用的参考信息,进而影响和促进幼儿课程的发展、应用和推广。	在幼儿游戏活动"数的组合"中,教师通过游戏的手段讲解了数的拆分和组合。通过对活动的评价发现效果非常好,进而启发了教育工作者们开动脑筋,创编适宜的游戏作为活动的主要手段。

三、幼儿教育活动评价的原则

幼儿教育活动评价的原则是影响活动评价效果的主要因素之一,对整个评价活动具有重要指导意义,也是充分发挥幼儿教育活动评价的作用、体现其价值的主要保障。幼儿教育活动评价的原则主要有如下五点,见表9-2。

表9-2　幼儿教育活动评价的原则

评价的原则	简述要点
计划性原则	幼儿教育活动的评价最终目的是总结经验、找出问题和确定改进的方向,因此,评价必须要有明确的目的和计划。
全面客观性原则	对于评价的内容要做到全面且客观。全面即是指要对活动的各个组成部分和各个构成要素进行全面综合的评价。客观即是指对每一个评价对象都要客观、公正、科学、实事求是的评价,只有这样才能真正发挥评价的功能与作用。
定性评价与定量评价相结合原则	评价的方法应该采用定性评价与定量评价相结合的原则。定性评价属于主观性评价,定量评价属于客观性评价,两者各有利弊,只有采用综合的评价方法,评价才更有意义。
静态评价与动态评价相结合	静态评价是对评价对象到达程度的评价,其特点是不考虑原有状态和发展趋势,只考虑评价对象在特定时空范围内的现实状况,它有利于横向比较,但无法进行纵向比较。动态评价要求评价过程中要注意评价对象的历史情况、发展水平及发展趋势,动态评价注重随时间的变化而逐步改进,有利于进取,但无法进行横向比较。只有把两种评价方式结合起来才能使评价更有价值。
他人评价与自我评价相结合	他人评价是指除"自我评价"以外的所有评价。可以是社会评价、同行评价、家长评价等,具有客观性、多角度性,将他人评价与自我评价相结合可以从多角度、客观地反映出不同群体的感受及对教育的需求,最大限度地反映现实的情况,以求达到最理想的效果。

考核页

序号	评价项目	评分标准	满分	评价			综合得分
				自评	互评	师评	
1	阅读知识量	1. 对知识的掌握 2. 阅读知识的态度	20				
2	对工作页上任务的理解及完成情况	1. 书写的准确性 2. 完成的态度 3. 完成的内容	60				
3	观察能力及洞察能力	1. 观察能力 2. 洞察能力	20				

任务二　幼儿教育活动评价的内容及方法

学习情境描述

某幼儿园一方面为了向新入园的教师反馈其组织活动的情况，一方面为了促进新教师能够快速成长，准备开展一次对新教师教育情况的评价活动。现在请你就此次活动预先设计活动评价的标准，制成表格，供大家参考。

学习目标

1. 明确幼儿教育活动评价的具体内容；掌握幼儿教育活动常用的评价方法。
2. 会运用相关的方法对教育活动进行评价，能够撰写相应的评价报告。
3. 培养持续改进思考能力及有效的执行力。

任务单

任务描述：

要想对幼儿教育活动进行评价，必须要掌握评价的方法及明确评价的内容。本小节的任务有两个，一是能够运用幼儿教育活动过程评价的要素评价一个集体教学活动；二是能够撰写幼儿教育活动评价报告。

任务要求：

1. 对幼儿集体教学活动进行评价时要体现与其相关的理论。

2. 撰写的评价报告要准确、客观、有现实意义。

任务考核：

1. 对一个幼儿集体教学活动进行评价。

2. 撰写一篇幼儿教育活动的评价报告。

工作页

阅读理解任务单，填写完成任务要求：

1. 把下面的表格填写完整。

表9-3 评价方法特点汇总表

评价方法	优点	缺点	工作流程	注意事项
观察法				
测查法				
作业分析法				
展示法				
访谈法				

2. 指出已知集体活动评价表的优缺点，并提出改善建议。

表9-4 某幼儿集体教育活动评价表

评价维度	评价指标	情况反馈
活动目标	目标的完整度： 目标的适宜性： 目标的达成度：	
活动准备	活动材料的适宜性： 材料的操作性： 材料的清晰环保性：	
活动方法	活动方法的难易度： 活动方法的操作性：	
活动过程	活动组织的安排： 活动形式的选用： 活动环节的衔接： 活动过程的完整性：	

续　表

评价维度	评价指标	情况反馈
活动延伸	领域的延伸： 认知水平的延伸： 技能情感的发展：	

3. 自制一份幼儿教育活动评价报告。（另附页）

4. 完成学习情境中的小任务。（另附页）

意见与反馈：

信息页

一、幼儿教育活动评价的内容

幼儿教育活动评价主要是对幼儿教育活动过程的构成要素进行评价。以下以集体教学活动为例从构成要素展开对评价内容的探讨。

表 9-5　幼儿教育活动评价方法

评价的内容	简述要点	具体内容指标举例
活动目标的评价	一是评价活动目标与幼儿教育的总目标、年龄目标以及具体活动目标是不是保持一致并能相互支撑,相互促进； 二是评价目标是否涵盖了认知、情感与态度等方面,并在设定上是否合理、能否实现； 三是评价活动目标是否与幼儿的实际情况相适应,符合幼儿的年龄及认知水平。 总之,在评价幼儿教育活动时,必须从目标体系的统一性出发,分析该目标与其上一级目标的联系,来提高评价的整体性。	目标的年龄适宜性； 目标表述的一致性； 目标表述的系统性； 目标的达成度等。

续　表

评价的内容	简述要点	具体内容指标举例
活动内容的评价	活动内容是实现活动目标的中介。对活动内容的评价也是评价活动中重要的项目之一。 其一，要评价活动内容是否与幼儿教育目标相一致；是否与幼儿教育所涉及的范围、领域相一致；是否与幼儿的能力水平相一致； 其二，活动内容的设计是否合理；活动中各部分内容间的比例关系是否合理；活动内容与活动形式是否相适应；活动内容环节的安排是否能突出重难点；活动内容各个部分之间的过渡衔接是否流畅，等等。	内容选择的适宜性； 内容与年龄的适宜性； 内容选择的生活性； 内容选择的科学性； 内容的实际完成度等。
活动方法的评价	活动方法是实现活动目标的手段与途径。它既包括教师教的方法，又包括幼儿学的方法。主要体现在以下四个方面。 一是评价活动方法是否与教学目标、内容相适宜； 二是评价活动方法是否顾及了幼儿的年龄特点和接受度； 三是评价活动方法是否体现了幼儿的主体地位，是否发挥了幼儿的自主性和能动性； 四是评价活动方法是否注意到了教育活动环境和有关设备的联系。	方法的适宜度； 方法的接受度； 方法的科学合理性等。
活动过程的评价	一是对教师行为表现的评价。主要包括教师在活动过程中的教态、精神面貌、语言的亲和力、组织协调能力、对突发事件的应变能力，等等； 二是对活动的组织形式的评价。主要包括教师是否采用了多种组织形式，是否调动了幼儿的积极性，是否体现了因材施教等方面；	教师的教态——教师语言的亲和度； 教师的智慧——幼儿的参与度； 幼儿习得经验的完成度； 组织形式的适合度等。
活动过程的评价	三是对活动的结构安排的评价。主要包括活动的结构安排是否紧凑、有序，是否注意到了每一个环节和步骤之间的层次性、系统性，是否体现了动静交替，等等； 四是对活动环境和材料的评价。主要包括活动环境和材料的选择与设计是否相适宜，是否有利于活动的展开，是否被幼儿接受，等等； 五是对活动的效果进行评价。主要考虑三个方面：评价幼儿的参与和学习态度，评价幼儿的情绪、情感反映，评价活动预期目标是否达成。	

　　当然，对幼儿教育活动评价的内容还不局限于以上四个方面，评价的具体内容要视具体开展的活动的特点和形式而调整制定。评价的指标也可以适当放宽、做细。

二、幼儿教育活动评价的类型

目前,在一般情况下对幼儿教育活动评价的类型可以分为以下两大类。

（一）按照评价的功能和评价的时间划分为诊断性评价、形成性评价和终结性评价

1. 诊断性评价。在教育活动之前进行,对幼儿的预测性评价,具有诊断功能。其目的在于了解幼儿的基本情况,包括对幼儿的智力、技能、行为能力、个性、情感、态度等做出诊断和判断,为制定教育活动计划或解决实际问题提供依据。

2. 形成性评价。形成性评价是在教育过程中持续进行的,教师用得较多,目的在于及时了解教育内容和教育策略是否妥当,教育目标是否容易达到,幼儿表现如何,以便及时调整教育策略,优化教育过程。

3. 终结性评价。终结性评价是在完成某个阶段教育活动之后进行的评价,目的在于全面了解该阶段教育的效果,对达成目标的程度做出终结性评价,为以后制定活动计划、设计活动方案提供客观依据。

（二）按照评价的主体划分为内部评价和外部评价

1. 内部评价。内部评价也称为自我评价,是指评价对象通过自我认识和分析,对照某种标准,对自己组织的活动做出判断。

2. 外部评价。外部评价也称为他人评价,是由有关人士或专门评价小组,对评价对象某个方面的实态进行评价。一般评价者可以是幼儿园的管理者、上级行政部门、同行教师、家长等。

除了以上两种类型外,还有个体评价和群体评价、定性评价与定量评价、静态评价与动态评价等。

三、幼儿教育活动评价的方法

只有采用适当的评价方法对活动进行评价,评价才能更有意义。目前常用的评价方法主要以下五种。

表9-6 幼儿教育活动评价方法

常用评价方法	简述要点	适宜评价的指标举例
观察法	观察法主要是对评价对象的行为进行现场观察,并根据观察结果进行分析、做出评价的一种方法。常用的观察法有行为检核法和事件详录法。 行为检核法属于量化评价,主要是指定若干观察项目或观察指标,观察者只要对照项目逐条检核,并做好记号就可以了。 事件详录属于质性评价,主要是对特定行为或具体事件的完整过程进行描述并做出评价。但此种观察方法更加生动、具体,更完整地反映事件本身。	教师的教态; 教师的智慧; 组织形式适合度; 幼儿的参与度; 幼儿的认知情况等。
测查法	又称测试法,就是通过测试题目对幼儿的发展水平进行调查。此种方法可以对大量的对象进行标准化的测试,能在较短的时间内获得大量的反馈信息,便于量化的统计分析。	幼儿原有认知水平;幼儿已掌握情况;内容选择和适度;活动效果的评价等。

续　表

常用评价方法	简述要点	适宜评价的指标举例
展示法	是让幼儿展示、交流其学习的过程和成果。其最突出的特点是评价主体是幼儿。幼儿自己展示自己的作品,自己欣赏自己的作品,比较自己作品和其他作品的区别,幼儿之间的展示与交流,形成了评价的激励作用。	活动目标的完成度;活动效果的评价;幼儿习得经验的完成度等。
访谈法	是通过访谈了解受访者对教育活动的认识,从而进行评价的一种方法。该种方法属于质性评价方法。该种方法可以了解受访者的所思所想和情绪反应,更有利于了解到表面上无法察觉的一些情况,具有更大的灵活性。	目标的达成度;内容选择的生活性;内容选择的科学性;活动方法的适宜度;活动方法的接受度。
作业分析法	是通过对幼儿的作业进行分析,来了解幼儿的发展水平,或检验教学活动的效果。教师可以通过分析作业间接了解幼儿的学习情况。同时幼儿的作业也是对教学效果的反馈,教师可以根据作业中的错误加以诊断,改进教学。	活动效果的评价;目标完成度的评价。

考核页

序号	评价项目	评分标准	满分	评价			综合得分
				自评	互评	师评	
1	阅读知识量	1. 对知识的掌握 2. 阅读知识的态度	20				
2	对工作页上任务的理解及完成情况	1. 书写的准确性 2. 完成的态度 3. 完成的内容	60				
3	持续改进思考能力及有效的执行能力	1. 持续改进思考能力 2. 有效的执行能力	20				

思政园地

扫码阅读并思考:从以上对《幼儿园保育教育质量评估指南》的政策解读中,可以看出幼儿教育活动评价的方向及重点是什么?为什么?请结合本项目的相关知识谈谈如何有效开展幼儿教育评价工作,落实评价的反馈结果,提高反思能力及执行力,不断改善自身教育教学水平,更好地服务于幼儿教育事业,同时如何塑造正确的人生价值观,坚守初心,始终同党和人民站一起,坚守为社

思政园地11

会主义培养人的核心宗旨?

项目总结

　　本项目是提升教师专业教育技能的重要手段之一,是需要在全面掌握教育教学技能的基础上才能进行的工作。本项目紧紧围绕怎么进行幼儿教育活动评价这个中心,在问题动机的驱动下,通过自主探究和互动协助的方式获取学习资源,培养学习者问题意识、观察意识、对知识的整合能力及对日后工作改进的执行力度等等。

项目拓展

　　1. 结合本项目的学习,请谈谈幼儿教育活动的评价对幼儿的发展有什么影响?

　　2. 结合实际,请思考怎样有效利用幼儿教育活动的评价。

主要参考文献

［１］蔡跃.职业教育活页式教材开发指导手册［Ｍ］.上海：华东师范大学出版社，2020.

［２］陈秉龙，高培仁.幼儿园教育活动设计与指导［Ｍ］.武汉：华中师范大学出版社，2014.

［３］陈冬华.学前儿童健康教育探索——天津健康教育基地实践汇编［Ｍ］.北京：人民教育出版社，2004.

［４］成军，张淑琼.幼儿园教育活动设计与实施［Ｍ］.北京：高等教育出版社，2016.

［５］周兢，余珍有.《指南》背景下的幼儿园语言教育：第六届全国幼儿语言教育研讨会获奖论文与活动分析［Ｍ］.南京：南京师范大学出版社，2015.

［６］高庆春.学前儿童健康教育（第三版）［Ｍ］.北京：高等教育出版社，2019.

［７］蒋跃.绘画形式语言［Ｍ］.北京：人民美术出版社，2012.

［８］孔起英.幼儿园美术领域教育精要——关键经验与活动指导［Ｍ］.北京：教育科学出版社，2015.

［９］李燕，赵燕.幼儿发展基础［Ｍ］.北京：中国人民大学出版社，2020.

［10］李玉侠，杨香香，张焕荣.幼儿园教育评价［Ｍ］.北京：北京师范大学出版社，2017.

［11］梁志霞，张立星，曹静.幼儿园科学教育与活动指导［Ｍ］.北京：北京师范大学出版社，2017.

［12］刘晶波，等.幼儿园社会领域教育精要——关键经验与活动指导［Ｍ］.北京：教育科学出版社，2015.

［13］［美］约翰·杜威.民主主义与教育［Ｍ］.王承绪，译.北京：人民教育出版社，2001.

［14］［瑞士］皮亚杰.皮亚杰教育论著选［Ｍ］.卢濬，选译.北京：人民教育出版社，2015.

［15］王明珠.幼儿园一日活动教育细节69例［Ｍ］.北京：中国轻工业出版社，2014.

［16］王秀萍.幼儿园音乐领域教育精要——关键经验与活动指导［Ｍ］.北京：教育科学出版社，2015.

［17］徐国庆.职业教育课程论（第二版）［Ｍ］.上海：华东师范大学出版社，2015.

［18］叶平枝，等.幼儿园健康领域教育精要——关键经验与活动指导［Ｍ］.北京：教育科学出版社，2015.

［19］余珍有.幼儿园语言领域教育精要——关键经验与活动指导［Ｍ］.北京：教育科学出版社，2015.

［20］张俊，等.幼儿园科学领域教育精要——关键经验与活动指导［Ｍ］.北京：教育科学出版社，2015.

［21］张俊.幼儿园数学领域教育精要——关键经验与活动指导［Ｍ］.北京：教育科学出版社，2015.

［22］赵洪，于桂萍.幼儿园教育活动设计与指导［Ｍ］.北京：北京理工大学出版社，2018.

［23］赵娟，沈永霞，王玉.幼儿园教育活动案例评析［Ｍ］.保定：河北大学出版社，2019.

［24］周欣.儿童数概念的早期发展［Ｍ］.上海：华东师范大学出版社，2004.

［25］朱立元.美学大辞典（修订本）［Ｍ］.上海：上海辞书出版社，2014.

图书在版编目(CIP)数据

幼儿教育活动设计与实施/高红,丛立丽主编.—上海:复旦大学出版社,2022.8
ISBN 978-7-309-16188-5

Ⅰ.①幼… Ⅱ.①高…②丛… Ⅲ.①学前教育-教学活动-教学设计 Ⅳ.①G612

中国版本图书馆 CIP 数据核字(2022)第 093643 号

幼儿教育活动设计与实施
高 红 丛立丽 主编
责任编辑/谢少卿

复旦大学出版社有限公司出版发行
上海市国权路 579 号 邮编:200433
网址:fupnet@ fudanpress.com http://www.fudanpress.com
门市零售:86-21-65102580 团体订购:86-21-65104505
出版部电话:86-21-65642845
上海四维数字图文有限公司

开本 787×1092 1/16 印张 17.25 字数 431 千
2022 年 8 月第 1 版
2022 年 8 月第 1 版第 1 次印刷

ISBN 978-7-309-16188-5/G·2360
定价:78.00 元